FIFTYFIFTY

Tahir Chaudhry

Wem diente Jeffrey Epstein?

FIFTYFIFTY

Die Deutsche Nationalbibliothek verzeichnet diese Publikation in der Deutschen Nationalbibliografie; detaillierte bibliografische Daten sind im Internet über http://dnb.d-nb.de abrufbar.

FSC
www.fsc.org
MIX
Papier | Fördert gute Waldnutzung
FSC® C014889

ISBN: 978-3-946778-39-4
1. Auflage 2024

Umschlaggestaltung: Buchgut, Berlin
Satz: Publikations Atelier, Weiterstadt
Druck und Bindung: Friedrich Pustet GmbH & Co. KG, Regensburg
Printed in Germany

Inhalt

Das Buch ist meiner Mutter gewidmet, die mir als Kind Geschichten von Menschen erzählte, deren Mut, Wahrhaftigkeit und Standhaftigkeit beispiellos waren, wie die eines Mannes, dem die Elite des Landes mit dem Tod drohte. Sie boten ihm Reichtümer, hohe Ämter und schöne Frauen an, wenn er nur aufhören würde, die Wahrheit zu verkünden. Doch der Mann antwortete mit Tränen in den Augen: »Bei Gott, selbst wenn sie mir die Sonne in die rechte Hand und den Mond in die linke Hand legten, würde ich nicht von dieser Sache ablassen.«

»Sie sollten sich immer daran erinnern, dass zwei plus zwei gleich vier ist. Seien Sie also vorsichtig. Epstein ist ein schwarzes Loch!«

Seymour Hersh, 87, Reporter-Legende, Pulitzer-Preisträger, arbeitete für die *New York Times* und *Washington Post,* veröffentlichte vielbeachtete Recherchen über den Vietnam-Krieg, den Watergate-Skandal und zur Iran-Contra-Affäre.

Vorwort

Ich war ein Großhai, der in seinem Becken kleine Haie herangezüchtet hat, die alle selbst groß und gierig werden wollten. Ich war ein Finanz-Multi-Unternehmer, der mehr als 25 Jahre lang die Vermögen von Konzernen und Superreichen verwaltet hat. Zählen, rechnen, riskieren, optimieren, kaufen und verkaufen – im Geschäft der Geldvermehrung hatte ich eine nahezu intime, fast schon freundschaftliche Beziehung zu Geld. Man häuft es an, hegt und pflegt es, bis es Kinder bekommt. Das ist der Punkt, wo eine wahnhafte Liebe zum Geld entsteht. Die erste Milliarde war mein Ziel. Millionär war ich schließlich schon mit 22. Ein Traum, oder etwa nicht?

Ich war ein lebendes Werbeprospekt. Alles, was man uns in Hochglanzbroschüren als das ultimative Leben verkauft, hatte ich: Landgüter, Schlösser, Jets, Jachten, Autos und Frauen. Jeder Haken auf der Checkliste war gesetzt. Top-Universitätsabschlüsse? Check. Profi-Basketballer? Check. Diplomat? Check. Ich war der Inbegriff dessen, was jeder unter »Erfolg« versteht – ein wandelndes Aushängeschild für das Leben, das alle wollen, aber kaum einer wirklich kennt.

Aber mir reichte das nicht. Ich wollte eine immer größere Nummer sein und an der Spitze stehen. Denn dort wartete die Anerkennung auf mich und, was für mich noch wichtiger ist: Macht. Reflexion? Dafür war keine Zeit.

Und so wurde ich zum Geldvermehrungsroboter, zum Sklaven meines Kapitals und meines Terminkalenders. Ich besaß alle

Spielzeuge, die ich mir vorstellen konnte, hatte aber nie Zeit, sie zu genießen. Ich war so tief in meine Arbeit verstrickt, dass ich das Wesentliche im Leben aus den Augen verlor: meine Familie, meine Freunde, meinen Geist, mein Herz, meine Seele. Aber am Ende zählt nur das, was wirklich erfüllt. Der Exzess hingegen frisst dich von innen auf.

Kokspartys in New York und Boston als aufsteigender Wallstreet-Banker. Später Privatjets, Luxusjachten, viel Glanz und wenig innere Substanz. Gelegentliche Bordell-Besuche, natürlich ohne mich selbst mit solchen Eskapaden erpressbar zu machen, sondern um Informationen von den Sexarbeitern zu bekommen beziehungsweise um belastendes Material zu sammeln, gab es auch. Für meine Engagements im Tabledancing in England (69 Club), Sexgeschäft in Berlin (Artemis), Nachtklub in Palma de Mallorca und in der Pornografie (Penthouse-Gruppe) schäme ich mich heute.

Selbst im Genuss sehnt man sich nach noch mehr Verlangen, bis der Reiz komplett weg ist. Die Dosis muss immer höher gefahren werden, weil einen sonst gar nichts mehr flasht. Es ist ein Teufelskreis, der einen langsam, aber sicher kaputt macht. Ein ewiger Wettlauf um mehr Kohle und mehr Statussymbole; ein dämlicher Trip ins Nichts. Aber diese Einsicht kam nicht über Nacht. Es war ein langsamer Prozess, bis ich begriffen habe, wie sinnlos der ganze Zirkus wirklich war, wie armselig ich war.

Deshalb lässt mich der Fall Jeffrey Epstein auf so vielen Ebenen erschaudern.

Ironischerweise begann mein Bezug zu dieser Welt der dekadenten Elite durch den Medienmogul und Doppelagenten Robert Maxwell, den Vater von Epsteins Partnerin Ghislaine, den ich in den 1980er-Jahren kennenlernte. Als Portfolio-Manager bei Fidelity und Analyst für Aktiengesellschaften hatte ich oft die Gelegenheit, Maxwell zu seinen geschäftlichen Aktivitäten zu befragen. Mein Eindruck damals? Ein verwirrter, schlecht informierter

Medienmogul, der eher unkoordiniert wirkte. Auffällig war, dass er in unseren Gesprächen immer wieder versuchte, mich seiner Tochter Ghislaine vorzustellen – oder besser gesagt, mich mit ihr zu verkuppeln.

Gott sei Dank war ich damals schon vergeben, sonst hätte ich mich vielleicht auf ein Date mit Londons It-Girl Ghislaine Maxwell eingelassen. Noch schauriger ist der Gedanke, dass ich unter ihrer Fuchtel mit all ihren einflussreichen Netzwerken selbst zu einem zweiten Jeffrey Epstein hätte werden können. Denn die Voraussetzungen dafür waren perfekt: mein eigener schwerer Missbrauch in der Kindheit, elitärer Background, Harvard-Abschlüsse und eine Milliardärskarriere in Aussicht.

Die merkwürdigen Gespräche mit Robert Maxwell führten aber nur dazu, dass ich das Engagement mit ihm deutlich reduzierte. Ich verkaufte zeitnah die Maxwell-Aktien aus meinem Fidelity Broadcast and Media Fonds. Doch auch nach dem angeblichen Suizid von Robert Maxwell blieben Ghislaine und ihr Partner Jeffrey Epstein in meinem Blickfeld. In den 2000er-Jahren gehörte ich laut *Manager Magazin* zu den fünfzehn aggressivsten und mächtigsten Investoren Deutschlands und beobachtete natürlich meine Konkurrenz – darunter auch Epstein, den Hedgefonds-Manager.

Auch in der Welt der extrem ehrgeizigen Finanzmagnaten arbeitet man manchmal wie ein Wolfsrudel zusammen und tauscht sich über die besten Deals aus, vor allem bei Anlagen und Arbitrage-Geschäften. Angesichts der enormen Mittel, die Epstein verwaltete, hätte ich ihn bei bestimmten Investitionen in London, Zürich oder New York zwangsläufig treffen müssen – so wie andere mächtige Investoren auch.

In Insiderkreisen kursierten damals zwei Fragen: Wie kann ein Studienabbrecher wie Epstein, ein ehemaliger Lehrer gar, mit einer mittelmäßigen Performance so viel Geld verwalten? Und: Kennst du irgendeinen Weltklasse-Hedgefonds-Manager, der so viel feiert wie Jeffrey? Die großen Köpfe der Branche, Leute wie Julian Robertson, George Soros, Stan Druckenmiller und Carl Icahn in New York oder Crispin Odey und Chris Hohn in London, arbeiteten 80- bis 100-Stunden-Wochen. Die hatten keine Zeit für Partys oder Preisverleihungen, selbst wenn die *Rolling Stones* dort spielten. Wir wussten alle, dass die Konkurrenz im Nacken lauerte, jederzeit bereit, uns vom Milliardärsthron der selbsternannten »Masters of the Universe« zu stürzen.

Heute weiß ich mehr. Epsteins Leistung als Vermögensverwalter war bestenfalls mittelmäßig, aber in Sachen Steueroptimierung? Da war er ein Genie. Und dank der akribischen Recherchen des Journalisten Tahir Chaudhry, der in diesem Buch die letzten Puzzleteile zusammengefügt hat, ist offensichtlich, dass Epstein weit mehr war als nur ein geschickter Finanzakteur – er erfüllte einen viel größeren und düstereren Zweck, als es allgemein angenommen wird. Welcher das war, enthüllt dieses fesselnde Buch in beeindruckender Detailtiefe.

Tahir Chaudhry kenne ich seit der Berlinale 2018, als er im Auftrag der *Süddeutschen Zeitung* ein Interview mit mir über den Film *Generation Wealth* führen sollte. Die Wirtschaftsredaktion hatte ihm damals den klaren Auftrag gegeben, mich »fertigzumachen«. Doch Tahir ging mit einer ehrlichen und professionellen Herangehensweise an die Sache. Das passte seiner Redaktion nicht und deshalb wollten sie kein Interview mehr.

Bei unserem zweiten Treffen gestand mir Tahir, dass er keinen Beitrag über mich schreiben könne. Es sei gegen seine Werte, da er zu einem völlig anderen Schluss über mich gekommen sei als seine Redaktion. Da sagte ich zu ihm: »Wenn dieser Artikel über mich nicht sein soll, dann hat Gott uns wegen einer anderen Sache zusammengebracht.« Aus dieser Begegnung entwickelte sich eine Bekanntschaft, gar eine Freundschaft, die auf Respekt und gegenseitiger Wertschätzung basiert.

Schließlich fingen wir an, an einer gemeinsamen intensiven Recherche über Elite-Netzwerke zu arbeiten. Doch das Thema war derart brisant, dass er das Projekt abbrechen musste, nachdem ein Brandanschlag auf sein Haus und seine Familie passiert war – just an dem Tag, an dem wir unsere gesammelten Informationen austauschen wollten. Chaudhry hat »Eier aus Stahl«, aber nicht auf Kosten seiner sympathischen Familie. Dabei befasst er sich oft mit riskanten Themen, wie etwa seine Recherchen über die Unwahrheiten des Jürgen Todenhöfer, die Hintergründe der Maidan-Revolution oder der Krieg in Gaza. Doch bei Epstein hat er sich in die dunkelsten Abgründe einer völlig entgleisten Elite gewagt, die sich wie Vampire an der Unschuld und Reinheit ihrer Opfer labt.

Obwohl Tahir und ich in manchen Dingen unterschiedlicher Meinung sind, teilen wir eine gemeinsame Neugierde: die unermüdliche Suche nach der tiefsten Wurzel der Wahrheit. Pädophilie und der Missbrauch von Kindern sind so alt wie die Menschheit selbst, gut dokumentiert in antiken religiösen Schriften und von hoch angesehenen Theologen vor Jahrhunderten interpretiert. Die Faszination für junges, unschuldiges »Frischfleisch« findet sich nicht nur bei den Griechen und Römern, sondern auch bei den Osmanen, in arabischen Ländern, den italienischen Stadtstaaten und unzähligen anderen Kulturen. Der sexuelle Missbrauch hat nie wirklich aufgehört.

Wer sich tief in diese dunklen Abgründe vorwagt, lebt gefährlich. Viele haben eine erschreckend niedrige Lebenserwartung, während andere, die solche Enthüllungen wagen, aus dem Mainstream verbannt, verteufelt und mit zerstörten Karrieren zurückgelassen werden – ihr Ruf ruiniert, ihr Leben gebrochen. Diese Reise in das Vorzimmer der Hölle sollen mutigere Seelen antreten. Ich habe nicht vor, als Märtyrer zu enden.

Die Tragweite der Enthüllungen über Epstein betrifft jedes zweite oder dritte Mädchen oder Frau in Deutschland, die in irgendeiner Form seelischen, psychologischen oder sexuellen Missbrauch erlebt hat – Tendenz steigend. Bei Jungen und Männern spricht man inzwischen von jedem Fünften. Das geht mir unter die Haut, weil ich selbst im Alter zwischen fünf und zehn Jahren von meinem Vater sexuell missbraucht wurde, während meine Mutter eine Mittäterin war. Gelegentlich wurde ich sogar in der Bekanntschaft »herumgereicht«. Dieses systematische Brechen meines Geistes ging Hand in Hand mit einer ständigen Programmierung von Fördern und Fordern, um mich in einen innerlich zerrissenen, geistig gequälten Überperformer zu formen. Das sollte wohl als Opfer vor Gott genügen. Inschallah.

Tahir Chaudhry deckt im Fall Epstein Netzwerke und Systeme auf, die in der Finanzbranche alles andere als eine Ausnahme sind. Solche schmutzigen Spielchen kenne ich seit fast fünfzig Jahren. Kundenbindung läuft oft über sogenannte »Fickpartys«, meistens in luxuriösen Anwesen oder durch organisierte Besuche in Nobelbordellen und Escort-Services. Manager und Vermögensverwalter verbringen ihre Zeit mit jungen, teils minderjährigen Frauen in edelsten Umgebungen. Das bindet die Kunden, die sich solche Ausschweifungen selbst kaum leisten könnten, eng an die Banken. Die Vermögensverwalter und Broker haben dadurch ein enormes Erpressungspotenzial. Das Leid der Opfer spielt dabei überhaupt keine Rolle – sie werden als nichts anderes als Nutzvieh betrachtet.

Reiche und mächtige Pädophile können hier ihre perversen Fantasien auf Kosten dieser Banker und Broker ausleben – und das offenbar mit minimalem Risiko. Ich kenne mindestens drei große Netzwerke in Berlin, Wien und London, die nach einem ähnlichen Schema wie Epstein arbeiten, um ihr Kapital und ihren Einfluss zu maximieren. Und oft geschieht das auf Kosten minderjähriger Mädchen, die vielleicht für ihre Rolle bezahlt werden, aber keine Ahnung haben, welche verheerenden Konsequenzen Kinderprostitution für sie haben kann. Diese Strukturen sind durch und durch eiskalt, skrupellos und völlig gefühllos.

Die Finanzbranche, einschließlich der ihnen übergeordneten Institutionen wie der Internationale Währungsfonds, die Weltbank und die Zentralbanken, ist fast überall von Geheimdiensten durchdrungen. An diesen Schaltstellen entstehen makroökonomische Informationen von enormer Bedeutung, die für Wall-Street-Insider hochprofitabel sein können. Das ist keine Verschwörungstheorie. In meiner Zeit als Sales Executive und Analyst in der profitabelsten Einheit des weltweit größten Brokers Merrill Lynch war mein Chef der ehemalige Chef der CIA auf den Philippinen. Wir investierten für umstrittene Staatsführer und die Rohstoffindustrie. Für einen hochrangigen liberalen deutschen Politiker verwaltete ich jahrelang ein zweistelliges Offshore-Millionenvermögen. Keine Überraschung, dass mein Name in den Paradise- und Panama-Papers auftauchte – sehr zum Ärger meiner Feinde, die mich fälschlicherweise als Steuerhinterzieher darstellen wollten.

Solche Strukturen spielen nach wie vor eine zentrale Rolle, wenn es um den Transfer, die Verwaltung und die Problemlösung bei schwierigen Geldern geht. Geheimdienste – oder genauer gesagt ihre Business-Intelligence-Einheiten – zapfen diese Quellen an und verkaufen die Informationen an zahlungskräftige Kunden. Darunter sind vor allem die *Proprietary Trading Operations* kapitalstarker Investmentbanken sowie Hedgefonds, die mit diesem Insiderwissen riesige Gewinne einfahren.

Denn so korrupt das auch klingen mag, sind Informationen über kriminelle Machenschaften oft wertvoller als Nachrichten über bevorstehende Staatsstreiche, Rohstoffpreisverzerrungen oder frühzeitige Kenntnisse wichtiger Wirtschaftsdaten. Dazu gehören selbstverständlich auch Daten zu Korruption, ehelicher Untreue und perversen sexuellen Praktiken – vor allem mit Minderjährigen. Dieses »Information Gathering« betrifft nicht nur Gestalten wie Epstein und Maxwell, sondern zieht auch Schleppnetze im Darknet-Sumpf auf.

Pädophile Täter befinden sich oft auf relativ sicherem Terrain, da der Missbrauch systemisch und weitreichend ist. Sie nutzen ihre erpresserischen Informationen, um Gelder der Täter zu akquirieren und zu verwalten. Das führt zu hohen Gebühren im Investmentbanking, im Brokerage-Geschäft, der Vermögensverwaltung und Steuerberatung. Sobald Regierungsbeamte in diesen Missbrauch involviert und dokumentiert sind, was fast immer der Fall ist, wird die Strafverfolgung der Täter und Organisatoren zunehmend erschwert. Mittäter sorgen dafür, dass belastendes Material nicht an die Öffentlichkeit gelangt. Wer solche Missstände ignoriert oder duldet, unterstützt nicht nur die Täter, sondern fördert auch die Perversion und den Verfall.

Bitte verbreiten Sie dieses Buch. Je mehr Menschen diese Verflechtungen verstehen, desto größer wird der öffentliche Druck, etwas zu verändern. Dieses Buch betrifft uns alle – es geht nicht nur um die Machenschaften einer abgehobenen Elite, sondern um grundlegende Fragen, die unser aller Menschsein betreffen: Wie würden wir leben, wenn uns nahezu grenzenlose Macht, Zugänge und Mittel zur Verfügung stünden? Würden wir unseren moralischen Kompass beibehalten? Würden wir uns der Verlockung hingeben, alles zu unserem eigenen Vorteil zu nutzen? Jeder von uns muss sich diese Fragen stellen.

Florian Homm

1 Der Honigfallenleger

Auf der East 71st Street in der Upper East Side von Manhattan, New York City, steht das berühmt-berüchtigte Anwesen, das bis zum Tod von Epstein im August 2019 die Prominenz und den Geldadel aus aller Welt beherbergt hat. Der Hausherr war laut übereinstimmenden Medienberichten ein millionenschwerer Investmentbanker und Vermögensverwalter. Sein Vermögen wurde auf mehr als 500 Millionen Dollar geschätzt. Welchem Beruf er nachging, bleibt bis heute ein Mysterium.

Epstein war medienscheu. Er gab nie ein offizielles Interview und bis 2002 erschien auch kein Bild von ihm in irgendeiner Publikation. Laut dem Journalisten Landon Thomas Jr., der 2002 das erste Porträt für das *New York Magazine* über Jeffrey Epstein schrieb, hätte sich Epstein nach einer öffentlichkeitswirksamen Afrika-Reise mit US-Präsident Bill Clinton und den Schauspielern Kevin Spacey und Chris Tucker einen strategischen Fehler eingestanden. Zu einem Freund habe er gesagt: »Wenn es mein oberstes Ziel war, privat zu bleiben, war die Reise mit Clinton ein schlechter Zug auf dem Schachbrett. Das erkenne ich jetzt. Aber wissen Sie was? Selbst Kasparow [die Schach-Legende] macht sie. Man muss einfach weitermachen.«

Epstein machte weiter. Er wurde zum engen Vertrauten von Präsidenten und Adeligen. Er feierte mit Hollywood-Stars, dinierte mit Konzern- und Bankenchefs und diskutierte mit Pionieren der Wissenschaft. Er lud sie zu einem Flug in seinem Privatjet oder für einen Aufenthalt auf seiner Privatinsel in der Karibik ein. Obwohl Epstein seit mindestens 2006 als Pädophiler gebrandmarkt war und kurz darauf sogar als Sexualstraftäter verurteilt wurde, nahmen die reichsten und mächtigsten Männer der Welt seine Einladung an. Warum wurde die High Society von ihm so magnetisch angezogen? Warum suchte sie damals so sehr seine Nähe und heute umso schneller das Weite, wenn der Name Epstein fällt?

Diese Frage stelle ich mir, während ich diese massive, unnötig hohe, aus Eichenholz geschnitzte Tür der 40-Zimmer-Villa von Herbert N. Straus fotografiere. Über dem Eingang thront der Maskaron eines männlichen Gesichts mit wild und schelmisch verzogener Miene. Links und rechts wird es von weiblichen Gesichtern mit sanften, harmonischen Gesichtszügen flankiert. Abgesehen von den wenigen floralen und elegant geschwungenen Elementen ist die cremefarbene Kalkstein-Fassade eher schlicht gehalten.

Manche seiner Nachbarn zahlen für ihre ähnlich überdimensionierten Stadtvillen zwischen 20 000 und 100 000 Dollar Miete im Monat. Epstein musste gar nichts zahlen. Er zog 1996 einfach in die Stadtvilla ein, die sein langjähriger Freund, sein offiziell einziger Kunde, der »Victoria's Secret«-Gründer Leslie Wexner, für 13,2 Millionen Dollar gekauft hat, um sie dann von Grund auf umzugestalten. Epstein habe die Villa daraufhin für einen symbolischen Preis von einem Dollar übernommen und mit zahlreichen Überwachungskameras und beheizten Bürgersteigen zum Schmelzen von Schnee ausgestattet. Diese, aber auch die Epstein-Villa in Palm Beach, Florida, sollte zu einem Hotspot für die Reichen und Schönen werden. Sie sollte als Schauplatz für Epsteins opulente Partys dienen, bei denen eine Einladung zum begehrten Statussymbol werden sollte.

Es gibt wenige Insider-Berichte von diesen Partys. Einer von ihnen stammt von der US-amerikanischen Journalistin Katie Couric. Sie beschreibt eine Dinnerparty in ihren Memoiren als »*Eyes Wide Shut* mit einem Twist«. Damit bezieht sie sich auf Stanley Kubricks Film von 1999 über einen elitären Geheimbund, der maskierte Orgien veranstaltet. Couric sei damals aufgefallen, wie jung die Frauen gewesen seien, die die Mäntel der Gäste an der Garderobe annahmen. Und dennoch habe sie sich damals darüber nicht zu sehr den Kopf zerbrochen. Als Couric bei einer Live-Talkshow im Oktober 2023 erneut nach diesem Erlebnis gefragt wird, fügt sie hinzu: »Ich wusste damals noch nichts über Jeffrey Epstein«, und: »Ich hätte vorher besser recherchieren sollen, aber vieles über ihn war noch nicht bekannt.« So ganz stimmt das nicht. Die Party in Epsteins Stadtvilla in Manhattan fand im Dezember 2010 statt, nur wenige Monate nach seiner Freilassung aus dem Gefängnis. Er war im Juni 2008 wegen Beschaffung und Anwerbung eines Kindes zur Prostitution verurteilt worden.

So ist das mit den ehemaligen »Freunden« Epsteins. Niemand will etwas über ihn gewusst haben, als dieser noch lebte. Deshalb herrscht heute genauso wenig Einsicht bei den Partygästen wie bei Epstein selbst. Der *New York Post* sagte er nach dem Absitzen seiner 13-monatigen Haftstrafe: »Ich bin kein Sexualverbrecher (›sexual predator‹), Ich bin ein Missetäter (›offender‹). Das ist der Unterschied zwischen einem Mörder und jemandem, der einen Bagel stiehlt.« Epstein muss gar stolz darauf gewesen sein. Immerhin empfand er die Kriminalisierung von Sex mit minderjährigen Mädchen als »kulturellen Irrweg«. Wahrscheinlich hielt er sich auf diesem Feld für eine Art Vorkämpfer. Jedenfalls hing in seiner Stadtvilla fortan eine Leinwand: eine fotorealistische Gefängnisszene mit Epstein zwischen Stacheldraht und Wärtern. Ein scharfer Kontrast zum Leben im Luxus, den seine Gäste offenbar wahrnehmen sollten.

Das markante Wappenschild aus poliertem Messing neben der Eingangstür, das die Initialen »J. E.« trug, ist inzwischen verschwunden. Es gibt einen neuen Besitzer. Es ist der ehemalige Goldman-Sachs-Manager Michael Daffey, der hier mit seiner vierköpfigen Familie einzog. Er kaufte die Villa für 51 Millionen Dollar aus Epsteins Nachlass. Wie lebt es sich in einem Haus, wo über fast zwei Jahrzehnte hinweg Hunderte minderjährige Mädchen durch mächtige Männer aus aller Welt missbraucht wurden? Zu gern würde ich einen Blick hineinwerfen. Ja, es ist journalistische Neugier, um das Gefühl nachvollziehen zu können, das die Gäste beim Anblick der prachtvollen Ausstattung hatten, als sie die Villa betraten. Es muss eine Mischung aus Luxus, Macht und Exklusivität gewesen sein. Die Journalistin Vicky Ward beschrieb 2003 in ihrem Porträt »Der talentierte Mr. Epstein« für *Vanity Fair* ihr Gefühl mit folgenden Worten: »Dies ist kein einfaches Haus einer reichen Person, sondern eine eklektische, herrische Fantasie hinter hohen Mauern, die keine Grenzen zu kennen scheint.« Laut Ward sei das Interieur der Villa ein Ausdruck von jemandem, der »für die Größe seines Besitzes bekannt sein« wolle. Kronleuchter, Wandteppiche, Statuen, Gemälde, Aktporträts, ausgestopfte Tiere, gläserne, gepolsterte, golden verzierte Möbel und Armaturen auf sieben Stockwerken und 4700 Quadratmetern.

Fast alle Gäste, die rückblickend die Einrichtung der Villa beschreiben, sprechen auch von gruseligen Details: Die Eingangshalle war mit einer Reihe von einzeln eingerahmten Augäpfeln dekoriert, eine lebensgroße weibliche Puppe hing von einem Kronleuchter, ein ausgestopfter Pudel saß auf dem Flügel eines großen Klaviers und am unteren Ende der Treppe befand sich ein menschliches Schachbrett, dessen Figuren seine Mitarbeiter in aufreizender Kleidung zeigten. Auch seien die großen Porträts von US-Präsident Bill Clinton in einem blauen Kleid – eine Anspielung auf den Lewinsky-Skandal –, vom saudischen König Mohammed bin Salman in seinem traditionellen arabischen Gewand, dem Präsidenten der Arabischen Emirate Mohammed bin Zayed in Badehose und dem Filmemacher Woody Allen nicht zu übersehen gewesen. Mit allen vier Männern, die enge Freunde Epsteins waren, werden sich meine Wege im Laufe der Recherche des Öfteren kreuzen.

Ich laufe wenige Meter westwärts in Richtung Central Park. Das ruft die Erinnerung an das berühmt-berüchtigte Foto von Jeffrey Epstein mit Prinz Andrew hervor, dem zweiten Sohn der verstorbenen Königin Elizabeth II. Im Dezember 2010 wurde es von einem Paparazzo geschossen. Unter dem Vorwand eines harmlosen Spaziergangs hatte Epstein den Prinzen dazu gebracht, sich im Central Park die Beine zu vertreten. Hatte Epstein dem Paparazzo einen Hinweis gesteckt oder hat er es einfach darauf angelegt, mit Prinz Andrew fotografiert zu werden?

Jedenfalls zeigten die Fotos eine enge Beziehung zwischen Epstein und dem britischen Royal. Erst nach dem Tod Epsteins lösten die Bilder öffentliche Empörung und Kritik an Prinz Andrew aus, was im November 2019 zu seiner Entfernung aus öffentlichen Ämtern führte. Dieses Ereignis stellt bis heute das größte Nachbeben des Epstein-Skandals dar. Sein Netzwerk, seine Komplizen und mögliche Hintermänner bleiben weitestgehend vom medialen Druck, juristischen Verfahren oder gar Nachfragen verschont.

Ähnlich verhält es sich mit der Nachbarschaft Epsteins in Manhattan. Ich erkunde sie noch am selben Tag. An der Kreuzung zur East 72nd Street entlanglaufend fällt mir auf, dass ein Haus direkt hinter Epsteins Stadtvilla steht, das sich mit ihr den Innenhof teilt. Müsste den Bewohnern dieses Hauses bei dieser Nähe nicht etwas Außergewöhnliches aufgefallen sein? Würde man meinen. Auch wenn Epstein 2019 starb, seine Nachbarschaft hüllt sich noch immer in Schweigen. Wie finde ich heraus, wer hier wohnt, wenn es hier keine Namensschilder an den Eingangstüren gibt? Kurze Zeit später fällt mir ein Paketzusteller auf, beladen mit einem Stapel verpackter Lieferungen. Neugierig beschleunige ich meine Schritte, um einen Blick auf die Namen zu werfen, die auf den Paketen prangen. Ich lese: Harriet Croman. Das ist die Ehefrau des in New York verhassten Immobilienhais Steven Croman. Die Google-Suche führt zur Website »Stop Croman Coalition«, die sich gegen die aggressiven Geschäftspraktiken der Croman Real Estate richtet, wo auch Sohn Jake Croman tätig ist. Er ist zugleich Mitglied im Vorstand der *Eric Trump Foundation*, die dem dritten Kind des US-Präsidenten Donald Trump gehört. Weitere Namen, die ich auf den Paketen lese, sind von mächtigen Vertretern der Pro-Israel-Lobby in den USA.

Sind vielleicht diese heiklen Verbindungen der Grund, warum viele Journalisten den Fall Epstein meiden? Das könnte wahrscheinlich erklären, warum es zahlreiche Journalisten vorzogen, nur kleine Schlaglichter auf den Fall zu werfen, sich von den oftmals heiklen Details des Falls fernzuhalten und niemals das gesamte Bild von Epstein zu zeichnen. Deshalb reduzierte sich das Bild in den etablierten Medien auf Epstein als einen »gestörten Perversen«, einen »reichen Pädophilen« oder einen »mysteriösen Mann mit mächtigen Freunden«. Diese Art der Fokussierung verdeckt die tiefere und möglicherweise gefährlichere Wahrheit.

James B. Stewart veröffentlichte wenige Tage nach Epsteins Tod im August 2019 einen Artikel in der *New York Times*. »Der Tag, an dem Jeffrey Epstein mir erzählte, er hätte Dreck über mächtige Leute«. Der Inhalt war ein Hintergrundgespräch, das Stewart 2011 mit Epstein geführt hatte. Er beschrieb darin, dass Epstein sich der Bedeutung seiner Verbindungen voll bewusst war. Epstein behauptete, viel über mächtige Menschen zu wissen, einiges davon sei möglicherweise rufschädigend oder peinlich gewesen, einschließlich Details über ihre angeblichen sexuellen Neigungen und ihren Drogenkonsum. Epstein erklärte, dass prominente Persönlichkeiten aus der Tech-Elite den Ruf hätten, streberhafte Workaholics zu sein, aber das entspreche bei Weitem nicht der Wahrheit. Das habe er mit eigenen Augen gesehen. Epstein verfügte also über kompromittierende Informationen über mächtige Menschen, die genutzt werden konnten, um sie zu erpressen. In den populären Darstellungen des Falls wie in der Netflix-Serie *Filthy Rich*, die auf einem Buch von James Patterson basiert, war davon weniger die Rede. Und schon gar nicht von den zahlreichen Verbindungen zu Geheimdiensten, die Epsteins gesamte Biografie durchziehen.

Fakt ist, Epstein war kein Einzelfall. Erpressung hat in der Geschichte der Geheimdienste eine lange Tradition. Einen interessanten Einblick dazu bietet die *Truman Library*, das Archiv von Harry S. Truman, der von 1945 bis 1953 Präsident der Vereinigten Staaten war. In der Sammlung *President's Secretary's Files* gibt es eine handschriftliche Notiz von Präsident Truman vom 12. Mai 1945: »Liebe Bess … Wir wollen keine Gestapo oder Geheimpolizei. Das FBI tendiert in diese Richtung. Sie verwickeln sich in Skandale um Sexualleben und Erpressung, während sie eigentlich Verbrecher jagen sollten. Edgar Hoover würde sein rechtes Auge geben, um die Führung zu übernehmen, und alle Kongressabgeordneten und Senatoren haben Angst vor ihm. Ich nicht, und das weiß er.«

Dieser Eintrag verdeutlicht, wie sehr sich das *Federal Bureau of Investigation* von seiner ursprünglichen Idee entfernt hatte. Gegründet 1908, um Kriminalität und Korruption auf nationaler Ebene zu bekämpfen, wächst die Bedeutung des FBI während des Ersten Weltkriegs, weil die Regierung zunehmend die Überwachung von Extremisten und politischen Bedrohungen als entscheidend ansieht. In den 1920er-Jahren tritt J. Edgar Hoover als Direktor an und modernisiert die Behörde, indem er strikte Standards für Ausbildung und Ermittlungsarbeit einführt. Als US-Präsident Franklin D. Roosevelt Hoover in den 1930er-Jahren mitteilt, dass er an einem »umfassenden Bild« der kommunistischen und faschistischen Bewegungen in den USA interessiert ist, sieht Hoover dies als Freibrief. Er nutzt das FBI fortan als Werkzeug zur Überwachung und Kontrolle politischer Akteure und Bewegungen.

Im Zweiten Weltkrieg spielt das FBI eine Schlüsselrolle im Kampf gegen Spionage, während parallel das *Office of Strategic Services* (OSS) gegründet wird, das sich auf Auslandsspionage spezialisiert. Nach dem Krieg wird das OSS in die CIA umgewandelt, die fortan für internationale Spionage verantwortlich ist, während das FBI sich auf innere Sicherheit und nationale Ermittlungen konzentriert.

Hoover ist zwar bekannt und gefürchtet für seine mächtigen Überwachungs- und Erpressungsstrategien, doch er selbst ist nicht vor Erpressung immun. Seit Langem kursieren Gerüchte über Hoovers Homosexualität, besonders im Hinblick auf seine enge und lebenslange Beziehung zu seinem Stellvertreter Clyde Tolson. Die beiden verbringen fast jeden Tag miteinander, arbeiten Seite an Seite, essen gemeinsam und unternehmen private Reisen.

Laut Anthony Summers' Buch *The Secret Life of J. Edgar Hoover* (1993) habe der Romanautor William Styron Hoover und Tolson in einem Strandhaus in Kalifornien gesehen, wo Hoover Tolsons Zehennägel lackierte. Zudem erzählt Harry Hay, Gründer der *Mattachine Society*, der ersten Schwulenrechtsorganisationen der USA, dass Hoover und Tolson regelmäßig in exklusiven Logen für homosexuelle Männer auf der Del-Mar-Rennbahn in Kalifornien gesessen hätten.

Nach seinem Tod wird Hoover Tolson seinen gesamten Nachlass vermachen und Tolson wird in sein Haus einziehen.

Die Gerüchte haben nicht nur persönlichen, sondern auch erheblichen beruflichen Einfluss auf Hoover. Es wird spekuliert, dass Meyer Lansky, ein führender jüdischer Mafiaboss der sogenannten *Kosher Nostra*, Hoover aufgrund seiner Homosexualität erpresst. Laut Summers habe Hoover seine Sexualität meistens unterdrückt, aber manchmal habe er sich in Orgien in New Yorker Hotels und

Affären mit Teenagern in einer Limousine ausgelassen. Er berichtet von Interviews mit Mafia-Insidern, die darauf hinweisen, dass Lansky durch Erpressung von mächtigen Akteuren wie Hoover politischen und rechtlichen Einfluss erlangt. Ein ehemaliger Mitarbeiter Lanskys behauptet, dass Lansky in den 1940er-Jahren kompromittierende Fotos von Hoover in einer »schwulen Situation« beschafft habe. Diese Bilder sollen es Lansky ermöglicht haben, Hoover erfolgreich unter Druck zu setzen, wodurch dieser FBI-Ermittlungen gegen Lanskys kriminelle Aktivitäten zurückgehalten habe. Selbst Lanskys Witwe wird später bestätigen, dass ihr Mann Beweise für Hoovers Homosexualität sammelte und nutzte, um das FBI in Schach zu halten.

2019 veröffentlichte FBI-Akten enthüllen, dass Lansky über Jahre hinweg umfassend vom FBI überwacht wurde. Das wird die Frage aufwerfen, warum er nie strafrechtlich verfolgt wurde. Konnte sich Lansky erfolgreich durch Erpressung vor Ermittlungen schützen? Anthony Summers zitiert in *The Secret Life of J. Edgar Hoover* mehrere Primärquellen, die bestätigen, dass Lansky Erpressung gezielt einsetzte, um Politiker, Polizisten und Richter zu beeinflussen. Diese Erpressungsmaterialien wurden oft bei Orgien beschafft, die von dem Gangster Lewis Rosenstiel und seinem Anwalt Roy Cohn organisiert wurden.

Rosenstiel war ein enger Freund von Hoover und Gründer von Schenley Industries, der durch sein Alkohol-Imperium während der Prohibitionszeit (1920–1933) zu einem der mächtigsten Akteure in der Spirituosenbranche wurde. Seine Ehefrau Susan Kaufman bestätigte in den frühen 1970er-Jahren während der Anhörung des Gesetzgebungsausschusses für Kriminalität des Staates New York unter Eid, dass ihr Ehemann Lewis Rosenstiel in den 1950er-Jahren Hotelpartys veranstaltet hat, bei denen »männliche Kinderprostituierte« anwesend waren. Zu den Gästen sollen mächtige Politiker, Regierungsbeamte und Männer aus der Unterwelt gehört haben.

Rosenstiels Freund Roy Cohn galt in den 1970er- und 80er-Jahren als Mentor von Donald Trump. Zu seinen Freunden zählten auch Epsteins Anwalt und Freund Alan Dershowitz und Kosmetikunternehmerin Estée Lauder, die Mutter von Ronald Lauder, der Teil der *Mega Group* war, die Epstein später zum Aufbau seines Netzwerks nutzte. Als eine Art Informations-Broker pflegt er eine langjährige Verbindung zur CIA und zu US-Präsidenten wie Ronald Reagan oder Bill Clinton.

Für Hoover ist die schwarze Bürgerrechtsbewegung eine der größten Bedrohungen für die nationale Sicherheit der USA. Weil deren Führungsfiguren ab Mitte der 1950er-Jahre die bestehenden Machtstrukturen, die das Land aus Hoovers Sicht zusammenhalten, radikal infrage stellen, startet er eine verdeckte Operation. Ab 1956 nutzt er das geheime FBI-Programm COINTELPRO zur systematischen Überwachung und Störung von politischen Organisationen sowie Privatpersonen, die er als subversiv einstuft.

Ein großes Netzwerk, das das FBI ergänzt, ist die *Anti-Defamation League* (ADL), die 1913 von der *B'nai B'rith*, einer jüdischen Wohltätigkeitsorganisation, zur Bekämpfung des Antisemitismus gegründet worden war. Darüber schreibt der kanadische Diplomat und emeritierte Professor Peter Dale Scott in *The American Deep State*. Laut dem Anwalt und Mitarbeiter des US-Verteidigungsministeriums Alfred M. Lilienthal arbeitet die ADL »eng mit der israelischen Geheimdienstbehörde Mossad und manchmal mit dem FBI oder der CIA zusammen«. Die ADL habe auch Martin Luther King Jr. ausspioniert und ihre gesammelten Informationen an Hoovers Büro übermittelt. Laut Henry Schwarzschild, einem ADL-Beamten von 1962 bis 1964, sei diese Zusammenarbeit »allgemein bekannt und beiläufig akzeptiert« gewesen.

Ein besonders perfides Beispiel ist der »Suicide Letter«, den das FBI 1964 an Martin Luther King Jr. schickt. Dieser anonym verfasste Brief ist Teil von Hoovers Verleumdungskampagne. Er soll

King psychologisch unter Druck setzen und enthält Drohungen: »Es gibt nur eine Sache, die du tun kannst. Du weißt, was das ist. Es gibt nur einen Ausweg für dich. Du hast 34 Tage, bevor diese Affären der Öffentlichkeit bekannt gemacht werden. Du bist fertig. Es gibt nur einen Ausweg, der dir offen steht.« Dieser Brief, der eine verschleierte Aufforderung zum Selbstmord darstellen soll, wird durch belastende Tonaufnahmen begleitet, die das FBI in King's Hotelzimmern gemacht hatte, um ihn bei Bedarf öffentlich zu diskreditieren.

Auch andere Bürgerrechtsaktivisten, wie Malcolm X und Fred Hampton, werden gezielt überwacht und auch Opfer von FBI-Operationen. Während die Hintergründe der Ermordung von King und Malcolm X bis heute umstritten sind, spielte das FBI im Fall von Fred Hampton, einem Anführer der Black Panther Party, eine direkte Rolle in seiner Ermordung im Jahr 1969.

Laut Peter Dale Scott nutzt Hoover seine Macht, um sich selbst gegenüber Präsidenten abzusichern. In *The American Deep State* beschreibt Scott, wie Hoover gezielt kompromittierende Informationen über John F. Kennedy, Lyndon B. Johnson und andere prominente Politiker sammelte, um sie unter Kontrolle zu halten und seine eigene Position als FBI-Direktor zu sichern. Hoovers geheime Akten, die sogenannten *Official & Confidential Files*, umfassten etwa 17 000 Seiten und verleihen ihm eine nahezu unantastbare Stellung im politischen System der USA. Nach seinem Tod im Mai 1972 soll seine langjährige Sekretärin, Helen W. Gandy, die geheimen Akten gemäß seinen Anweisungen vernichtet haben.

Die Sexspionage, also der gezielte Einsatz von Verführung und Sexualität zur Informationsbeschaffung, hat in der Geschichte der Geheimdienste eine lange Tradition. Der Begriff »Honeytrap« (Honigfalle) beschreibt dabei eine bewusst inszenierte sexuelle Begegnung, die später zur Erpressung des Opfers genutzt wird.

Männliche Agenten, die solche Verführungen einsetzen, werden als »Raven« (Raben) bezeichnet, während ihre weiblichen Pendants »Swallow« (Schwalben) genannt werden. In der Terminologie der DDR-Geheimdienste galten Männer dieser Art als »Romeo-Agenten« und Frauen als »Venus-Agentinnen«.

Eines der bekanntesten Beispiele für diese Methode ist Margaretha Zelle, eine niederländische exotische Tänzerin, die unter dem Bühnennamen Mata Hari bekannt war. Mit ihrem Charme, ihrer Schönheit und ihren tänzerischen Fähigkeiten verführte sie während des Ersten Weltkriegs zahlreiche Männer für den deutschen Militärgeheimdienst. Durch ihre Verbindungen zu hochrangigen englischen und französischen Offizieren sollte sie militärische Geheimnisse erfahren, die sie anschließend an die Deutschen weitergeben sollte. Fortan führte sie Beziehungen zu hochrangigen Militärs, Politikern und anderen einflussreichen Männern in vielen Ländern, die sie oft über internationale Grenzen führten. Mata Hari wurde 1917 enttarnt, verhaftet, wegen Spionage angeklagt und hingerichtet.

Ein weiteres berüchtigtes Beispiel ist der ägyptische Jude Eli Cohen, der als einer der bekanntesten israelischen Spione in den 1960er-Jahren in Syrien aktiv war. Cohen infiltrierte für den Mossad die höchsten politischen und militärischen Kreise Syriens, indem er sich als der wohlhabende syrisch-argentinische Geschäftsmann Kamel Amin Thaabet ausgab. Cohen gelang es, das Vertrauen der syrischen Elite zu gewinnen, indem er prunkvolle Partys und Sexorgien in seinem Apartment organisierte, wo er Alkohol und Prostituierte anbot. Hochrangige Militärs, Politiker und sogar Verwandte des syrischen Präsidenten nahmen daran teil. Hier knüpfte Cohen intime Beziehungen, die ihm Zugang zu sensiblen militärischen Informationen verschafften. Aufgrund seiner wertvollen Kontakte und seiner großzügigen Gastfreundschaft wurde er zum engen Berater des syrischen Präsidenten Amin al-

Hafiz befördert. Dadurch erhielt Cohen sogar die Möglichkeit, geheime militärische Einrichtungen wie die Stellungen auf den Golanhöhen zu besichtigen. Obwohl Cohen zunächst erfolgreich war, wurde seine Tätigkeit zunehmend riskanter. 1965 enttarnte ihn der syrische Geheimdienst und er wurde in Damaskus öffentlich hingerichtet. Die Informationen, die er übermittelt hatte, trugen maßgeblich zum Sieg Israels im Sechstagekrieg 1967 bei.

Seit 2019 sind immer mehr Details über Jeffrey Epstein ans Licht gekommen, doch ihre schiere Menge macht es nahezu unmöglich, den Durchblick zu behalten und die Zusammenhänge klar zu erkennen. Deshalb stelle ich mich in diesem Buch der heiklen Herausforderung, alle Puzzleteile zusammenzusetzen, ohne Angst davor zu haben, welches Bild sich daraus ergeben könnte. Es soll eine Bestandsaufnahme sein, die tief in ein komplexes System aus Macht, Kontrolle und Erpressung eintaucht, um ein umfassendes und schonungsloses Porträt von Jeffrey Epstein zu zeichnen.

Epsteins Tod im August 2019 hinterließ viele Fragen unbeantwortet. Seit fünf Jahren versuche ich mich den Antworten zu nähern: War es wirklich Selbstmord? Wer war dieser Mann? Was waren seine Motive? Wer waren seine Komplizen? Welche Machtstrukturen ermöglichten es ihm, so lange ungeschoren zu bleiben? Wer waren die Nutznießer von Epsteins dunklen Geheimnissen? Und vor allem: Wem diente Epstein wirklich?

Diese Fragen bringen mich unweigerlich zu weiteren Überlegungen: Was wäre, wenn das Ganze noch tiefer reicht? Könnte es sein, dass Epstein als eine Art Türsteher eines elitären Zirkels agierte, bei dem Erpressung der Klebstoff war, der diesen geheimen Bund zusammenhielt? War der Zugang nur für diejenigen erlaubt, die erpressbar waren, um sicherzustellen, dass sie stets kontrollierbar blieben und nicht aus der Reihe tanzten? Wurde so eine Elite geschaffen, deren Zusammenhalt auf Manipulation beruhte, um sicherzustellen, dass alle einer verborgenen Agenda folgen, die den Interessen dieser Machtelite diente?

Die wenigsten Menschen leugnen die Macht der Religion, des Geldes, der Technologie, der Wissenschaft, der Wirtschaft, der Medien und der Werbung. Sie sind sich wohl bewusst über Kriminalität, Korruption, Manipulation und Vertuschung. Doch wenn es um elitäre Zirkel mit Superreichen, Mega-Konzernen und Geheimdiensten geht, reagieren viele von ihnen ablehnend. Warum? Es ist einfacher, bekannte Strukturen zu akzeptieren. Der Gedanke an verborgene Macht könnte die eigene Realität erschüttern. Er bedroht ihr eigenes Gefühl von Kontrolle und Sicherheit. Sie wollen soziale Akzeptanz und fürchten sich vor Ausgrenzung.

Ein wahrer Journalist, ein Wahrheitssucher muss diese Gefühle ausblenden. Tatsächlich muss er im besten Sinne ein »Verschwörungstheoretiker« sein. Allein die Tatsache, dass es eine Konzentration von Macht, Geld und Einfluss gibt, ist Beweis genug, dass Verschwörungen existieren. Deshalb kann er es nicht unterlassen, hinter die Fassade zu blicken, verborgene Zusammenhänge zu erkennen und das scheinbar Offensichtliche infage zu stellen.

Doch das bedeutet nicht, blind zu spekulieren. Ein Journalist muss Indizien sorgfältig zu einem stichhaltigen Bild verdichten, Fakten festigen und sein Fundament so aufbauen, dass es selbst kritischer Überprüfung standhält. Nur indem er sich von Wunschvorstellungen löst und konsequent nach Wahrheit strebt, kann der Journalismus seine Wächterfunktion erfüllen und als unabhängiges Instrument der Aufklärung und Kontrolle gegenüber den Herrschenden agieren, um Machtmissbrauch aufzudecken und im besten Fall zu verhindern.

Quellen:

Thomas Jr., Landon: »Jeffrey Epstein: International Moneyman of Mystery«. In: New York Magazine, 28. Oktober 2002, online unter: https://nymag.com/nymetro/news/people/n_7912/, abgerufen am 27. Juli 2024.

Couric, Katie: *Going There*. Little, Brown and Company, New York, 2021.

White, Christopher: »EXCLUSIVE: ›Wexner will do anything for me!‹«. In: Daily Mail, 21. Juli 2022, online unter: https://www.dailymail.co.uk/news/article-11029425/Jeffrey-Epstein-boasted-lingerie-mogul-Les-Wexner-gave-Manhattan-townhouse-1.html, abgerufen am 27. Juli 2024.

Sutherland, Amber: »Billionaire Jeffrey Epstein: I'm a sex offender, not a predator«. In: New York Post, 25. Februar 2011, online unter: https://nypost.com/2011/02/25/billionaire-jeffrey-epstein-im-a-sex-offender-not-a-predator/, abgerufen am 27. Juli 2024.

»Longhand Note of President Harry S. Truman, May 12, 1945«. In: Truman Library, online unter: https://www.trumanlibrary.gov/library/truman-papers/longhand-notes-presidential-file-1944-1953/may-12-1945, abgerufen am 27. Juli 2024.

Mclaughlan, Scott: »Who Was J. Edgar Hoover?«. In: The Collector, 13. August 2024, online unter: https://www.thecollector.com/who-was-j-edgar-hoover/, abgerufen am 27. Juli 2024.

Goodman, Amy: »The FBI vs. Martin Luther King – Inside J. Edgar Hoover's ›Suicide Letter‹ to Civil Rights Leader«. In: Democracy Now!, 18. November 2014, online unter: https://www.democracynow.org/2014/11/18/the_fbi_vs_martin_luther_king, abgerufen am 27. Juli 2024.

Goodman, Amy: »The Assassination of Fred Hampton – New Documents Reveal Involvement of FBI Director J. Edgar Hoover«. In: Democracy Now!, 1. Februar 2021, online unter: https://www.

democracynow.org/2021/2/1/fred_hampton_new_fbi_docs, abgerufen am 27. Juli 2024.

Scott, Peter Dale: *The American Deep State: Wall Street, Big Oil, and the Attack on U.S. Democracy*. Rowman & Littlefield, Lanham, 2017.

Anon.: »A Byte Out of History J. Edgar Hoover's ›Official & Confidential‹ Files«. In: FBI Archives, 7.November 2005, online unter: https://archives.fbi.gov/archives/news/stories/2005/july/j.-edgar-hoovers-official-confidential-files, abgerufen am 27. Juli 2024.

Smith, Nicholas Faith: *The Bronfmans: The Rise and Fall of the House of Seagram*. St. Martin's Press, New York, 1993.

Webb, Whitney: »Hidden in Plain Sight: The Shocking Origins of the Jeffrey Epstein Case«. In: Unlimited Hangout, 18. Juli 2019, online unter: https://unlimitedhangout.com/2019/07/investigative-series/hidden-in-plain-sight-the-shocking-origins-of-the-jeffrey-epstein-case/, abgerufen am 27. Juli 2024.

Summers, Anthony: *The Secret Life of J. Edgar Hoover*. G. P. Putnam's Sons, New York, 1993.

Little, Becky: »Roy Cohn – From ›Red Scare‹ Prosecutor to Donald Trump's Mentor«. In: History.com, 12. März 2019, online unter: https://www.history.com/news/roy-cohn-mccarthyism-rosenberg-trial-donald-trump, abgerufen am 27. Juli 2024.

Shipler, David K.: »Terrorist Plots Hatched by the F.B.I.«. In: New York Times, 28. April 2012, online unter: https://archive.ph/2020.10.14-182337/https://www.nytimes.com/2012/04/29/opinion/sunday/terrorist-plots-helped-along-by-the-fbi.html#selection-517.37-517.105, abgerufen am 27. Juli 2024.

Polmar, Norman, und Thomas Allen: *Spy Book: The Encyclopedia of Espionage*. Random House, New York, 1998.

Burke, Joanna: *Femmes Fatales: Women, Murder, and Masculinity in Victorian Culture*. University of Chicago Press, Chicago, 2004.

Bergman, Ronen: »Israel's Secret Operation to Recover the Watch of a Legendary Spy«. In: New York Times, 5. Juli 2018, online unter: https://www.nytimes.com/2018/07/05/world/middleeast/israel-cohen-watch-spy.html, abgerufen am 27. Juli 2024.

Black, Ian: *Israel's Secret Wars: A History of Israel's Intelligence Services.* Grove Press, New York, 1991.

Thomas, Gordon: *Gideon's Spies: The Secret History of the Mossad.* St. Martin's Press, New York, 1999.

2 Insel der Sünde

Der Morgen ist strahlend heiß, als der kleine Flieger heftig schwankend zur Landung ansetzt. Jeder Windstoß fühlt sich wie ein Schlag in die Magengrube an. In den Gesichtern der Passagiere herrscht Anspannung. Ihre Augen wandern unsicher von ihren Sitznachbarn über die Flugbegleiter zu den Fenstern. Unten offenbart sich ein surreales Gemälde: ein tiefblauer Ozean mit funkelnden Wellen umschlingt das satte Grün der tropischen Wälder, die sich über die geschwungenen Hügel der Insel erstrecken. Als die Reifen donnernd das Rollfeld berühren, schallt die Stimme des Piloten durch die Lautsprecher: »We've just landed safely in Saint Thomas. The local time is 9:40 AM, with a warm 85 degrees Fahrenheit (29 Grad Celsius).«

Saint Thomas ist eine der drei Hauptinseln, welche die U.S. Virgin Islands, die Amerikanischen Jungferninseln, in der Karibik bilden. Sie sind ein Territorium der USA, die Währung ist der US-Dollar und die Bewohner sind US-Staatsbürger, zahlen in Amerika aber keine Einkommenssteuer. Die Inseln liegen östlich von Puerto Rico, etwa 1 000 Kilometer vom amerikanischen Festland entfernt. Ein winziger Punkt auf der Weltkarte. Der Cyril E. King Flughafen ist das Tor zu diesem ganz eigenen, kleinen Kosmos. Auf der wackeligen Flughafentreppe bläst den Passagieren ein heißer Föhn ins Gesicht. Er schmeckt salzig. Die Sonne steht fast senkrecht am Himmel. Der Ort verpasst den Äquator nur um eine Daumenbreite auf dem Globus.

Während die Grenzbeamten unsere Reisepässe kontrollieren, stelle ich mir vor, wie Jeffrey Epstein durch die Passkontrolle kam.

Auf dem neunstündigen Flug von Frankfurt am Main nach Miami hatte ich das Buch von einem der Opfer von Epsteins Missbrauchsring gelesen. In *Silenced No More* beschreibt Sarah Ransome ihre Ankunft auf dem Flughafen in Saint Thomas: »Als wir in St. Thomas landeten, dem Zugang zu den Amerikanischen Jungferninseln, sammelte Jeffrey unsere Pässe ein und übergab sie den Flughafenangestellten. Sie sahen sie nicht einmal an.«

Waren die Grenzbeamten geschmiert? Diese Frage war der Anfang der Recherche auf Saint Thomas. Nachdem die Mädchen und jungen Frauen den Flughafen verlassen hatten, gab es drei Wege, um auf Epsteins eigene Insel zu gelangen: Speedboat, Privatjet oder Helikopter. Am Mietwagenverleih, mit einem Shuttle zu erreichen, befindet sich ein kleiner Privatflughafen, der von den Gastgebern Epstein und seiner Partnerin Ghislaine Maxwell genutzt wurde. 2008 hatte Epstein für Maxwell einen Helikopter für vier Millionen Dollar gekauft. Er taufte ihn »Air Ghislaine 2«. Zusätzlich finanzierte Epstein der Freundin auch den Pilotenschein.

Je nach Wunsch der hochrangigen Gäste nutzte Maxwell den Helikopter, einen Sikorsky S-76 mit luxuriöser Ausstattung, einen der beiden Gulfstream-Jets oder die Boeing 727-200, die später als »Lolita Express« bekannt wurde. Diese Bezeichnung entsprang 2019, nach dem mysteriösen Tod von Epstein, noch der Fantasie von Journalisten. Doch seit 2023 lässt sich ein realer Bezug zu Epstein herstellen.

Der Investigativjournalist Edward Epstein, der mehr als 30 Jahre mit Jeffrey Epstein befreundet war (wenngleich nicht verwandt), veröffentlichte 2023 das Buch *Assume Nothing*. Darin beschreibt er eine Szene von einem Flug mit Epsteins Privatjet. Epstein habe über seinen Lieblingsautor Vladimir Nabokov gesprochen. Ein Exemplar von dessen Bestseller *Lolita* liege immer neben Epsteins Bett im Flugzeug. In dem Buch, einem der großen literarischen Skandale des 20. Jahrhunderts, geht es um Humbert Humbert, einen pädophilen Mann im mittleren Alter, der sich in Lolita verliebt, die zwölfjährige Tochter seiner Zimmerwirtin Charlotte. Um ihr nahe zu sein, heiratet er Charlotte. Nachdem sie bei einem Unfall stirbt, hat Humbert Lolita für sich. Um ihre Beziehung zu vertuschen, reisen sie durch Amerika von Ort zu Ort, wobei er Lolita erpresst, indem er ihre Unwissenheit und Isolation ausnutzt. Letztlich flüchtet Lolita zu einem anderen Mann, den Humbert erschießt. Lolita stirbt bei der Geburt ihres Kindes und Humbert stirbt im Gefängnis, kurz vor Beginn seines Gerichtsprozesses. Weist diese Geschichte nicht eine außerordentliche Parallele zum Schicksal Epsteins auf?

Bei der Schlüsselübergabe für den kleinen türkisfarbenen Mietwagen werde ich gewarnt: »Aufgepasst, hier gibt es überall tiefe Schlaglöcher!« Tatsächlich. Die Amerikanischen Jungferninseln sind eine Steueroase, was viele Superreiche anlockt. Niedrige Steuern bedeuten aber auch begrenzte öffentliche Mittel für die Infrastruktur, wenngleich die Regierung in Washington großzügig einspringt. Wenige Kilometer westwärts liegt die Hauptstadt Charlotte Amalie, benannt nach der dänischen Königin Charlotte Amalie. Sie war die älteste Tochter des Landgrafen von Hessen-Kassel, dessen Territorium im Heiligen Römischen Reich Deutscher Nation (962–1806) von hoher Bedeutung war. Heute steht der Name für Liegeplätze, an denen die größten Kreuzfahrtschiffe und exklusivsten Yachten der Welt andocken.

Die Stadt ist ein Magnet für den internationalen Jetset, mit ihren prachtvollen Villen, Luxushotels, Resorts, Boutiquen, ihren exklusiven Privatschulen und privaten Kliniken. Auffällig sind die unzähligen Schönheitssalons, die »Vampire Bites«, »Vampire Facials« oder »Vampire Liftings« anbieten. Während die Anbieter der angeblichen Hautverjüngung mit Eigenblut in den USA oder in Deutschland in rechtlichen Grauzonen agieren, scheint auf den

Jungferninseln der Wilde Westen der »Vampire« zu herrschen. Dabei wird einer jüngeren Person Blut entnommen (auf freiwilliger Basis) und einer älteren Person injiziert. Versprochen wird, dass sich dadurch der Körper verjüngt und der Alterungsprozess verlangsamt.

Solche Behandlungen sind auf dem amerikanischen Festland von der föderalen Arzneimittelbehörde FDA nicht zugelassen. Ähnliche Beschränkungen gelten in Europa, wo die europäische Arzneimittelbehörde EMA und nationale Gesundheitsbehörden ebenfalls keine Genehmigung für solche Behandlungen erteilt haben. Auf Saint Thomas kostet eine Sitzung pro »Verjüngung« je nach Intensität und Qualität zwischen 1000 und 3000 US-Dollar. Die Nachfrage macht wohl das Angebot. Gerade wohlhabende Menschen versuchen oft, das Altern bekämpfen zu wollen, denn Altern bedeutet für sie den Tod und das Ende ihres materiellen Hedonismus. Deshalb investieren sie in eine Illusion der ewigen Jugend oder, wie Jeffrey Epstein, in technologische Methoden zur Erlangung von Unsterblichkeit.

Die Natur auf Saint Thomas wirkt an manchen Stellen wild und unberührt. Auf dem Weg zum höchstgelegenen Punkt der Insel wachsen exotische Blumen im verflochtenen Wurzelwerk. Immer wieder klettern Ameisen die Waden hinauf und beißen, was sich wie kleine Nadelstiche anfühlt. Echsen liegen regungslos auf den Steinen, als wären sie Teil des felsigen Terrains – bis der Wanderer ihnen zu nahe kommt und sie blitzschnell davonlaufen, was jedes Mal einen kleinen Schreck verursacht. Halb verborgen hinter den schweren Ästen einer Böschung ist es endlich möglich, einen kleinen Blick auf Epsteins Insel zu erhaschen. Little Saint James oder »Little Saint Jeff« (Der kleine Heilige Jeff), wie er sie selbst nannte.

Journalisten tauften sie »Orgy Island«, »Pedo Island« oder biblischer: »Island of Sin«. Diese Insel bot Epstein das perfekte Versteck für seine Machenschaften. Diese extreme Abgeschiedenheit ließ seine Opfer, allesamt Mädchen, junge Frauen, dünn, klein, meist ausländisch, traumatisiert und aus ärmlichen Verhältnissen, nicht einmal im Entferntesten an eine Flucht denken. Epsteins Gästen hingegen muss dieser Ort ein Gefühl von Privatsphäre und Schutz vor unerwünschten Blicken und Behörden gegeben haben. Die paradiesische Kulisse trug sicher auch dazu bei, dass seine Gäste Einladungen auf die Insel gerne angenommen haben. Das Angebot war verführerisch: Ein prachtvolles Anwesen samt mehreren Gästehäusern mit Meeresblick verstreut über die Insel, dazu Swimmingpools und Sporteinrichtungen. Alles auf 29 Hektar, was der Größe von rund 40 Fußballfeldern entspricht. Etwa 70 Mitarbeiter – Hausangestellte, Köche, Gärtner, Wartungsarbeiter oder Sicherheitspersonal – in einem Verwaltungsgebäude für Personal und Logistik kümmerten sich um die Gäste.

Das hieß aber auch, es gab viele potenzielle Whistleblower. Deshalb verpflichtete Epstein seine Mitarbeiter dazu, Geheimhaltungsvereinbarungen (Non-Disclosure-Agreements) zu unterzeichnen. Miles Alexander, der zusammen mit seiner Ehefrau Cathy die Insel zwischen 1999 und 2007 leitete, sagte der britischen Zeitung *Daily Mail*: »In unserem Job ging es um Diskretion.« Als sie eingestellt wurden, habe man ihnen gesagt: »Was Jeffrey will, bekommt Jeffrey.« Tagtäglich fuhren sie mit einer Schar von Mitarbeitern auf einer eigens betriebenen Fähre von Saint Thomas nach Little Saint James und zurück, um Nachschub zu bringen.

Es brauchte eine kontinuierliche, umfängliche Planung und Koordination, aber vor allem finanzielle Ressourcen, um dieses System aufrechtzuerhalten. Die Finanzmittel Epsteins mussten schier unerschöpflich gewesen sein. Eine wichtige Stütze dabei müssen aber auch die Steuervorteile gewesen sein, die die Amerikanischen Jungferninseln bieten. Das *Economic Development Commission* (EDC)-Programm der Amerikanischen Jungferninseln, das Investoren und Unternehmen durch steuerliche Anreize in die Region ziehen sollte, half auch Epstein. Es reduzierte seine Einkommens- und Unternehmenssteuern um etwa 90 Prozent und befreite ihn von der Brutto-Umsatzsteuer, Verbrauchssteuer und Grundsteuer.

Lange Zeit zögerte die lokale *Economic Development Authority* (EDA), die Wirtschaftsförderungsbehörde der Amerikanischen Jungferninseln, Informationen über Jeffrey Epsteins Steuervergünstigungen preiszugeben. Erst im Juni 2023 machte sie relevante Unterlagen öffentlich. Aus ihnen geht hervor, dass Epstein im Jahr 1999, dem ersten Jahr auf den Inseln, Steuern in Höhe von 1,73 Millionen Dollar zahlte, während er 15,58 Millionen Dollar an Befreiungen erhielt. Im folgenden Jahr zahlte er 6,46 Millionen Dollar und erhielt 28,42 Millionen Dollar an Steuerbefreiungen. 2002 erhielt Epstein 40,9 Millionen Dollar an Steuerbefreiungen, während er nur 3,2 Millionen Dollar an Steuern zahlte. Insgesamt erhielt Epstein zwischen 1999 und 2018 mehr als 300 Millionen Dollar an Steuervergünstigungen.

Das Gebäude des Gouverneurs der Amerikanischen Jungferninseln liegt in Charlotte Amalie auf Saint Thomas. Das Estate Catherineberg, ein beeindruckendes Herrenhaus im kolonialen Stil, erhebt sich majestätisch über der Hauptstadt, mit einer strahlend weißen steinernen Fassade mit hochragenden Säulen und weitläufigen Veranden, umgeben von barockartigen Gärten. Seine Geschichte reicht bis zur dänischen Kolonialzeit im 18. Jahrhundert zurück, wo die Jungferninseln noch zu Dänisch-Westindien gehörten. Damals war es das Herrenhaus einer Zuckerrohrplantage, wo schwarze Sklaven Zuckerrohr angebaut und in einer Raffinerie verarbeitet haben.

Erst im Jahr 1917 verkaufte Dänemark die Inseln an die USA, für 25 Millionen Dollar. Für die Dänen war die Verwaltung zu kostspielig geworden. Und sie fürchteten eine Übernahme durch Deutschland. Auch die USA wollten eine deutsche Militärbasis verhindern und stattdessen ihre Kontrolle über die Karibik und den Panamakanal sichern. Auf Saint Thomas gibt es viele Menschen, die sich noch an Geschichten über die dänische Kolonialzeit erinnern und diese bereitwillig teilen.

Doch sobald der Name Jeffrey Epstein erwähnt wird, wird das Gespräch deutlich zurückhaltender. Über zwei Jahrzehnte hinweg hatte Epstein das gesamte politische System der Amerikanischen Jungferninseln für seine Zwecke manipuliert und beeinflusst. Er pflegte enge Beziehungen zu hochrangigen Beamten, darunter mehrere Gouverneure, und erkaufte sich im Gegenzug für Steuervorteile und rechtliche Nachsicht deren Wohlwollen durch großzügige finanzielle Zuwendungen.

Als am 1. Januar 2007 John de Jongh von der Demokratischen Partei zum 7. Gouverneur der Amerikanischen Jungferninseln eingeschworen wurde, muss sich Epstein vor Freude die Hände gerieben haben. De Jongh arbeitete als Banker bei der Chase Manhattan Bank (später JPMorgan Chase, die Bank, die Epstein mehr als 15 Jahre bei dessen Sexhandel mit Minderjährigen in die Hände spielte) in verschiedenen Führungspositionen, bevor er Gouverneur wurde. De Jongh sollte mit seiner vierköpfigen Familie ins Estate Catherineberg einziehen, doch er lehnte ab.

Er behauptete damals, es habe »kein staatliches Haus gegeben, das eine Familie hätte aufnehmen können«. Seine Erklärung: Eine Renovierung »hätte den Steuerzahler 2,1 Millionen Dollar gekostet«. In Wahrheit wäre es wohl gegenüber seinem eigenen Luxus-Anwesen ein regelrechtes Downgrade gewesen. De Jongh nutzte lieber öffentliche Mittel, um sein privates Anwesen mit Reparaturen, Sicherheitstechnik und dem Bau einer Mauer aufzuwerten. Dafür wurde er wenige Monate nach dem Ende seiner Amtszeit 2015 angeklagt. Die Klage wurde erst fallen gelassen, nachdem de Jongh sich bereit erklärte, 380 000 Dollar an die Regierung der Amerikanischen Jungferninseln zu zahlen.

Es folgten weitere Vorwürfe und Klagen gegen ihn. Neben Amtsmissbrauch, Veruntreuung und Unterschlagung wurde dem ehemaligen Gouverneur Komplizenschaft mit Jeffrey Epstein vorgeworfen. Laut Recherchen der *Washington Post*, die auf internen Untersuchungen von JP Morgan Chase basieren, spielte Cecile de Jongh, die Ehefrau von John de Jongh, eine zentrale Rolle bei Epsteins kriminellen Aktivitäten. Diese Verbindungen wurden enthüllt, als die Regierung der Amerikanischen Jungferninseln die Bank JP Morgan Chase im Dezember 2022 verklagte und beide Seiten versuchten, sich gegenseitig zu belasten.

Die Klage drehte sich darum, dass JP Morgan Chase Epsteins illegale Geschäfte über mehr als ein Jahrzehnt hinweg unterstützt und davon finanziell profitiert hatte. Insbesondere wurde der Bank vorgeworfen, verdächtige finanzielle Aktivitäten im Zusammenhang mit Epsteins Konten zu ignorieren, die zur Finanzierung seines Sexhandelsrings genutzt wurden. Diese Konten umfassten Zahlungen an Opfer und junge Mädchen sowie Ausgaben im Zusammenhang mit dem Transport und der Versorgung der Opfer.

Im September 2023 wird sich JP Morgan bereit erklären, 365 Millionen Dollar an Epsteins Opfer zu zahlen, nachdem der Bank vorgeworfen wurde, trotz zahlreicher interner Warnungen und deutlicher Hinweise auf Epsteins illegale Aktivitäten über Jahre hinweg weiterhin als seine Hausbank agiert zu haben. *Forbes* zufolge ermöglichte JP Morgan Millionen-Dollar-Transaktionen für Epstein, darunter Zahlungen an junge Frauen sowie Finanzierungen für Flugreisen zu seinen Anwesen. Im Oktober 2023 folgt die Deutsche Bank, indem sie sich zu einer Zahlung von 75 Millionen Dollar bereit erklärt. Trotz Epsteins Verurteilung als Sexualstraftäter war die Deutsche Bank jahrelang sein Hauptfinanzpartner und erlaubte weiterhin Kontoführung sowie umfangreiche Bargeldabhebungen.

Cecile de Jongh soll für die jungen Frauen Einreisepapiere beschafft und ihre Aufenthalte auf den Jungferninseln organisiert haben. Sie kümmerte sich als Verbindungsfrau zwischen Epstein und den lokalen Behörden für einen reibungslosen Ablauf der Operation. Das tat sie in ihrer Funktion als Büroleiterin von Epsteins Firmen und Stiftungen mindestens seit 2007, als ihr Ehemann zum Gouverneur der Amerikanischen Jungferninseln gewählt wurde. In den Folgejahren sorgte Cecile de Jongh für die Verteilung von Millionen von Dollar in Form von Gehältern, Wahlkampfspenden und Beraterhonoraren an die prominentesten Regierungs- und Wahlbeamten der Jungferninseln sowie an ihre bevorzugten Wohltätigkeitsorganisationen, Bildungseinrichtungen und Initiativen.

Für ihre Arbeit bei Epstein erhielt die Frau des Gouverneurs bis zu 200 000 Dollar jährlich. Epstein bezahlte auch die Studiengebühren ihrer Kinder. Alleine die Kosten für das Skidmore College, wo eines ihrer Kinder studierte, belaufen sich auf etwa 80 000 Dollar im Jahr. Im Gegenzug gingen die Gefälligkeiten von Cecile de Jongh so weit, dass sie es Epstein erlaubte, Einfluss auf die Gesetzgebung auszuüben.

Im Rahmen der zuvor erwähnten Klage der Jungferninseln gegen JP Morgan Chase wurde durch das Gericht der E-Mail-Verkehr zwischen Jeffrey Epstein und Cecile de Jongh veröffentlicht. Der Inhalt dieser Mails betraf die Formulierung eines Gesetzes zur Überwachung von Sexualstraftätern. Epstein, der 2008 wegen der Prostitution von Minderjährigen verurteilt worden war, nutzte seinen Einfluss, um auf diese politischen Prozesse einzuwirken. In einer dieser veröffentlichten Mails fragte Cecile de Jongh: »Dies ist der vorgeschlagene Text; würde er für Sie funktionieren?«

Epstein antwortete besorgt: »Vielleicht sollten wir zwischen Missetätern (›sex offender‹) und Straftätern (›predators‹) unterscheiden … oder eine Ausnahmeregelung sollte breiter gefasst sein.« Außerdem wollte Epstein sicherstellen, dass bestimmte Akten geheim gehalten werden, damit sie nicht »für die Presse zugänglich« seien. Er betonte auch die Notwendigkeit, sich problemlos mit seinem

Privatjet frei bewegen zu können: »Wir sollten den Jet ›für mehr als sieben Tage außer Landes‹ nutzen können, sonst könnte ich nicht in letzter Minute einen Tagesausflug nach Tortola machen.«

Als die Bemühungen von Cecile de Jongh scheiterten, schrieb die First Lady eine E-Mail, in der sie ihr Bedauern über die »schreckliche Woche« zum Ausdruck brachte, die Epstein wegen der erwähnten Formulierung hatte, die seine Reisefreiheit einzuschränken drohte. »Aber es ist noch nicht alles verloren und wir werden uns etwas einfallen lassen, um diese Hindernisse zu umgehen«, schrieb sie.

Sollte ein Nichtschwimmer es wirklich wagen, allein auf einem Jet-Ski über den Atlantischen Ozean zu fahren? Nach einem Onlinebootsführerschein *iLearnToBoat* für rund 50 Dollar, der nur sechs Stunden dauerte? Der dem Laien in einer realitätsnahen Simulation beibringt, einen Bootsausflug zu planen und in Notfällen zu reagieren? Sicher fühle ich mich trotzdem nicht. Es gibt Videos auf YouTube, in denen Menschen auf Jet-Skis von Haien angegriffen werden. Sonderlich klug war das also nicht, aber letztlich ist das ein Gedankenspiel der Wahrscheinlichkeiten. Ein Motorboot wäre zwar sicherer gewesen, kam aber nicht infrage. Es hat nämlich einen größeren Tiefgang als Jet-Skis, was bedeutet, dass es nicht so nah an die Küste heranfahren kann, ohne auf Grund zu laufen. Und für jemanden, der nicht schwimmen kann, ist es unmöglich, von einem Boot aus zur Insel zu gelangen, da der verbleibende Schwimmweg zu weit und gefährlich wäre. Deshalb also Jet-Skis.

Laut Google kann man mit einer Schwimmweste im offenen Meer bis zu 28 Stunden überleben. Das schaffte jedenfalls einmal ein Surfer in der Karibik. Typischer sind aber drei bis vier Stunden. Bloß nicht daran denken. Zur mentalen Vorbereitung hatte ich mir Videos von Youtubern und Neugierigen angesehen, denen es mittels Jet-Skis gelungen war, die strikte Überwachung der Insel zu umgehen und sie zu betreten. Allerdings war das ein paar Jahre her. Ob das immer noch möglich ist?

Nach ein paar Telefonaten findet sich ein Verleiher für Jet-Skis. Vor dem Ausflug auf die hohe See lege ich mir noch wasserfeste Kleidung und eine wasserdichte Tasche für die Kamera zu. Nun geht es los. Die Wellen sind sehr unruhig. Ich versuche, den Kurs des Jet-Skis stabil zu halten. Das ist gar nicht so einfach, denn das Salzwasser spritzt in meine Augen. Nach wenigen Minuten bin ich völlig durchnässt und voll auf Adrenalin. Zeitweise halte ich an, um die Kamera für Aufnahmen zu zücken.

Nach etwa 15 Minuten wird die Küstenlinie von Little Saint James klarer. Überall Überwachungskameras und Sicherheitskräfte. Wenige Hundert Meter vor der Küste suche ich nach einer geeigneten Stelle, um anzulegen. Wenn ich erwischt werden würde, würden sie auf mich schießen? Werden sie mich festnehmen und der Polizei übergeben? Wird die US-Regierung mir die ESTA-Reisegenehmigung entziehen und mich deportieren? Ganz egal. Für diese Gedanken ist es zu spät. Ich gebe Gas. Sicherheitskräfte auf der Insel beobachten meine Manöver. Sie schicken eine Patrouille, die mich mit direkten Lautsprecheransagen auffordert, mich sofort von der Insel zu entfernen. Zeit für einen Rückzug. Allein der Versuch hat sich gelohnt.

Auch in sicherer Entfernung ist die Insel atemberaubend. Die Blätter der Palmen schwingen elegant im Wind hin und her. An einigen der Privatstrände sind Pavillons zu erkennen. Und am südöstlichen Rand von Little St. James steht ein bizarres Oktagon mit einer kahl-weißen Fassade. Vor Epsteins Tod war es blauweiß gestreift, aber es ist inzwischen nicht mehr so eindrucksvoll wie auf damaligen Drohnenaufnahmen. Vor dem Eingang stand zu seinen Lebzeiten eine goldfarbene Statue von Poseidon, dem griechischen Gott des Meeres. Auf dem Dach thronte eine goldene Kuppel. Daneben standen zwei Vogelstatuen. Harpyien, die in der griechischen Mythologie eine Mischung aus einer Frau und einem Raubvogel darstellen, sozusagen als Personifizierung des Bösen. Das alles war in den ursprünglichen Bauplänen nicht vorgesehen gewesen. Wirft man einen Blick auf die Baugenehmigung, wird deutlich, dass Epstein einen Antrag für den Bau eines rechteckig geformten Musikpavillons gestellt hatte. Daraus wurde jedoch eine Art Tempel mit einer weitläufigen, strahlend weißen Terrasse, die mit roten, rätselhaften Symbolen geschmückt ist.

Die Form des Tempels erinnert an eine muslimische Turba, ein Mausoleum im osmanischen Stil. Die Terrasse mit ihren roten Symbolen weist starke Parallelen zur Al-Firdaws Madrasa auf, die Hochschule des Paradieses aus dem 13. Jahrhundert in Aleppo, Syrien. Weil Epstein Jude war, gingen manche Journalisten von einer privaten Synagoge aus. Doch nach dem Alten Testament (ebenso wie nach dem Koran) sind Götzenbilder wie die des Poseidons verboten. Ein Paradox.

Es gibt Drohnenaufnahmen, die während einer Razzia des FBI im August 2019 entstanden sind. Sie geben einen kleinen Einblick durch eine Glasschiebetür in das Innere des Tempels und enthüllen seltsame Details. Inmitten von folierten Matratzen, einem umgedrehten Boxspringbett und frei liegenden Kabeln ist eine Säule zu erkennen, die das Oktagon von innen stützt. Diese Säule ist noch eindeutiger mit digitalen Farbanpassungen zu identifizieren. Es ist eine salomonische Säule. So werden um eine fiktive innere Achse gedrehte Säulen bezeichnet. Gemäß Überlieferungen der alten Israeliten soll der Tempel Salomos in Jerusalem aus dem 10. Jahrhundert vor Christus mit diesen ausgestattet gewesen sein.

Wenige Meter vom Tempel entfernt befindet sich eine Sonnenuhr. Eine Beschäftigung mit ihr könnte das Rätsel der Unvereinbarkeit der Symbole lüften. Um die Sonnenuhr herum sind dreizehn Sitzbänke aufgestellt, mit einer Ziege am unteren Rand. Das Gesicht der Sonne ist von 16 Strahlen umgeben. Man findet diese

Sonne in zahlreichen Symbolen der Freimaurerei wieder. Wenn es um die Frage geht, wie Epstein das Judentum, den Islam und die griechische Mythologie miteinander vereinen konnte, dann liegt die Antwort wohl in der freimaurerischen Philosophie. Sie vereint nämlich verschiedene Religionen auf ihrem rituellen Altar, ohne die Heiligkeit einer bestimmten hervorzuheben.

So wie die Nutzung dieser Insel ist auch ihre Geschichte interessant. 1998 kaufte Jeffrey Epstein das Eiland Little Saint James für acht Millionen Dollar und andere »wertvolle Gegenleistungen«, heißt es im Kaufvertrag. Er nutzte dazu eine Briefkastenfirma namens »L. S. J.«. Im Jahr 2019 wurde der Wert dieser Insel auf satte 63 Millionen Dollar geschätzt. Zwischen Saint Thomas und Little Saint James liegt noch eine Insel: Great Saint James. Als Epstein sich von Blicken von der Nachbarinsel belästigt fühlte, kaufte er sie 2016 für 22,5 Millionen Dollar.

Die Familie des dänischen Politikers Christian Kjær hatte Great Saint James seit den späten 1970er-Jahren besessen. Epstein hatte schon früher versucht, die Insel zu kaufen, aber das kam nicht zustande, weil die Inselbewohner Kjær und seine Ehefrau Susan Astani »angefleht« hatten, sie nicht an Epstein zu verkaufen. Laut Astani kursierten, so berichtete der *Miami Herald*, auf der Insel Gerüchte über Epsteins »sexuelle Präferenzen«.

Es ist bis heute unklar, wie es Epstein dennoch gelang, die Kjær-Familie zu überzeugen. Der Kaufvertrag kam zustande, aber nirgendwo lässt sich darin der Name Epsteins finden. Stattdessen steht dort als Käufer Mohammad Bin Sulayem. Ein Geschäftsmann aus Dubai und CEO von DP World, einem der größten Hafenbetreiber der Welt. Bin Sulayem will von alldem nichts gewusst haben. Erst im Juni 2023 berichtete das *Wall Street Journal* über die Nähe zwischen Bin Sulayem und Epstein. Zwischen 2011 und 2014 lassen sich mehrere Treffen in Epsteins Stadtvilla in Manhattan nachweisen. Jedenfalls gehörte der Kauf von Great Saint James zum erweiterten Schutz der Aktivitäten auf Little Saint James, der besonders nach der Verurteilung Epsteins 2008, gefolgt von neuen Klagen gegen ihn und dem erhöhten Medieninteresse, nötig war. Epstein war wohl auf das Schlimmste vorbereitet.

Kurz vor seiner erneuten Festnahme im Juli 2019 spitzte sich die Situation zu. Epstein begann damit, klagewillige Opfer durch Drohungen und Geld zum Schweigen zu bringen. Er ließ Baumaschinen und Baumaterialien auf seiner privaten Insel anliefern. Es gibt Zeitungsberichte, dass Epstein bereits im März 2019, fünf Monate vor seiner Verhaftung, Fliesen- und Teppichsauger, Bagger, Zementmischer-LKWs und Industrie-Schredder auf Little St. James hatte bringen lassen. Dies deutet darauf hin, dass er rechtzeitig einen Wink bekommen hat, dass seine Verhaftung bevorstehe, und dass er Maßnahmen ergriff, um Beweismittel zu vernichten oder Baustrukturen zu verändern. Gerüchte besagen, dass er möglicherweise Tunnel oder unterirdische Räume verschließen wollte. Ein Indiz, das auf unterirdische Strukturen hinweist, sind die zuvor erwähnten Drohnenaufnahmen der Insel. Sie zeigen tatsächlich zahlreiche Lüftungsrohre, die aus der Erde ragen. Dies ist ein starkes Anzeichen dafür, dass sich unter der Erde Räume oder Strukturen befanden, die belüftet werden mussten. Es kommt auch die Existenz einer Untergrundwasserstation infrage.

Interessant ist dabei, dass die Amerikanischen Jungferninseln während des Ersten und Zweiten Weltkriegs von den USA militärisch als Basis für U-Boote genutzt wurden. Ghislaine Maxwell besaß Führerscheine für U-Boote, Unterwasserfahrzeuge und Tauchroboter. Mit der Enthüllung der Gerichtsdokumente anlässlich einer Klage gegen Ghislaine Maxwell tauchten Anfang 2024 Fotos von einem Besuch des berühmten Physikers Stephen Hawking auf Little Saint James auf. Er soll die Insel 2006, zusammen mit 21 anderen international renommierten Wissenschaftlern, betreten haben, kurz bevor Epstein von der Polizei in Palm Beach wegen sexueller Handlungen mit Minderjährigen angeklagt wurde. Die Fotos zeigten Hawking bei einer Bootsfahrt und einer U-Boot-Tour auf dem Meeresgrund vor der Insel. Epstein soll sogar den Umbau des U-Boots bezahlt haben, damit Hawking an der Tour teilnehmen konnte.

Es ist an der Zeit, die Insel zu verlassen, bevor sich herumspricht, dass hier ein neugieriger Journalist unterwegs ist und unbequeme Fragen stellt. Im Flug nach Fort Lauderdale, Florida, fallen mir Leute aus meinem Bekanntenkreis ein, die die Erzählung von der großen Epstein-Verschwörung für absurd halten. Solche Operationen, meinen sie, erfordern zu viele Eingeweihte und die Gefahr des Verrats sei zu groß. Außerdem übersteige die Komplexität solcher Machenschaften die Fähigkeiten eines Einzelnen. Doch die düstere Realität, die sich auf dieser abgelegenen Insel abgespielt hat, erzählt eine andere Geschichte.

Auf dem Rückflug von der Insel wird mir bewusst, wie leicht es für Epstein gewesen sein musste, ein ganzes politisches System mit Hunderten von Angestellten zu kaufen und zu steuern. Aber obwohl die Beweislage inzwischen klar ist, bleiben noch immer viele unbeantwortete Fragen. Viele Beweismittel sind wohl für immer verloren. Doch so geschickt Epstein auch seine Spuren verwischt hat, bin ich überzeugt, dass Lügen nicht für immer verborgen bleiben und letztlich die Wahrheit ans Licht kommt, wenn auch oft erst viel später, als man sich wünscht.

Quellen:

Ransome, Sarah: *Silenced No More: Surviving My Journey to Hell and Back with Jeffrey Epstein*. Harper, New York, 2021.

Epstein, Edward Jay: *Assume Nothing: Encounters with Assassins, Spies, Presidents, and Would-Be Masters of the Universe*. Encounter Books, New York, 2017.

Johnson, Angella: »How Prince Andrew shared a room at Epstein's Caribbean hideaway with a busty blonde who claimed she was a brain surgeon«. In: Daily Mail, 13. März 2011, online unter: https://www.dailymail.co.uk/news/article-1365733/How-Prince-Andrew-shared-room-Epsteins-Caribbean-hideaway-busty-blonde-claimed-brain-surgeon.html, abgerufen am 30. Juli 2024.

Dodds, Io: »Jeffrey Epstein's island – What really happened there?«. In: The Independent, 16. Januar 2024, online unter: https://www.independent.co.uk/news/world/americas/crime/epstein-island-visitors-list-pictures-b2479212.html, abgerufen am 30. Juli 2024.

»A World-Class Tax Benefits Package«. In: U.S. Virgin Islands Economic Development Authority, online unter: https://usvieda.org/tax-incentives/, abgerufen am 30. Juli 2024.

Stempel, Jonathan: »Jeffrey Epstein got $300 million tax breaks, paid US Virgin Islands police – JPMorgan says«. In: Reuters, 21. Juni 2023, online unter: https://www.reuters.com/article/sustainability/jeffrey-epstein-got-300-million-tax-breaks-paid-us-virgin-islands-police-jpmorga-idUSNIKBN2Y702H/, abgerufen am 30. Juli 2024.

»The Honorable John de Jongh, Governor of the Virgin Islands«. In: Jobs for America's Graduates, online unter: https://web.archive.org/web/20140701092258/http://www.jag.org/board-of-directors/governor-john-de-jongh, abgerufen am 30. Juli 2024.

Carlson, Suzanne: »Former governor responds to Epstein victim's lawsuit«. In: Virgin Islands Daily News, 31. Januar 2024, online unter: https://www.virginislandsdailynews.com/news/former-governor-responds-to-epstein-victims-lawsuit/article_b393d847-fbe9-538b-b60d-fa47d1485ca3.html, abgerufen am 30. Juli 2024.

Swaine, Jon: »Jeffrey Epstein donations to young pupils prompts US Virgin Islands review«. In: The Guardian, 13. Januar 2015, online unter: https://www.theguardian.com/us-news/2015/jan/13/jeffrey-epstein-donations-us-virgin-islands-review, abgerufen am 30. Juli 2024.

»De Jongh pays government $202,832.60 for guard house and electric fence«. In: The Virgin Islands Consortium, online unter: https://wp.viconsortium.com/?p=21325, abgerufen am 30. Juli 2024.

Helmore, Edward: »High society to hideaway arrest – Ghislaine Maxwell's dramatic fall«. In: The Guardian, 4. Juli 2020, online unter: https://www.theguardian.com/us-news/2020/jul/04/high-society-to-hideaway-arrest-ghislaine-maxwells-dramatic-fall, abgerufen am 30. Juli 2024.

Rodriguez Valladares, Mayra: »JPMorgan's $365 Million Epstein Victims Settlement Won't Teach Banks a Lesson«. In: Forbes, 26. September 2023, online unter: https://www.forbes.com/sites/mayrarodriguezvalladares/2023/09/26/jpmorgans-365-million-epstein-victims-settlement-wont-teach-banks-a-lesson/, abgerufen am 30. Juli 2024.

Reuters: »US judge approves Deutsche Bank $75 million settlement with Epstein accusers«. In: CNN, 20. Oktober 2023, online unter: https://edition.cnn.com/2023/10/20/business/deutsche-bank-settlement-epstein-accusers/index.html, abgerufen am 30. Juli 2024.

Coto, Danica: »Whispers, suspicion about Epstein on Caribbean island«. In: AP News, 10. Juli 2019, online unter: https://apnews.

com/article/cd794044e8be4e619093582d6d3355d2, abgerufen am 30. Juli 2024.

Levin, Jonathan: »Jeffrey Epstein's Private Island in the Caribbean Has Gone Quiet«. In: Bloomberg, 12. Juli 2019, online unter: https://www.bloomberg.com/news/articles/2019-07-12/jeffrey-epstein-s-private-island-in-the-caribbean-has-gone-quiet, abgerufen am 30. Juli 2024.

Poulsen, Christian Hansen: »Susan Astani havde ubehagelig oplevelse med afdød mangemillionær«. In: BT, 12. August 2019, online unter: https://www.bt.dk/kendte/susan-astani-havde-ube hagelig-oplevelse-med-afdoed-mangemillionaer, abgerufen am 30. Juli 2024.

Brown, Julie K.: »For Jeffrey Epstein, one island hideaway wasn't enough. How he stealthily acquired a second«. In: Miami Herald, 1. Oktober 2019, online unter: https://www.miamiherald.com/news/state/florida/article235224877.html, abgerufen am 30. Juli 2024.

»DP World chief Bin Sulayem linked to Jeffrey Epstein – Report«. In: The Cradle, 20. Juni 2023, online unter: https://thecradle.co/articles-id/61, abgerufen am 30. Juli 2024.

Grim, Ryan: »Jeffrey Epstein Shipped Himself a 53-Pound Shredder and a Carpet and Tile Extractor, Maritime Records Show«. In: The Intercept, 9. Juli 2019, online unter: https://theintercept.com/2019/07/09/jeffrey-epstein-sex-trafficking-shredder/, abgerufen am 30. Juli 2024.

Bates, Daniel: »EXCLUSIVE: Jeffrey Epstein shipped $100K cement truck to ›Pedophile Island‹«. In: Daily Mail, 15. August 2019, online unter: [https://www.dailymail.co.uk/news/article-7361297/Jeffrey-Epstein-shipped-50K-cement-truck-Pedophile-Island-cover-evidence.html?ito=social-twitter_dailymail

3 Kleines Haus, große Träume

Es ist der 20. Januar 1953. Dwight D. Eisenhower wird als 34. Präsident der Vereinigten Staaten vereidigt. In seiner Antrittsrede spricht er über die Feinde seines Glaubens, seiner Werte und seines Volkes: »Sie kennen keinen Gott außer der Gewalt, keine Hingabe außer ihrer Anwendung. Sie erziehen die Menschen zum Verrat. Sie ernähren sich von dem Hunger der anderen. Alles, was sich ihnen widersetzt, foltern sie, vor allem die Wahrheit.« Wie passend, dass am selben Tag Jeffrey Epstein, damals noch als unschuldiges Kind, in eine jüdische Familie aus New York geboren wird. Er wächst in der Mittelstandssiedlung Sea Gate auf, einer privaten Gated Community in Coney Island im Stadtteil Brooklyn.

Jeffreys Mutter Paula Stolofsky ist Hausfrau und litauischer Abstammung. Nachdem ihre zwei Söhne Jeffrey und der ein Jahr jüngere Mark eingeschult werden, arbeitet sie für eine Versicherungsagentur. Vater Seymour Epstein ist russischer Abstammung und Gärtner für die New Yorker Parkverwaltung. Jeffreys Großvater väterlicherseits ist ein Bauunternehmer, der um 1900 aus dem Zarenreich Russland in die Vereinigten Staaten ausgewandert war. Der Großteil von Epsteins Großfamilie mütterlicherseits hingegen war in Europa zurückgeblieben und im Holocaust umgekommen.

Epsteins Identität könnte aufgrund dieser Vorgeschichte von der Balance zwischen seinen jüdischen Traditionen und der Anpassung an die amerikanische Gesellschaft geprägt worden sein. Wahrscheinlich kompensierte er die Unsicherheiten und Traumata seiner Familie durch den sozialen Aufstieg und Einfluss. Das könnte erklären, warum er sich trotz seiner Verbrechen weiterhin als religiös betrachtete und sich in einflussreichen jüdischen Kreisen bewegte.

Seymour und Pauline Epstein allerdings sind nicht besonders religiös. Für sie hat Bildung Priorität. Sie wollen ihren Söhnen einen Weg aus ihrem engen Mehrfamilienhaus in die Oberschicht ermöglichen. Nur wenige Hundert Meter entfernt befindet sich die älteste Synagoge von Sea Gate, Kneses Israel, die zur Chabad-Lubavitch-Bewegung gehört, einer der politisch einflussreichsten und umstrittensten Strömungen im Judentum. Die Lubavitcher um den Rebbe Menachem Mendel Schneerson betrachten sich als Auserwählte – und manche halten den 1994 verstorbenen – Rebbe für den Messias. In dieser Synagoge hat Jeffrey im Alter von dreizehn Jahren seine Bar Mitzwa.

Wie auch immer er sein späteres Leben mit seiner Religion vereinbaren wird, seine letzten Aufzeichnungen aus dem Gefängnis belegen, dass er sich bis zu seinem Tod als religiös bezeichnete. Gegenüber einem Therapeuten lehnte er etwa ab, über Selbstmord nachzudenken, weil das gegen seine jüdische Religion verstoße. Chabad könnte einen stärkeren religiösen Einfluss auf den jungen Jeffrey Epstein gehabt haben als gemeinhin angenommen. Möglicherweise wurde hier die spätere Selbstwahrnehmung als besonders oder auserwählt beeinflusst.

Jeffrey besucht zunächst die PS 188 Island School, die sich in der Lower East Side in Manhattan befindet. In die öffentliche Schule gehen Italiener, Iren, Afroamerikaner und jüdische Kinder. Kindheitsfotos erklären wohl, was Jeffrey den Spitznamen »Bear« einbrachte: überdurchschnittlich groß, kräftiger Körperbau, breites Kinn und starke Behaarung. Früh zeigt er eine außergewöhnliche Begabung für Mathematik und Naturwissenschaften. Laut eigener Darstellung soll er in seiner Jugend häufig mit seiner Familie das Kartenspiel *Concentration* gespielt haben, was seine frühe Fähigkeit im Umgang mit Zahlen gefördert habe. Jeffrey ist aber auch musikalisch und spielt Klavier. Es heißt, er sei ein chronisch gelangweilter Streber gewesen.

Die dritte Klasse überspringt er, bevor er auf der Mark Twain Junior High School landet, wo er in ein spezielles Förderungsprogramm aufgenommen wird. Das führt dazu, dass er auch die achte Klasse an der High School überspringt. In den 1960er-Jahren verändern sich die demografischen Verhältnisse die Migration verschiedener ethnischer Gruppen in New York und vor allem in Brooklyn dramatisch. Diese Entwicklung trug dazu bei, dass sich Sea Gate zunehmend als eine isolierte Enklave wahrnahm. Das könnte Epsteins Gefühl des Andersseins in seiner Jugend verstärkt haben. Es erklärt womöglich seinen starken Drang, soziale Schranken zu überwinden. Laut seinem Geschäftspartner Steven Hoffenberg habe Jeffrey Epstein sich in einem Leben gefangen gefühlt: »Er wuchs als ein Niemand auf. Und das konnte er nicht ertragen.« Als er dann auf die Lafayette High School kommt, soll sich das Gefühl nicht unbedingt verändern. Es macht ihm zu schaffen. Wird hier in ihm seine spätere Bereitschaft angelegt, moralische und gesetzliche Grenzen zu überschreiten? Jedenfalls wird Epstein später Freunden von seiner Abscheu gegen das Etikett der Mittelschicht, das »auf seiner Stirn prangte«, erzählen.

In seiner Jugend behält Jeffrey bis in seine Teenagerjahre hinein kindliche Gesichtszüge. Ehemalige Mitschüler erinnern sich an Babyspeck und Sommersprossen. Er zeigt wenig Interesse an sportlichen Aktivitäten, was ihn oft zum Ziel von Mobbing macht. Trotzdem gilt er als ausgesprochen intelligent und selbstbewusst. Ehemalige Mitschüler sprechen von einer besonderen Ausstrahlung, einer Mischung aus »sorglosem Charisma« und »gelegentlicher Arroganz«, die auch später seine Persönlichkeit als Erwachsener prägen wird.

Auch akademisch ist Epstein äußerst erfolgreich. Er tritt dem Matheclub der Lafayette School bei, hilft älteren Schülern als Tutor und engagiert sich in einer Vielzahl von außerschulischen Aktivitäten. So auch im Sommer 1962, als seine Eltern ihm, trotz der begrenzten finanziellen Mittel, die Teilnahme am National Music Camp der Interlochen Center for the Arts in Michigan ermöglichen.

Hier probiert er sich an verschiedenen Musikinstrumenten. Diese renommierte Akademie bietet ihm nicht nur eine künstlerische Ausbildung, sondern auch die Möglichkeit, frühe Kontakte zu einflussreichen Persönlichkeiten zu knüpfen, die seine späteren Verbindungen zu Kunst- und Kulturkreisen fördern werden. Hier wird Epstein später selbst als Großspender und Kunstförderer auftreten. Hier wird er die *Jeffrey Epstein Scholarship Lodge* finanzieren, um auf diese Weise einen besonderen Zugang zur Institution zu erhalten, vor allem zu talentierten Schülerinnen, die er für sein Netzwerk rekrutieren wird.

Gleichwohl ist Epsteins Abschluss an der High School gefährdet, obwohl er inzwischen zwei Klassen übersprungen hat. Er fällt im Sportunterricht durch. Epstein nutzt jedoch seine Überzeugungskünste, um den Lehrer dazu zu bringen, ihm und einem Freund eine zweite Chance zu geben. Er braucht nur zehn Minuten, um mit seinem Lehrer zu verhandeln. Es funktioniert. Letztlich besteht er das Fach, indem er sich bereit erklärt, zusätzliche Aufgaben zu übernehmen, und kann so bereits 1969, im Alter von sechzehn Jahren, die High School erfolgreich abschließen.

Laut seinem späteren Geschäftspartner Steven Hoffenberg ist Epstein zu dem Zeitpunkt besessen von der Idee, an der Harvard University zu studieren. Er habe der Welt zeigen wollen, dass er »einer von ihnen« ist. Doch anstatt sich tatsächlich nach Harvard zu begeben, entscheidet er sich, seine Ausbildung in New York fortzusetzen. Er wird an der Cooper Union in Manhattan angenommen, ein privates College, das für eine anspruchsvolle Auswahl und die Vergabe von Vollstipendien bekannt ist.

Er studiert jetzt Mathematik und Physik. Während dieser Zeit verdient er sich in den Sommermonaten Geld, indem er in New York City als Taxifahrer arbeitet. Nach nur zwei Jahren bricht er sein Studium an der Cooper Union ab und belegt ab 1971 unabhängige Kurse an der New York University. Hier ist er für fast drei Jahre eingeschrieben. Abschließen wird er dieses Studium nie. Stattdessen reist er mit seinen Freunden durch Europa.

Eine Reise führt ihn nach London, wo er laut eigener Darstellung die berühmte britische Cellistin Jacqueline du Pré kennengelernt haben will. Du Pré hatte ihren Durchbruch als Musikerin wenige Jahre zuvor mit ihrer legendären Interpretation des Cellokonzerts von Edward Elgar, das die melancholische Stimmung Großbritanniens nach dem Ersten Weltkrieg einfing. Dieser Auftritt machte sie auf der internationalen Bühne berühmt. Ihre Ehe mit dem Dirigenten Daniel Barenboim und die Konversion zum Judentum festigten weiter ihre Position in den höchsten Kreisen der britischen Gesellschaft.

Epstein behauptet, in ihrem Vorprogramm Piano gespielt zu haben. Über du Pré soll Epstein aber auch wertvolle Verbindungen in wohlhabende britisch-jüdische Zirkel geknüpft haben. Unter anderem zum Finanzmogul James Goldsmith, der in den 1970er- und 1980er-Jahren als aggressive »Heuschrecke« auf dem Finanzmarkt bekannt wurde. Aber er knüpft auch Kontakte zum britischen Königshaus, darunter Prinz Andrew, dem Sohn von Königin Elizabeth II.

Zurück in den USA, beschließt Epstein 1974, sich als Lehrer zu versuchen. Ihm gelingt es, einen Lehrauftrag an der Dalton School, einer angesehenen Privatschule in der Upper East Side von Manhattan, zu erhalten. Er ist jetzt Dozent für Mathematik und Physik mit einem Jahresgehalt von 12 000 Dollar. 25 Jahre später werden Wirtschaftsdetektive herausfinden, dass Epstein nach dem abgebrochenen Studium als Dachdecker in Brooklyn gearbeitet hat und in dieser Zeit seinen Lebenslauf fälschte, um die Stelle als Lehrer an der Dalton School zu bekommen.

Fest steht, dass Donald Barr, der Direktor der Schule, maßgeblich dazu beigetragen hat, Epstein 1974 einzustellen. Nach zehn Jahren auf diesem Posten verließ Barr die Dalton School. Ein Jahr zuvor hatte er einen Science-Fiction-Roman namens *Space Relations* veröffentlicht. Unheimlich wirkt die Tatsache, dass das Buch auf einem Planeten spielt, der von Oligarchen beherrscht wird, die in Kindersexsklaverei verwickelt sind. Auch ist mehr als bemerkenswert, dass Barr während des Zweiten Weltkriegs ein Agent des US-Geheimdienstes OSS, des Vorläufers der CIA, war.

Barr war überdies der Vater des ehemaligen CIA-Analysten und US-Justizministers William Barr, der von Präsident Donald Trump zum US-Generalstaatsanwalt ernannt wurde. William Barr ist außerdem noch derjenige, der im August 2019 mit der Aufgabe betraut wurde, die Untersuchung des Todes von Epstein im Hochsicherheitstrakt des Metropolitan Correctional Center in New York zu leiten.

Vier Tage nach dem Tod von Epstein werden unveröffentlichte Auszüge aus einem Interview erscheinen, das Epstein der Agentur Bloomberg News im Januar 2003 gegeben hatte. Darin sagte er: »Ich sah viele Leute, die hart arbeiteten, und harte Arbeit führte auch nicht zum Erfolg. Es kam nicht darauf an, was man wusste oder wie hart man arbeitete. [...] Und was ich später von Dalton gelernt habe, ist, dass vieles davon nicht unbedingt davon abhängt, wen man kennt, sondern mit wem man in Kontakt kommt.«

Tatsächlich ist seine Anstellung an der Dalton School ein wichtiges Sprungbrett für Epstein. Denn die Kinder an dieser Schule kommen aus wohlhabenden Familien. Sie fangen schnell an, ihn zu mögen, denn Epstein kann den Unterrichtsstoff auf eine lebendige und interessante Art vermitteln. Außerdem sucht er die Nähe zu seinen jungen Schülerinnen, indem er an Partys teilnimmt oder sie privat zu sich einlädt. Laut Recherchen der *New*

York Times wurde das von vielen Kollegen zunehmend als unangemessen empfunden. *Times*-Berichten zufolge gab es Gerüchte und Beschwerden über seine übermäßige Aufmerksamkeit für die Schülerinnen. Letztendlich wird Epstein 1976 von der Schule entlassen, möglicherweise aufgrund dieser Vorfälle und vielleicht auch, weil seine fachlichen Leistungen nicht überzeugen.

Epsteins Zeit an der Dalton School stellt einen Wendepunkt in seinem Leben dar. Eine Studentin, mit der Epstein an dieser Schule befreundet ist, stellt ihn ihrem Vater vor. Der ist Alan Greenberg, ein Wallstreet-Schwergewicht, der Geschäftsführer der Investmentbank Bear Stearns. Andere Berichte besagen, dass es ihr Bruder oder ein anderer Mitarbeiter war, der eine Empfehlung für Epstein aussprach. Was auch immer der genaue Weg war, Fakt ist, dass Alan Greenberg Epstein 1976 zu Bear Stearns bringt, wo er als Junior Assistent für einen Börsenhändler am American Stock Exchange anfängt.

Greenbergs Tochter Lynne Koeppel erinnert sich 2019 im Gespräch mit dem *Miami Herald* an Epstein: »Er war sehr klug und wusste, wie man Menschen für sich gewinnt und wie man Kontakte knüpft. Er ist umgänglich und macht eine gute Gesellschaft.« Hat Epstein die Dalton School gezielt genutzt, um Zugang zu elitären Kreisen zu bekommen? »Wenn das sein Plan war, dann hat er funktioniert«, sagt Koeppel. Und wie! Epstein steigt bei Bear Stearns schnell auf. Innerhalb von vier Jahren wird er Firmenpartner und dann sogar Geschäftsführer.

Bear Stearns war damals Makler für die *Bank of Credit and Commerce International* (BCCI), die später als Finanzierungsquelle für verdeckte Operationen für die CIA bekannt werden wird. Die Bank ist in zahlreiche illegale Aktivitäten verwickelt, darunter Geldwäsche, Waffenschmuggel und die Finanzierung von Aufständen. Ein bekanntes Beispiel ist die Beteiligung der BCCI an der Finanzierung des afghanischen Widerstands gegen die sowjetische Besatzung in den 1980er Jahren, wo die Bank als Kanal für Gelder diente, die von der CIA zur Unterstützung der Mudschaheddin bereitgestellt wurden. Dies ermöglichte der CIA, Finanztransaktionen außerhalb der offiziellen Kanäle durchzuführen. Der ehemalige stellvertretende CIA-Direktor Robert Gates bezeichnete die BCCI sogar als »Bank der Gauner und Verbrecher«.

Diese Verbindung zwischen Bear Stearns und BCCI wirft natürlich Fragen über die Art der Geschäfte auf, an denen Epstein beteiligt war. Auch nährt es den Verdacht auf Epsteins mögliche Verstrickungen in geheimdienstliche Operationen. Es könnte eine Erklärung dafür bieten, warum Epstein später mit so viel Macht und Einfluss operieren wird, ohne frühzeitig zur Rechenschaft gezogen zu werden.

Fest steht, dass Epstein für Bear Stearns von nun an superreiche Kunden betreut. Er wird von ihnen dafür geschätzt, ein tiefes Verständnis für Steuern zu haben und kreative Strategien zur Steuervermeidung zu entwickeln. In weniger als einem Jahr spezialisiert er sich darauf, die Portfolios dieser Kunden zu analysieren und ausgeklügelte Sparpläne zu entwerfen, die ihnen helfen, ihre Steuerlast erheblich zu reduzieren. Dieses Finanzwissen nutzt Epstein, um sich in den elitären Kreisen zu etablieren, was ihm nicht nur den Zugang zu noch einflussreicheren Kontakten eröffnet, sondern auch zu neuen finanziellen Möglichkeiten. Zu einem seiner wichtigsten Kunden zählt der Milliardär Edgar Bronfman senior, der Präsident des Spirituosen-Imperiums Seagram.

In herkömmlichen Darstellungen wird die Rolle von Bronfman als Türöffner und Wegbereiter für Epsteins späteren Werdegang weniger beleuchtet. Ein Pressefoto zeigt ihn mit ernster Miene, im dunklen Anzug, wie sein Arm auf dem Tisch ruht, während seine geballte Faust über den Rand des Tisches hinausragt. Diese Pose soll wahrscheinlich seinen Ruf als den eines harten und kompromisslosen Geschäftsmannes unterstreichen.

Als langjähriger Präsident des *World Jewish Congress* (WJC) spielte Bronfman eine zentrale Rolle in der jüdischen Gemeinschaft, auch über die USA hinaus. Er sorgt dafür, dass Epstein sich im sozialen Netzwerk einflussreicher Figuren innerhalb elitärer jüdischer Kreise bewegen kann. Epsteins Aufstieg in diesen elitären Kreisen wird in Kapitel 10 detailliert beleuchtet. Durch Bronfman soll Epstein etwa auch auf Leslie Wexner gestoßen sein, den Gründer und CEO der Muttergesellschaft L Brands, zu der das Dessous-Imperium Victoria's Secret oder die Premium-Lifestyle-Marke Abercrombie & Fitch zählen. Wexner wird in den Folgejahren zum Chefsponsor von Epsteins Lifestyle und Erpressungsoperationen werden.

Epstein arbeitet für Bronfman als Vermögensverwalter, als dieser damit beginnt, sich entschlossen dafür einzusetzen, geraubte Vermögenswerte jüdischer Opfer des Holocausts zurückzuholen. Als Präsident des World Jewish Congress führte er eine aggressive Kampagne gegen Regierungen, Banken und Unternehmen, um Entschädigungen und Rückzahlungen durchzusetzen. Das bringt Bronfman sowohl Respekt als auch Kritik ein. Die populärste und schärfste Kritik kommt wohl vom Politikwissenschaftler Norman Finkelstein, dessen Eltern den Holocaust überlebten.

Finkelstein schrieb 2000 das Buch *Die Holocaust-Industrie*, wo er sich über Organisationen wie den WJC empörte. Er bezweifelte ihren Anspruch als Sprachrohr des »jüdischen Volkes in seiner Gesamtheit«. Der WJC selbst behauptet auf seiner Website, jüdische Gemeinden in über hundert Ländern zu vertreten, einschließlich des Zentralrats der Juden in Deutschland. Eine Mitgliederzahl wird nicht angegeben. Obwohl er oft fälschlicherweise als religiöse Organisation betrachtet wird, ist der WJC eine politische und diplomatische Vertretung der jüdischen Gemeinschaft weltweit, mit einem Schwerpunkt auf der Unterstützung des Staates Israel.

In den 1980er-Jahren soll der WJC laut Finkelstein Milliarden von Dollar im Namen »bedürftiger Holocaust-Opfer« eingetrieben haben, aber diese Gelder seien entweder willkürlich verteilt worden oder nur zu einem Bruchteil bei den tatsächlichen Überlebenden angekommen. Auch seien erhebliche Summen in die Verwaltung des WJC geflossen sowie in die Taschen von Anwälten und anderen Funktionären. Finkelstein warf letztlich Bronfman in seinem Buch vor, die Erinnerung an den Holocaust zu instrumentalisieren, um politische und finanzielle Vorteile zu erlangen.

2004 kam es zu einer Untersuchung des WJC durch den New Yorker Generalstaatsanwalt. Dabei wurden tatsächlich gravierende Mängel in der finanziellen Aufsicht des WJC aufgedeckt. Es wurde festgestellt, dass die Organisation mit minimaler Kontrolle geführt wurde, was den Verdacht auf Missbrauch von Geldern verstärkte. Darüber hinaus stand Bronfman im Verdacht, dass unter seiner Führung erhebliche finanzielle Ressourcen, die ursprünglich für Überlebende bestimmt waren, in undurchsichtige Fonds und Projekte umgeleitet wurden, von denen die Organisation selbst und ihre Führungsfiguren profitierten.

Welche Rolle Epstein dabei als Vermögensverwalter Bronfmans spielt, ist bis heute unklar. Dass die Vorwürfe der Generalstaatsanwaltschaft gegen den WJC und Bronfman keine heiße Luft waren, zeigte sich 2006. Der World Jewish Congress und Edgar Bronfman klagten überraschend gegen ihren eigenen ehemaligen Generalsekretär Israel Singer wegen angeblicher finanzieller Unregelmäßigkeiten und missbräuchlicher Verwendung von Geldern. Der Fall wurde schließlich außergerichtlich beigelegt und Singer musste seine Position aufgeben sowie jegliche finanzielle Verantwortung innerhalb der Organisation abgeben.

Im selben Jahr erschien eine weitere scharfe Kritik an dem WJC unter der Führung von Edgar Bronfman. In dem Buch *The Israel Lobby and U.S. Foreign Policy* kritisierten zwei amerikanische Professoren der Politikwissenschaft, John J. Mearsheimer und Stephen M. Walt, den erheblichen Einfluss der Israel-Lobby auf die

US-Außenpolitik. Konkret ging es darum, dass Bronfman als WJC-Präsident durch sein gigantisches Vermögen und seine exklusiven Zugänge zur Macht erheblichen Druck auf die US-Regierung ausüben konnte, um eine aggressive Haltung gegenüber dem Irak im Vorfeld des Irakkriegs von 2003 zu fördern. Hinter der Kampagne, Irak als Bedrohung durch Massenvernichtungswaffen darzustellen, steckten laut Mearsheimer und Walt einflussreiche neokonservative Lobby-Gruppen wie das *American Israel Public Affairs Committee* (AIPAC) oder die *Foundation for Defense of Democracies* (FDD). Edgar und Charles Bronfman spendeten der FDD zwischen 2001 und 2004 insgesamt mehr als eine Million Dollar. Die Autoren stützen ihre Kritik an der Dominanz der pro-israelischen Lobby auf die Argumentation, dass sie zur Destabilisierung der gesamten Nahostregion beitrug und einen kostspieligen Krieg förderte, der nicht im strategischen Interesse der USA lag.

Die immense Einflussnahme Bronfmans auf die US-Politik lässt sich auch mit einem Blick auf Open Secrets, eine unabhängige, gemeinnützige Organisation erklären, die Daten über politische Spenden und Lobbyaktivitäten in den USA sammelt. Zu Edgar Bronfman lassen sich mehr als 700 Spendenbeiträge in Gesamthöhe von mehreren zehn Millionen Dollar nachweisen. Sie richten sich sowohl an Demokraten wie Republikaner, an die Kampagnen von Bush senior, über Clinton und Bush junior bis Obama.

Als Edgar Bronfman senior 2013 starb, hinterließ er ein kontroverses Erbe. Seine Töchter Sara und Clare Bronfman führten und finanzierten den NXIVM-Sexkult, der unter der Führung von Keith Raniere operierte. Der Kult, der 1998 gegründet wurde, trat als Selbsthilfegruppe mit Multi-Level-Marketing-Konzept auf, worin Frauen in ein System von »Meister« und »Sklavinnen« gezwungen wurden.

Forbes berichtete 2003 über Teilnehmerinnen, die erzählten, dass die Praktiken auf eine psychische Demontage der Persönlichkeit abzielten. Sex diente dabei als zentrales Kontrollinstrument. Frauen wurden dazu gezwungen, sexuelle Gefälligkeiten zu erbringen und kompromittierende Informationen oder Nacktbilder als »Sicherheiten« abzugeben, die dann zur Erpressung und Kontrolle verwendet wurden. Laut Aufzeichnungen sollen 3700 Menschen an den »Selbsthilfekursen« des Kults teilgenommen haben, darunter viele prominente und mächtige Menschen. Auch Edgar Bronfman senior nahm laut der *New York Times* Anfang der 2000er-Jahre an einigen Kursen von NXIVM teil, aber »verlor schnell das Interesse«.

Im Jahr 2019 wurden mehrere Mitglieder des Kults, einschließlich Raniere, angeklagt und verurteilt. Clare Bronfman wurde zu fast sieben Jahren Gefängnis verurteilt, nachdem sie sich schuldig bekannt hatte, die kriminellen Aktivitäten des Kults unterstützt zu haben. Sara Bronfman wurde nicht strafrechtlich verfolgt, war aber stark in die Organisation involviert und verlor einen Großteil ihres Vermögens aufgrund von Zivilklagen.

Infolge der Klagen hatten sich Berichte darüber gehäuft, dass der Kult Seminare und Partys auf der Privatinsel Necker Island von Sir Richard Branson, dem britischen Milliardär und Gründer der Virgin Group, abhielt. Zwar behaupteten einige Anhänger von NXIVM, Branson gehöre zu den Unterstützern ihres Kultes, aber Bransons Sprecherin sagte, dass er den Kultführer nie getroffen habe oder an einem seiner Seminare teilgenommen habe. Allerdings habe er einmal ein nur »kurzes Zitat zur Unterstützung« für eine seiner Veranstaltungen gegeben.

Branson, dessen Insel nur eine kurze Bootsfahrt von Epsteins Insel Little Saint James entfernt liegt, wurde von einem mutmaßlichen Opfer Epsteins beschuldigt, an dessen Missbrauchsring teilgenommen zu haben und dabei gefilmt worden zu sein. Später nahm sie die Anschuldigungen zurück, bevor sie wiederum erklärte, durch Ghislaine Maxwell bedroht und gezwungen worden sein, ihre Vorwürfe zurückzunehmen. Sir Richard Branson weist alle Vorwürfe entschieden zurück.

1981 leitet die US-Börsenaufsichtsbehörde SEC eine Untersuchung gegen einen Kunden Epsteins bei Bear Stearns wegen der Beteiligung an illegalen Wertpapiergeschäften ein. Sie betraf auch Epsteins lukrativsten Kunden Seagram und dessen Inhaber Edgar Bronfman senior. Konkret ging es um Insiderhandel, also um einen Kauf oder Verkauf von Aktien, basierend auf Informationen, die der Händler aufgrund von Insiderwissen erlangt hat und die deshalb einen unfairen Vorteil auf dem Finanzmarkt verschaffen. Auch gegen Epstein wurde ermittelt. Er wurde sogar von der SEC vorgeladen, um über seine Geschäfte mit Bronfman auszusagen. Während einige, darunter Bear-Stearns-Chef James Cayne, behaupten, Epstein sei danach freiwillig gegangen, berichten andere Quellen, dass er gezwungen wurde, das Unternehmen zu verlassen.

Bevor es zu einer Klage gegen Epstein kommt, streitet er alle Vorwürfe ab und verlässt das Unternehmen. Hatten Bronfman oder sein Chef Greenberg Epstein vorab gewarnt? Niemand kann das beweisen. Epstein verliert seine Handelslizenzen und kehrt dem konventionellen Finanzsektor für immer den Rücken. Er räumt seinen Schreibtisch und sackt eine Abfindung von 100 000 Dollar ein, was damals eine beträchtliche Summe war. Trotzdem befindet er sich in einer unangenehmen Lage. Einst das Wunderkind der Wall Street, ist Epstein nun arbeitslos und seine finanziellen Mittel schwinden langsam. Er muss jetzt kreativ werden.

Nach dem Ausscheiden bei Bear Stearns folgen sechs Jahre, die schlecht bis gar nicht dokumentiert sind. In einem Interview, das Epstein 2003 der Journalistin Vicky Ward von *Vanity Fair* gab, erwähnte er, dass er ab 1981 mit seiner eigenen Firma das Geld von Milliardären verwaltet habe. Auch soll er damals auf die Wiederbeschaffung gestohlener Vermögenswerte spezialisiert gewesen sein.

Laut der spanischen Zeitung ABC unterstützte Epstein etwa die Schauspielerin Ana Obregón in den 1980er-Jahren dabei, das Vermögen ihres Vaters, des Immobilien-Magnaten Antonio García Fernández, zu retten. Ihr Vater hatte Millionen von Dollar in die Firma Drysdale Government Securities investiert, die wegen Betrugs vor dem Kollaps stand. Epstein half der Familie als Berater, das verlorene Geld zurückzubekommen. Diese Verbindung zwischen der Familie Obregón und Epstein wurde erst 40 Jahre später öffentlich bekannt.

Weitestgehend unbekannt hingegen bleiben andere Kunden in dieser Phase Epsteins. Jedoch kam inzwischen heraus, dass unter den Kunden der IAG mehrere Diktatoren, aber auch milliardenschwere Unternehmen und Einzelpersonen gewesen waren. Epstein behauptete auch, dass seine Firma erfolgreich dabei gewesen war, große Summen Geldes aus verschiedenen Ländern zurückzuholen, jedoch gibt es wenige verlässliche Informationen darüber. Eine davon ist ein Gespräch, das Jesse Kornbluth, ein Journalist, mit seinem Freund Epstein im Jahr 1986 führte.

Jahre später wurde dieses Gespräch in verschiedenen Artikeln zitiert. Epstein offenbarte darin auch seine Doppelidentität. Er erzählte Kornbluth, er lege nicht nur »Geld für Kunden mit Mega-Vermögen« an, sondern sei auch ein »hochrangiger Kopfgeldjäger«. Manchmal arbeite er »für Regierungen, um von afrikanischen Diktatoren geplünderte Gelder zurückzuholen«. Und ein anderes Mal würden ihn diese Diktatoren darum bitten, »ihnen zu helfen, ihr gestohlenes Geld zu verstecken«. Glaubt man dieser Darstellung, sagt dieses Handeln viel über den Charakter Epsteins aus: skrupellos, opportunistisch und egoistisch.

Quellen:

»Post Exclusive: Never-Before-Seen Jeffrey Epstein biography surfaces«. In: Palm Beach Post, 30. Oktober 2019, online unter: https://eu.palmbeachpost.com/story/news/2019/10/30/post-exclusive-never-before-seen-jeffrey-epstein-biography-surfaces/2210602007/, abgerufen am 8. August 2024.

Popper, Nathaniel: »Bronfman Era Ends at World Jewish Congress«. In: The Forward, 11. Mai 2007, online unter: https://forward.com/news/10690/bronfman-era-ends-at-world-jewish-congress/, abgerufen am 8. August 2024.

Epstein, Edward Jay: »My Tea with Jeffrey Epstein«. In: Air Mail, 14. September 2019, online unter: https://airmail.news/issues/2019-9-14/my-tea-with-jeffrey-epstein, abgerufen am 8. August 2024.

Baker, Mike: »Jeffrey Epstein Taught at Dalton. His Behavior Was Noticed«. In: The New York Times, 12. Juli 2019, online unter: https://www.nytimes.com/2019/07/12/nyregion/jeffrey-epstein-dalton-teacher.html, abgerufen am 8. August 2024.

Robertson, Linda: »›Poor, smart and desperate to be rich‹ – How Epstein went from teaching to Wall Street«. In: Miami Herald, 21. Juli 2019, online unter: https://www.miamiherald.com/news/state/florida/article232678997.html, abgerufen am 8. August 2024.

Hosenball, Mark: »The CIA's BCCI Laundry«. In: The Washington Post, 11. August 1991, online unter: https://www.washingtonpost.com/archive/opinions/1991/08/11/the-cias-bcci-laundry/6c69ffbf-42d3-46ee-ba86-b8ad03adb685/, abgerufen am 8. August 2024.

Miller, Lisa: »Titans of Industry Join Forces To Work for Jewish Philanthropy«. In: The Wall Street Journal, 4. Mai 1998, online unter: https://www.wsj.com/articles/SB894240270899870000, abgerufen am 8. August 2024.

Barkat, Amiram: »Israel Singer Fired From WJC For Allegedly Embezzling Funds«. In: Haaretz, 22. März 2007, online unter: https://www.haaretz.com/2007-03-22/ty-article/israel-singer-fired-from-wjc-for-allegedly-embezzling-funds/0000017f-e095-d9aa-afff-f9ddbf6a0000, abgerufen am 8. August 2024.

»WJC and Bronfman Sue Singer«. In: Cleveland Jewish News, 24. August 2007, online unter: https://web.archive.org/web/20191030194726/https://www.clevelandjewishnews.com/archives/wjc-and-bronfman-sue-singer/article_fea627fa-8a9b-5f75-a33c-cc018c413b6e.html, abgerufen am 8. August 2024.

Perelman, Marc: »Months After World Jewish Congress Breakup, Legal Battles Drag On«. In: The Forward, 13. März 2008, online unter: https://forward.com/news/12934/months-after-world-jewish-congress-breakup-legal-01473/, abgerufen am 8. August 2024.

»Edgar Bronfman Campaign Contributions«. In: OpenSecrets, online unter: https://www.opensecrets.org/search?order=desc&q=Edgar+bronfman&sort=A&type=donors, abgerufen am 8. August 2024.

Offenhartz, Jake: »Records Detail Jeffrey Epstein's Last Days and Prison System's Scramble After His Suicide«. In: NBC Washington, 2. Juni 2023, online unter: https://www.nbcwashington.com/news/national-international/records-detail-jeffrey-epsteins-last-days-and-prison-systems-scramble-after-his-suicide/3360061/, abgerufen am 8. August 2024.

Weaver, Hilary: »This Keith Raniere Sex-Cult Story Is Much Deeper Than Allison Mack's Arrest«. In: Vanity Fair, 20. April 2018, online unter: https://www.vanityfair.com/style/2018/04/allison-mack-arrested-in-connection-to-keith-raniere, abgerufen am 8. August 2024.

»Cult of Personality«. In: Forbes, 13. Oktober 2003, online unter: https://www.forbes.com/forbes/2003/1013/088.html, abgerufen am 8. August 2024.

Carbajo, Maria: »Cuando Ana Obregón recurrió a Jeffrey Epstein para salvar la fortuna familiar«. In: ABC, 4. Januar 2024, online unter: https://www.abc.es/gente/familia-ana-obregon-recurrio-jeffrey-epstein-salvar-20240104195709-nt.html, abgerufen am 8. August 2024.

4 Ein rätselhafter Finanzjongleur

»Er kommt mit Geld im Überfluss, einer Flotte von Flugzeugen und einem ausgeprägten Blick für Frauen – ganz zu schweigen von seinem unermüdlichen Verstand, der Nobelpreisträger im ganzen Land herausfordert – und für die Finanzmärkte in aller Welt.« Mit diesen Worten beginnt ein Porträt über Jeffrey Epstein, das 2002 im *New York Magazine* unter dem Titel »International Moneyman of Mystery« erscheint. Der Verfasser dieser neugierig machenden Worte ist der Journalist Landon Thomas Jr., der 16 Jahre für die *New York Times* gearbeitet hat.

Epstein muss das hier vermittelte Bild gefallen haben: intellektuell faszinierend, finanziell überragend und verführerisch mysteriös. Erst nach seinem Tod 2019 gerät dessen Darstellung von Epstein durch Thomas in ein völlig neues Licht. Nur wenige Monate zuvor hatte Thomas die *New York Times* verlassen. Nun folgte eine Enthüllung, die Thomas betraf. Laut ehemaligen Redaktionskollegen ist Epstein für Thomas mehr als nur »eine wertvolle Quelle«, sogar mehr als »ein Freund«. Und das selbst nach Epsteins Haftentlassung. Gemäß einem Bericht des US-Radiosenders *NPR* lässt sich belegen, dass Thomas eine Spende von 30 000 Dollar für ein Kulturzentrum in Harlem von Epstein erbeten hatte. Epstein folgt der Bitte von Thomas.

Somit erklärt sich auch ein weiterer Artikel von Thomas, den er im Juli 2008 in der *New York Times* veröffentlicht hat. Darin versucht er, Epsteins negatives Image als verurteilter Sexualstraftäter kurz vor dessen Haftantritt abzumildern. Thomas schreibt etwa diese lyrische

Passage über Epstein: »Während sich seine rechtlichen Probleme verschlimmerten, blickte Herr Epstein auf das azurblaue Meer und die üppigen Hügel von St. Thomas in der Ferne, stocherte in einem Mittagessen aus Krabben und blutigem Steak, das sein persönlicher Küchenchef zubereitet hatte, und versuchte zu erklären, wie sein Leben eine solche Wendung genommen hatte«. Und: »Er verglich sich selbst mit Gulliver, der unter den winzigen Bewohnern von Lilliput Schiffbruch erlitten hatte.« Thomas versucht in diesem Artikel auch, Epstein als kultivierten, großzügigen Philanthropen zu präsentieren sowie als jemanden, der »nur« Prostituierte angeworben und keine Sexualverbrechen an Minderjährigen begangen hätte.

Der Fall Landon Thomas Jr. beweist, wie meisterhaft es Epstein versteht, sein Image zu seinen Gunsten zu manipulieren. Er umgibt sich gerne mit renommierten Journalisten wie Politik-Reporter Michael Wolff, TV-Interviewer Charlie Rose und dem Investigativjournalisten Jay Edward Epstein, die sich regelmäßig mit ihm austauschen oder in seinen Villen übernachten. Epstein versucht durch Beziehungen zu Journalisten, denen er Gefallen tut und finanzielle Unterstützung bietet, das Narrativ über seine Person oder Projekte zu beeinflussen.

Das tut er aber auch im Alltag ohne die Hilfe von Journalisten. Seinen Besuchern serviert er manchmal die wildesten Märchen und freut sich, wenn ihm geglaubt wird. Sicher nutzt Epstein dafür auch umgekehrte Psychologie, falsche Andeutungen oder Halbwahrheiten. Es scheint, als wolle es Epstein seinem Umfeld bewusst erschweren, die Wahrheit von Täuschung zu unterscheiden, indem er geschickt Informationen streut. Eine ständige Neuerfindung und Anpassung des öffentlichen Erscheinungsbildes dient vermutlich dazu, seine Macht und Kontrolle über andere zu festigen, aber auch, seine Machenschaften im Verborgenen zu halten.

Alle, die den Namen Epstein hören, sollten sich fragen: Wer ist er? Woher kommt er? Was macht er beruflich? Woher kommt das viele Geld? Warum zieht er die High Society an? Und woher kommen alle diese jungen Frauen? Seine kalkulierte Unklarheit in der Präsenz ermöglicht ihm, verschiedene Rollen gleichzeitig zu spielen: den selbstlosen Philanthropen, den intellektuellen Visionär, den superreichen Geschäftsmann, den mysteriösen Geheimagenten. Durch diese Verwirrungstaktik kann Epstein die Kontrolle über die Fremdwahrnehmung behalten und gleichzeitig seine wahren Absichten und Handlungen verschleiern.

Die Methode erinnert an F. Scott Fitzgeralds Buch *The Great Gatsby*. In einer Schlüsselszene des Romans lädt Gatsby den Erzähler Nick Carraway zu einer Autofahrt nach New York City ein. Während sie in Gatsbys luxuriösem gelben Auto durch die Straßen fahren, beginnt Gatsby, seine mysteriöse Geschichte zu enthüllen. Teile seiner vorgeblich glanzvollen Vergangenheit: eine wohlhabende Familie, ein Studium in Oxford und ein heldenhafter Einsatz im Ersten Weltkrieg. Dabei zeigt er Nick eine Medaille und ein Foto als vermeintliche Beweise. Doch Nicks Skepsis wächst, als die Details zu perfekt erscheinen. Die Szene gipfelt darin, dass Gatsby Nick mit Meyer Wolfsheim, einem zwielichtigen Geschäftspartner, bekannt macht – ein Treffen, das Gatsbys Geheimnisse nur noch düsterer erscheinen lässt.

Sicher kann auch der beste Lügner unmöglich darüber Buch führen, wem er welche Geschichte erzählt hat. Er gerät also von Zeit zu Zeit in Schwierigkeiten und verheddert sich in seinen eigenen Widersprüchen, was zu Zweifeln und Misstrauen führt. Das heißt allerdings nicht, und das lernen wir über Gatsby, dass alles Lüge durch und durch ist. Es gibt durchaus kriminelle Machenschaften, zwielichtige Geschäftspartner und, so wird dieses Buch im Falle Epsteins offenbaren, durchaus vertrauliche Missionen im nationalen Interesse von globaler Bedeutung. Hierfür ist eine tiefere Beschäftigung mit Epsteins »verlorenen« sechs Jahren nötig, um zu erkennen, dass er nicht nur bloß aus heißer Luft besteht.

Laut Steven Hoffenberg, einem späteren Geschäftspartner, beginnt Epstein in den 1980er-Jahren damit, den Schwarzmarkt zu bedienen. So trifft er auf den berüchtigten saudischen Waffenhändler, der zwar nicht tatsächlich der »reichste Mann der Welt« war, aber diesen Ruf erlangte, weil er in seiner Blütezeit täglich 250 000 Dollar ausgab, um seinen extravaganten Lebensstil zu finanzieren. Er heißt Adnan Khashoggi. Der Name Khashoggi gerät 2018 erneut in den Fokus der Öffentlichkeit, als der Journalist Jamal Khashoggi auf brutale Weise im saudischen Konsulat in Istanbul ermordet wird, was weltweit für Empörung sorgt. Dies geschieht mutmaßlich auf Befehl des saudischen Kronprinzen bin Salman, da Khashoggi ein scharfer Kritiker des Regimes war. Jamal Khashoggi ist ein Neffe von Adnan.

Ein weiteres kurioses Verwandtschaftsverhältnis ist die Verbindung von Adnan Khashoggi zu Mohamed Al-Fayed, dem ägyptischen Milliardär und Besitzer des Luxus-Kaufhauses Harrods sowie des berühmten Luxushotels Ritz. Khashoggis Schwester Samira war mit Mohamed Al-Fayed verheiratet, und ihr gemeinsamer Sohn war Dodi Al-Fayed, der mit Prinzessin Diana liiert war. Die beiden starben 1997 bei einem Autounfall in Paris. Mohamed Al-Fayed äußert in Interviews wiederholt den Verdacht, dass der Unfall ein Mordkomplott gewesen sein könnte, das von westlichen Geheimdiensten wie der CIA in Zusammenarbeit mit dem britischen Königshaus sowie zwei Polizeichefs inszeniert wurde.

Adnan Khashoggi ist eine zentrale Figur beim Aufstieg Saudi-Arabiens zur zeitweise führenden Militärmacht im Nahen Osten. Geboren wird Adnan 1935 als Sohn von Muhammad Khashoggi, dem Leibarzt des saudischen Königs Abdulaziz ibn Saud. Ein Blick auf den historischen Kontext lohnt sich, den der Historiker Daniel Yergin in seinem Standardwerk zur Geschichte des Erdöls *The Prize* (1991) beschreibt.

Anfang der 1930er-Jahre hat die Herrscherfamilie Ibn Saud durch mehrere Feldzüge die Arabische Halbinsel unterworfen und dabei ihre Macht konsolidiert. Doch in der Weltwirtschaftskrise brechen die Einnahmen des Königreichs massiv ein. Insbesondere gehen die Pilgerreisen nach Mekka zurück, die eine wichtige Einnahmequelle für Saudi-Arabien darstellen. Anfänglich ist Ibn Saud etwas zögerlich, westliche Einflüsse in sein Land zu lassen, indem die Ölreserven erschlossen werden. Er befürchtet, die traditionellen Werte sowie die Kontrolle über sein Königreich zu verlieren. Als aber weder Steuererhöhungen Erfolg haben noch die Versuche seines Sohnes Faisal, in Europa Investoren oder Kreditgeber zu finden, öffnet das Königreich der Ölförderung seine Tore.

1933 wird die Konzession zur Förderung von Öl in Saudi-Arabien dem US-Konzern Standard Oil unter der Führung von John D. Rockefeller gewährt. Rockefeller, der ein Monopol auf die Raffinierung, den Transport und den Verkauf von Öl in den USA hat, legt mit diesem Deal den Grundstein für die bis heute andauernde enge Allianz zwischen Saudi-Arabien und den USA. Saudi-Arabien hilft den USA, ihre militärische Position im Nahen Osten zu stärken und ihre Energieversorgung auf Jahrzehnte zu sichern. Im Gegenzug verwandeln die USA die karge Wüste mit einer überwiegend nomadischen, analphabetischen Bevölkerung innerhalb von 20 Jahren in ein blühendes Land mit moderner Infrastruktur und globalem Einfluss.

Mitte der 1950er-Jahre kehrt Adnan Khashoggi nach seinem Studium an mehreren amerikanischen Ivy-League-Unis nach Saudi-Arabien zurück. Er nutzt den Ölreichtum des Landes und seine Zugänge zum saudischen Königshaus, um mehrere bedeutende Infrastruktur- und Rüstungsprojekte zwischen westlichen Unternehmen und der saudischen Regierung zu vermitteln. In den 1970ern gehen laut einem Bericht des US-Senats 80 Prozent aller Waffenlieferungen der USA an Saudi-Arabien durch die Hände

Khashoggis. Als Waffenhändler für amerikanische Rüstungskonzerne wie Raytheon, Lockheed oder Northrop, aber auch für französische und deutsche Hersteller verdient er Provisionen und Vermittlungsgebühren in Millionenhöhe pro eingefädeltem Deal.

Als sich der Kalte Krieg auf seinem Höhepunkt befindet, suchen die USA gemeinsam mit Saudi-Arabien den Schulterschluss im Nahen und Mittleren Osten im Kampf gegen den Kommunismus. Hierbei nutzen sie Öl, Rüstung, Handel und politische Allianzen als Hebel, um ihre Macht in der Region zu festigen. Die dadurch entstehenden Spannungen und Machtverschiebungen rufen Figuren wie Jamal Khashoggi, aber auch jemanden wie Jeffrey Epstein auf den Plan. Laut Recherchen der investigativen Journalistin Vicky Ward für *Rolling Stone* innerhalb von Geheimdienstkreisen soll Epstein zu dieser Zeit vor allem mit Waffen, Drogen und Diamanten ein Vermögen verdienen. Wards Quellen nennen Epstein einen »Mittelsmann sowohl in Afrika als auch im Nahen Osten«. Er ist in der Welt der Geheimdienste als »Hyper-Fixer« bekannt, als jemand, der zwischen verschiedenen Kulturen und Netzwerken vermitteln kann.

Es ist plausibel anzunehmen, dass Epstein schon damals gezielt Frauen und Erpressung einsetzte, um Einfluss auf mächtige Männer auszuüben und Deals zu schließen. Jedenfalls tut es sein damaliger Geschäftspartner Adnan Khashoggi. 1989 bezeichnet die Zeitschrift *Vanity Fair* Khashoggi als »einen der größten Hurenhändler der Welt« – aber erst nachdem sich dessen Niedergang ankündigt. Seine 85-Meter-Jacht namens Nabila spielt bei dem Menschenhandel eine wichtige Rolle. Immer, wenn es zum Vertragsabschluss kommt, kann die Jacht in internationale Gewässer fahren, wo staatliche Beschränkungen für deren Geschäfte nicht mehr gelten.

Khashoggis Biograf Roland Kessler sagt dem *New York Magazine* 1988, dass Khashoggis »gesamtes Vorgehen darauf abzielt,

Kunden mit seinem opulenten Lebensstil zu beeinflussen«, und dass »er ihnen alles gibt, was sie wollen: Frauen, Essen, Geld ... Es gibt eine Vielzahl von Anlässen auf dem Boot. Einige sind sehr formell, andere sind Orgien.« Laut der britischen Zeitung *The Independent* beschränken sich Khashoggis Versuche, Einfluss zu nehmen, nicht nur auf Geschäftsleute. Einmal soll er gleichzeitig fünf Staatsoberhäupter an Bord seiner Jacht empfangen haben, darunter drei Könige. Eine der Frauen, die Khashoggi dabei einsetzt, ist Pamella Bordes. Sie gibt gegenüber dem *Independent* an, als eine der »sexuellen Lockvögel« benutzt worden zu sein. Auch Fortuna Israel, die Leiterin eines Callgirl-Rings, bestätigt diese Methoden.

Während Khashoggis Einfluss auf das politische Weltgeschehen wächst, beteiligt er sich in den 1980er-Jahren an einer besonders heiklen und brisanten Operation. Es ist ein außergewöhnlicher Waffendeal, der die sogenannte Iran-Contra-Affäre ins Rollen bringt, einen der aufsehenerregendsten politischen Skandale der US-Geschichte. Hintergrund war der Versuch der US-Regierung unter Ronald Reagan und Vize George Bush Sr., dem vorherigen CIA-Chef, die sozialistische Regierung in Nicaragua zu stürzen, indem sie die rechten Contra-Rebellen unterstützt. Als der US-Kongress 1984 das sogenannte Boland-Amendment verabschiedet, das jegliche Unterstützung der Contras verbietet, sucht das Weiße Haus nach Wegen, dieses Verbot zu umgehen.

Es wird ein geheimer Plan entwickelt, bei dem Raketen und verschiedene Waffensysteme im Wert von mehreren Millionen Dollar in den Iran gehen sollen – zu einer Zeit, als der Iran mitten im Krieg mit dem Irak steht. Obwohl die USA offiziell den Irak in diesem Konflikt unterstützen, begründet die CIA ein geheimes Dreiecksgeschäft: Über Dritte sollen US-Waffen an den Iran verkauft werden, und die Erlöse sollen dafür genutzt werden, um die Contras in Nicaragua zu finanzieren, die die demokratisch gewählte Linksregierung der Sandinisten stürzen sollen. Israel spielt dabei eine zentrale Rolle, indem es als Vermittler die Waffenlieferungen abwickelt, bevor die USA offiziell in den Deal eintreten. Offiziell wird das Geschäft als Mittel zur Befreiung von Geiseln gerechtfertigt, die von Terroristen im Libanon festgehalten werden. Im November 1986 aber bringt ein Bericht der libanesischen Zeitschrift *Ash-Shiraa* die geheimen Waffenlieferungen an den Iran ans Licht, was eine Kettenreaktion auslöst, bei der internationale Medien den Skandal weiter aufdecken.

Bis zu diesem Zeitpunkt gibt es nur wenige verlässliche Berichte über die Aktivitäten von Jeffrey Epstein. Erst 1988 tritt er mit der Gründung seiner eigenen Firma, J. Epstein & Co. Vermögensverwaltung, ins öffentliche Licht. In solchen Fällen, in denen schriftliche Beweise oder offizielle Dokumentationen fehlen, greift der Journalismus auf die sogenannte Zwei-Quellen-Regel zurück. Diese Regel besagt, dass wichtige Informationen von mindestens zwei unabhängigen Quellen bestätigt werden sollten, um glaubwürdig berichtet zu werden. Für die »verlorenen« Jahre vor 1986, in denen Epsteins Aktivitäten weitgehend im Dunkeln liegen, stützen sich verlässliche Berichte auf die Aussagen des zuvor erwähnten ehemaligen Geschäftspartners Steven Hoffenberg, des Sohns des britischen Waffenhändlers Douglas Leese sowie auf die Aussagen von Ari Ben-Menashe, einem ehemaligen israelischen Mossad-Agenten.

Alle drei Zeugen bestätigen Epsteins Verwicklung in die Iran-Contra-Affäre. Epstein soll dabei gemeinsam mit Adnan Khashoggi und dem Medienmogul Robert Maxwell, dem Vater von Epsteins späterer Partnerin Ghislaine Maxwell, an der Vermittlung globaler Rüstungsgeschäfte im Auftrag der CIA und des Mossad beteiligt gewesen sein.

Laut Ben-Menashe, der Epstein in den 1980er-Jahren kennengelernt haben soll, wurde Epstein vom israelischen Militärgeheimdienst rekrutiert. Er habe Epstein mehrfach getroffen, da dieser häufig nach seinen Reisen nach Israel in Robert Maxwells Büro in London anwesend gewesen sei. Ben-Menashe selbst stand in engem Kontakt mit Robert Maxwell, da er im Auftrag des israelischen Militärgeheimdienstes, unter anderem im Zusammenhang mit der Iran-Contra-Affäre, mit ihm zusammenarbeitete.

In dieser Zeit lässt Epstein oft durchblicken, ein CIA-Agent zu sein. So behauptet etwa der Journalist Nigel Rosser vom britischen *The Evening Standard,* Epstein habe ihm gesagt, dass er die Lizenz zum Führen einer verdeckten Waffe habe und dass er in den 1980er-Jahren für die CIA gearbeitet habe. Später nimmt Epstein diese Aussage wieder zurück. Rosser erzählt in seinem Artikel »Andrew's Fixer« von 2001, dass Epstein einmal im »Londoner Haus eines britischen Waffenhändlers« angekommen sei und ein Geschenk mitgebracht habe. Es war eine von der New Yorker Polizei ausgegebene Pump-Action-Riot-Gun. »Gott weiß, wie er sie ins Land gebracht hat«, habe ein Freund daraufhin gesagt.

Der in dem Artikel namentlich nicht genannte britische Waffenhändler könnte Douglas Leese sein. Nach Angaben von Steven Hoffenberg arbeitet Epstein 1983 eng mit Douglas Leese, einem britischen Waffenhändler, zusammen, insbesondere beim Verkauf von chinesischen Waffen an den Iran. Hoffenberg berichtet auch, dass Khashoggi, der zu dieser Zeit auf der Gehaltsliste des israelischen Mossad steht und enge Verbindungen zu den Geheimdiensten Saudi-Arabiens und der USA hat, in diese Deals involviert ist.

Es sei auch daran erinnert, dass Epsteins alter Arbeitgeber Bear Stearns ein Makler der CIA-Bank *Bank of Credit and Commerce International (BCCI)* war, die Khashoggi hauptsächlich für illegale Transaktionen nutzt, um Waffengeschäfte und andere verdeckte Operationen zu finanzieren. Diese Bank war auch maßgeblich an Waffenverkäufen nach China beteiligt, insbesondere in Verbindung mit Norinco, einem staatlichen chinesischen Rüstungsunternehmen. Epsteins späterer Geschäftspartner Steven Hoffenberg, der diese Verbindungen bestätigt, aber keine weiteren Details nannte, wird Ende August 2022 tot in seiner Wohnung aufgefunden.

Epstein soll laut Hoffenberg auch an einem anderen großen Waffengeschäft beteiligt gewesen sein: das Al-Yamamah-Waffengeschäft. Es gilt, wie die Iran-Contra-Affäre, als einer der größten Rüstungsskandale des 20. Jahrhunderts. Das Geschäft wird 1985 zwischen Großbritannien und Saudi-Arabien geschlossen. Es geht dabei um die Lieferung von Waffen und militärischer Ausrüstung im Wert von Milliarden von Pfund an Saudi-Arabien. Doch der Deal ist von Anfang an von Korruptionsvorwürfen begleitet: Es wird berichtet, dass saudische Prinzen und Regierungsbeamte hohe Bestechungsgelder erhalten, um das Geschäft zu sichern. Epstein und Leese fungieren dabei als Mittelsmänner.

Julian Leese, der sonst sehr medienscheue Sohn von Douglas Leese, meldet sich 2020 überraschend in einem Podcast-Feature des Journalisten Tom Pattinson zu Wort – mit einem klaren Interesse. Leese zeigt sich im Interview verärgert über Steven Hoffenberg und dessen Behauptungen über die Verwicklungen seines Vaters mit Epstein im internationalen Waffenhandel. Es scheint, als wolle er dieses negative Image korrigieren und den Namen seiner Familie reinwaschen.

Zunächst erzählt Julian Leese, dass Epstein seinen Vater auf einer der opulenten Partys von Khashoggi kennengelernt habe und dass die beiden daraufhin eine enge berufliche Beziehung aufgebaut hätten. »Ich glaube, dass Jeffrey meinen Vater sehr als Mentor betrachtete. […] Jeffrey wurde zweifellos ein sehr enger Familienfreund«, sagt er. Epstein wird von Julian Leese als charmant, intelligent und ehrgeizig beschrieben, jedoch auch als »stark auf Sex fokussiert«. Nicholas Leese, der andere Sohn von Douglas Leese, der Epstein in die Familie eingeführt hatte, wird 1996 in Singapur wegen über 200 Fällen von Korruption verhaftet.

Doch zurück ins Jahr 1986: Als immer mehr Details der Iran-Contra-Affäre ans Licht kommen, wächst der mediale Druck auf die Reagan-Regierung enorm. Es geht nicht nur um das Missachten eines Waffenembargos gegen den Iran, um die illegale Umleitung von Geldern über geheime Bankkonten in der Schweiz oder um den versuchten Sturz einer demokratisch gewählten Regierung, sondern auch um kriminelle Nebengeschäfte.

Eines davon ist, dass die Contras über Jahre hinweg tonnenweise Kokain in die USA geschmuggelt haben, mit Wissen und Billigung der CIA. Diese Enthüllungen schaden der Glaubwürdigkeit der US-Regierung und bedrohen Reagans Präsidentschaft, wobei allerdings auch ein Großteil der Contra-Aktivitäten in Arkansas stattfand, wo der Demokrat Bill Clinton Gouverneur war. Bei den öffentlichen Anhörungen zur Iran-Contra-Affäre im US-Kongress im Mai 1987 gibt Präsident Reagan mehrfach an, sich an bestimmte Details der Operation nicht erinnern zu können. Und William J. Casey, der damalige Direktor der CIA und Schlüsselfigur in der Affäre, kann bei den Anhörungen nicht mehr befragt werden, da er einen Tag nach dem Beginn der Anhörungen stirbt. Todesursache: Gehirntumor.

Währenddessen ziehen die Enthüllungen rund um die Iran-Contra-Affäre immer größere Kreise, die sogar Deutschland erreichen, um genau zu sein, Schleswig-Holstein. Dieses Bundesland ist nämlich aufgrund des Zugangs zu den Ostseehäfen eine potenzielle Drehscheibe für illegale Waffengeschäfte und geheime Operationen. Uwe Barschel, der damals Ministerpräsident von Schleswig-Holstein war, wird im Oktober 1987 unter mysteriösen Umständen tot in einem Genfer Hotel aufgefunden.

Zunächst wird der Tod als Selbstmord im Nachgang einer politischen Intrige gesehen, bei der Barschel beschuldigt worden war, eine Schmutzkampagne gegen seinen Rivalen Björn Engholm initiiert zu haben. Doch der Fall erlangt internationale Brisanz, als spekuliert wird, dass Barschel in geheime Waffenlieferungen und möglicherweise in die Iran-Contra-Affäre verwickelt war.

Im Jahr 2017 veröffentlichen der NDR-Journalist Patrik Baab und der amerikanische Politikwissenschaftler Robert E. Harkavy ihr Buch *Im Spinnennetz der Geheimdienste*. Darin stellen sie Verbindungen zwischen dem ungeklärten Tod von Uwe Barschel 1987, dem Mord am schwedischen Ministerpräsidenten Olof Palme 1986 und dem mysteriösen Tod des ehemaligen, umstrittenen CIA-Direktors William Colby her, der 1996 bei einer Kanufahrt im Potomac River ertrank.

Sie argumentieren, dass diese »politischen Morde«, wie sie sie nennen, Teil der Iran-Contra-Affäre waren. Sie seien auf eine globale Säuberungsaktion zurückzuführen, um unbequeme Zeugen und abtrünnige Mitwisser einer politischen Verschwörung zu beseitigen. Basierend auf den Aussagen ihrer Informanten vermuten sie, dass der israelische Geheimdienst Mossad hinter den Aktionen steckt. Das Motiv sei gewesen, jegliche Informationen oder Mitwisserschaft zu unterdrücken, die diese illegalen Operationen und die Verstrickung Israels hätten offenlegen können.

Diese geopolitischen Machtspiele sind hochbrisant. Die Unterstützung beider Seiten im Irak-Iran-Krieg hat den Konflikt nicht nur verlängert, sondern auch erheblich verschärft. Der Krieg endet schließlich 1988 in einem Waffenstillstand, der die alten Grenzen wiederherstellt. Während des achtjährigen Kriegs verlieren rund eine Million Menschen, hauptsächlich Iraner, ihr Leben. Gegen die Beteiligten an dem illegalen Bruch des Waffenembargos wird in Amerika ermittelt. Doch trotz der klaren Beweise werden die meisten Urteile gegen die Dutzenden von Regierungsbeamten später aufgehoben.

In den letzten Tagen der Präsidentschaft von Reagans Nachfolger George H. W. Bush, der während der Affäre Vizepräsident war, werden alle noch Verurteilten begnadigt. Einer davon ist Elliott

Abrams, ein Neokonservativer und Mitbegründer des *Project for a New American Century* (PNAC), das die militärische Führung der USA über die Welt fordert. Abrams kehrt unter Präsident Donald Trump in eine Regierungsposition zurück. 2019 wird er Sondergesandter für Venezuela; 2020 übernimmt er zusätzlich die Rolle von Trumps Sondergesandten für den Iran. Unter den Demokraten Joe Biden wurde er außenpolitischer Berater.

Während die Ermittlungen gegen die Verantwortlichen in der Iran-Contra-Affäre noch laufen, ist Jeffrey Epstein bereits über alle Berge. Sein Geschäftspartner Khashoggi hingegen gerät um das Jahr 1987 herum zunehmend in finanzielle Schwierigkeiten. Es beginnen Ermittlungen gegen ihn wegen seiner Verwicklung in die Iran-Contra-Affäre. Weil die Anwaltskosten in die Höhe schießen und der Waffenhandel einen globalen Rückgang erlebt, verschärfen sich seine finanziellen Probleme. Er muss einige seiner wertvollsten Besitztümer verkaufen, darunter seine Luxusjacht *Nabila*. Der Käufer ist kein Geringerer als Donald Trump.

Und das, obwohl er gegenüber dem Jachtmagazin *Boat International* behauptet hatte, Jachten nicht einmal zu mögen: »Ich war schon auf den Booten von Freunden und konnte nicht schnell genug von Bord gehen.« 1988, in einem Interview beim Late-Night-Moderator Dave Letterman, erzählt Trump, dass er die Jacht vom berüchtigten Waffenhändler Khashoggi erworben habe. Er gibt zu, »sich schlecht gefühlt« zu haben, eine Jacht von einem Waffenschieber zu haben. Auf die Frage von Letterman, wie Menschen wie Khashoggi im persönlichen Umgang seien, antwortet Trump lachend: »Oh, sie sind wirklich liebenswert ... aber ich würde sagen, ihrer Natur entsprechend sind sie nicht die nettesten Menschen der Welt.«

Ein Jahr später wird Adnan Khashoggi in den USA aufgrund seiner Beteiligung an der Iran-Contra-Affäre verklagt. Er wird beschuldigt, als Mittelsmann und Finanzier dieser illegalen Waffendeals fungiert zu haben. Khashoggi wird schließlich in die USA ausgeliefert, um sich den Anklagen zu stellen. Der Fall wird von Rudy Giuliani geleitet, damals ein prominenter Staatsanwalt und später persönlicher Anwalt von US-Präsident Donald Trump. 1990 wird Khashoggi von allen Vorwürfen freigesprochen. aber sein einst großes Vermögen schwindet. Er zieht sich aus dem Rampenlicht zurück. In seinen späteren Jahren lebt er immer noch relativ luxuriös, jedoch unter deutlich bescheideneren Bedingungen. Er fliegt mit Linienflügen, entlässt den Großteil seiner Leibwächter und muss sich gegen Gläubiger wehren.

Jeffrey Epsteins Leben hingegen hat erneut eine drastische Wendung genommen, nachdem er sein Studium abgebrochen hatte, von der Dalton School entlassen worden war und freiwillig zu Bear Stearns ging. Illegale Geschäfte, juristische Ermittlungen und die daraus entstehenden Anwaltskosten drängen ihn zum Rückzug aus Europa. Geschickt zieht er sich aus der Affäre und taucht in einem neuen Umfeld auf. Er hatte sich rechtzeitig vor Beginn der Ermittlungen um die Iran-Contra-Affäre für eine Position im Investmentbanking in New York beworben.

Sein Mentor und Arbeitgeber, der britische Waffenhändler Douglas Leese, war zwar überzeugt von Epsteins Fähigkeiten, aber nicht zufrieden über dessen Umgang mit Finanzen. Epstein hat wohl in der Spesenabrechnung unangemessene Ausgaben in Höhe von Hunderttausenden Dollar eingereicht. Leese entlässt Epstein, empfiehlt ihn aber an Steven Hoffenberg, den Inhaber der *Towers Financial Corporation*, die sich auf den Kauf und das Eintreiben von Schulden spezialisiert hatte.

Hoffenberg hatte das Inkassounternehmen in den frühen 1970ern gegründet und es schnell zu einem der größten seiner Art in den USA entwickelt. 1987 engagiert Hoffenberg den inzwischen 40-jährigen Epstein. Er richtet Epsteins Büros in den Villard Houses in Manhattan ein und zahlt ihm für seine Beratungsdienste 25 000 US-Dollar pro Monat, was heute etwa 67 000 Dollar entsprechen würde. Im selben Jahr lernt Epstein Donald Trump kennen. Sie werden enge Freunde. 2002 wird Trump im *New York Magazine* über seine Freundschaft zu Epstein schwärmen und ihn als einen »terrific guy« (deutsch: »prima Kerl«) bezeichnen, der »schöne Frauen genauso mag wie ich«, und viele von ihnen seien »von der jüngeren Sorte.« Gemeinsam werden sie wilde Partys mit der High Society feiern, was später zu Kontroversen über Trumps mögliche Verstrickung in Epsteins Verbrechen führen wird.

Während Trump ab 1987 in den Casino-Markt von Atlantic City investiert, wo er durch wachsende Schulden und drohende Insolvenzen bald in ernsthafte finanzielle Schwierigkeiten gerät, ist Epstein zur gleichen Zeit in ein Ponzi-System bei Towers Financial verwickelt. Seine bemerkenswerte Fähigkeit, Menschen zum Kauf von Wertpapieren zu überreden, obwohl sie nicht einmal daran interessiert sind, bringen Towers Financial großen Erfolg ein. Zwischen 1988 und 1993 sammelt Towers Financial mehr als 400 Millionen Dollar ein, indem die Firma Anleihen und Schuldscheine an Investoren verkauft.

Dabei werden die Anleger allerdings durch gefälschte Finanzberichte in die Irre geführt. Das System funktioniert nach dem sogenannten Ponzi-Schema: Neues Geld von Investoren wird genutzt, um frühere Investoren auszuzahlen sowie um die Betriebskosten zu decken und sich selbst zu bereichern. Anstatt Gewinne zu erwirtschaften, wird das Geld einfach von neuen Anlegern an alte umverteilt, was das System letztendlich 1993 zum Scheitern bringt.

Das ist das Jahr, in dem Towers Financial Insolvenz anmeldet. Alan Cohen, der Konkursverwalter, beauftragt ausgerechnet zwei enge Vertraute von Epstein mit den Ermittlungen, die Anwälte Darren Indyke und Richard Kahn. Das führt zu keinerlei Konsequenzen für Epstein. Währenddessen erhebt die US-Börsenaufsichtsbehörde SEC Anklage gegen das Unternehmen. Epsteins Geschäftspartner Steven Hoffenberg wird zu 20 Jahren Haft, einer Geldstrafe von einer Million Dollar und einer Rückerstattung von 463 Millionen Dollar verurteilt.

Bemerkenswert ist, dass Bezirksstaatsanwältin Mary Jo White zwar Anklage gegen Hoffenberg erhebt, jedoch keine rechtlichen Schritte gegen Epstein unternimmt. Im November 2016 wird White ihre Position als Präsidentin der SEC niederlegen und in die Privatwirtschaft gehen, wo sie in Strafverfahren auch Leslie Wexner, den engsten Geschäftspartner von Epstein, vertreten wird.

Hoffenberg wird später immer wieder bekräftigen, dass Epstein zumindest mitverantwortlich für den Betrug war. Er wird erklären, warum er keine Beweise gegen Epstein vorlegte: Epstein habe einen guten Draht zum US-Justizministerium gehabt. Hoffenberg erklärt: »Ich glaubte, dass Jeffrey Epstein in der Lage gewesen wäre, mich zu diskreditieren und zu sagen, er sei der weiße Ritter und er sei makellos, und ich wusste, dass das sein Plan war. Sie können das Ausmaß der kontrollierenden Wirkung dieses Mannes nicht begreifen.« Epstein jedenfalls entkommt ungeschoren und macht sich mit Millionen von Dollar davon. Auf zu neuen Abenteuern!

Quellen:

»About the World Jewish Congress«. In: World Jewish Congress, online unter: https://www.worldjewishcongress.org/en/about, abgerufen am 12. August 2024.

Ramesh, Randeep: »Littlewoods faces writ after bribery case fails«. In: The Independent, 13. Juli 1997, online unter: https://www.independent.co.uk/news/business/littlewoods-faces-writ-after-bribery-case-fails-1250699.html, abgerufen am 12. August 2024.

Kessler, Ronald: *The Richest Man in the World: The Story of Adnan Khashoggi*. Warner Books, New York, 1986.

Yergin, Daniel: *The Prize: The Epic Quest for Oil, Money, and Power*. New York: Simon & Schuster, 1991.

Lusher, Adam: »Adnan Khashoggi – the ›whoremonger‹ whose arms deals funded a playboy life of decadence and ›pleasure wives‹«. In: The Independent, 29. Oktober 2019, online unter: https://www.independent.co.uk/news/long_reads/adnan-khashoggi-dead-saudi-arms-dealer-playboy-pleasure-wives-billionaire-lifestyle-wealth-profit-from-arms-sales-war-death-wealth-sex-superyacht-super-rich-iran-contra-iraq-alyamamah-thatcher-conspiracy-a7778031.html, abgerufen am 12. August 2024.

Dunne, Dominick: »Kashoggi's Fall«. In: Vanity Fair, 15. September 2008, online unter: https://www.vanityfair.com/magazine/1989/09/dunne198909, abgerufen am 12. August 2024.

Kinzer, Stephen: »Adnan Khashoggi, High-Living Saudi Arms Trader, Dies at 81«. In: The New York Times, 6. Juni 2017, online unter: https://www.nytimes.com/2017/06/06/world/middleeast/adnan-khashoggi-dead-saudi-arms-trader.html, abgerufen am 12. August 2024.

Thomas Jr., Landon: »Jeffrey Epstein – International Moneyman of Mystery«. In: New York Magazine, 28. Oktober 2002, online unter: https://nymag.com/nymetro/news/people/n_7912/, abgerufen am 12. August 2024.

Rosser, Nigel: »Andrew's Fixer? She's the daughter of Robert Maxwell and she's manipulating his jetset lifestyle«. In: The Evening Standard, 22. Januar 2001, online unter: https://www.mintpressnews.com/wp-content/uploads/2019/10/ANDREW_S-FIXER_SHE_S-THE-DAUGHTER-OF-ROBERT-MAXWELL-AND.pdf, abgerufen am 12. August 2024.

Webb, Whitney: »Former Spy Details Israel's Main Motive Behind Epstein's Sexual Blackmail Operation«. In: MintPress News, 13. Dezember 2019, online unter: https://www.mintpressnews.com/ari-ben-menashe-israel-relationship-jeffrey-epstein/263465/, abgerufen am 12. August 2024.

Ward, Vicky: »Was Jeffrey Epstein a Spy?«. In: Rolling Stone, 15. Juli 2021, online unter: https://www.rollingstone.com/culture/culture-features/jeffrey-epstein-steven-hoffenberg-intelligence-agencies-spy-1197708/, abgerufen am 12. August 2024.

Baab, Patrick, und Harkavy, Robert: *Im Spinnennetz der Geheimdienste. Warum wurden Uwe Barschel, Olof Palme und William Colby ermordet?* Westend, Frankfurt am Main, 2017.

Sloan, Allan: »The SEC vs. Steven Hoffenberg: A Case of Leaning Fortunes at Towers Financial?«. In: The Washington Post, 15. Februar 1993, online unter: https://www.washingtonpost.com/archive/business/1993/02/16/the-sec-vs-steven-hoffenberg-a-case-of-leaning-fortunes-at-towers-financial/0e51bbc0-4dbc-46fc-b38f-1f9df26abb5f/, abgerufen am 12. August 2024.

Henriques, Diana B.: Article 218049 – No Title. In: The New York Times, 18. Februar 1994, online unter: https://www.nytimes.com/1994/02/18/business/article-218049-no-title.html, abgerufen am 12. August 2024.

Orden, Erica: »After Jeffrey Epstein's death, prosecutors examine his inner circle«. In: CNN, 12. August 2019, online unter: https://

edition.cnn.com/2019/08/12/us/jeffrey-epstein-associates-investigation/index.html, abgerufen am 12. August 2024.

Tron, Gina: »Jeffrey Epstein Allegedly Took Part In Ponzi Scheme Before Creating ›Molestation Pyramid Scheme‹«. In: Oxygen True Crime Buzz, 3. Juni 2020, online unter: https://www.oxygen.com/true-crime-buzz/steven-hoffenberg-says-jeffrey-epstein-helped-him-with-ponzi-scheme, abgerufen am 12. August 2024.

Howard, Dylan; Cronin, Melissa; Robertson, James: *Dead Men Tell No Tales*. Skyhorse Publishing, Simon & Schuster, 2019.

5 Der goldene Käfig

»Epstein versteckte sich vor aller Augen. Wir alle wussten von ihm. Wir alle wussten, was er tat, aber wir hatten niemanden, der ihn verfolgte – es gab keine juristische Handhabe gegen ihn. Sie hatten Angst vor ihm. Aus welchem Grund auch immer, sie hatten Angst vor ihm.« Das sagt Cindy McCain, die Witwe von US-Senator John McCain, die als engagierte Aktivistin gegen Menschenhandel bekannt ist, auf der »State of the World 2020«-Konferenz in Florida.

Diese Worte verdeutlichen die schockierende Tatsache, dass Epsteins Verhalten weithin bekannt war, dass aber niemand bereit war, dagegen vorzugehen. Zwei Wochen nach dieser Konferenz reicht die Regierung der Amerikanischen Jungferninseln eine Klage gegen den Nachlass von Jeffrey Epstein ein, um 86 Millionen Dollar einzufordern. In der Klageschrift heißt es: »Das Epstein-Netzwerk transportierte Frauen und Kinder, hielt sie gefangen, missbrauchte sie sexuell, handelte mit ihnen und versteckte sie auf seinem Anwesen auf den Jungferninseln Dutzende Male über einen Zeitraum von fast zwei Jahrzehnten hinweg.«

Fast zwei Jahrzehnte? Das trifft es nicht ganz. Die erste Frau, die bei der Polizei Anzeige erstattet, weil Epstein und seine Partnerin Ghislaine Maxwell sie sexuell missbraucht habe, ist Maria Farmer, bereits im Jahr 1996. Ein Jahr zuvor ist die Amerikanerin noch als Kunststudentin an der New York Academy of Art eingeschrieben, als sie zum ersten Mal auf Jeffrey Epstein trifft. Wie jedes Jahr besucht Epstein die Abschlussausstellung, um Studenten bei ihrer Arbeit zu beobachten. Maria Farmer hat gerade eines ihrer Werke für 12 000 Dollar verkauft. Es ist eine Anspielung auf Edgar Degas' Gemälde *Interior* (auch bekannt als *The Rape*). Doch dann tritt die damalige Dekanin der New York Academy of Art, Eileen Guggenheim, an sie heran und drängt sie, das Gemälde für weniger als den vereinbarten Preis an Epstein und Maxwell zu veräußern. Trotz des vorherigen Verkaufs gibt Farmer dem Druck nach und überlässt ihnen das Werk für 6 000 Dollar.

Nach dem Vorfall, so berichtet es Maria Farmer gegenüber der *New York Times*, ruft Epstein sie an, um ihr einen Job anzubieten. Sie kann es kaum glauben und sagt sofort zu. Zunächst soll sie in seinem Namen Kunstwerke erwerben. Epstein erreicht es beispielsweise, dass sie Damian Loebs *Little Miss Pink Tomato* für ihn kauft, das Kinder im Alter zwischen fünf und sieben im Badeanzug bei einem Schönheitswettbewerb zeigt. Später soll Farmer den Empfangsbereich von Epsteins Stadtvilla in der East 71st Street in Manhattan betreuen, die gerade renoviert wird. So lernt sie im Alter von 25 Jahren die verstörende Welt von Epstein und Maxwell kennen. Neben den jungen Frauen, die sich regelmäßig für angebliche Model-Castings in der Villa aufhalten, kommen auch oft prominente und mächtige Männer zu Besuch.

Eines Tages erfährt Farmer von Epstein, dass sein ganzes Haus verkabelt und mit Lochkameras ausgestattet sei. Er nimmt sie sogar in einen versteckten, mit Monitoren gefüllten Raum mit. Als sie ihn fragt, was er mit dem Filmmaterial macht, antwortet Epstein: »Ich bewahre es auf. Ich bewahre alles in einem Safe auf.« Eine weitere Frau wird später die Existenz des Überwachungsraums bestätigen. Ihr hatte Epstein erzählt, dass er dort Bänder aufbewahre, die ihn »in Zukunft schützen werden«. Ein Beleg dafür, dass der Missbrauch systematisch war und auf Erpressung abzielte.

Ira Rosen, ein erfahrener Produzent der CBS-Sendung *60 Minutes*, wird 2021 in seinen Memoiren *Ticking Clock: Behind the*

Scenes at 60 Minutes ein Treffen mit Ghislaine Maxwell wenige Monate vor der US-Präsidentschaftswahl 2016 beschreiben. Rosen habe damals mit Maxwell über mögliche Aufnahmen von Donald Trump sprechen wollen, die möglicherweise in Epsteins Haus in Palm Beach aufgezeichnet wurden. Er habe zu Maxwell gesagt: »Ich will die Bänder. Ich weiß, dass er alles gefilmt hat, und ich will die Bänder von Trump mit den Mädchen.« Maxwell habe daraufhin nicht die Existenz der Bänder bestritten, aber geantwortet: »Ich weiß nicht, wo sie sind.« Sie fügte hinzu: »Wenn du Trump dranbekommst, musst du auch Clinton dranbekommen.« Rosen stimmte zu und sagte, er würde der Geschichte folgen, egal wohin sie führe. Maxwell schloss das Gespräch mit der Bemerkung, dass Hillary Clinton im Wahlkampf vorne liege und die Geschichte deshalb nicht notwendig sei. Danach sah Rosen sie nie wieder.

Im Frühjahr 1996 erhält Maria Farmer den Auftrag, zwei Kunstwerke für das Filmset von *As Good as It Gets (Besser geht's nicht)* mit Jack Nicholson in der Hauptrolle zu erstellen. Da ihre Wohnung im New Yorker Stadtteil Greenwich Village für diese Arbeit zu klein ist, bietet Epstein ihr an, als Artist-in-Residence in einem Gästehaus zu arbeiten. Das liegt auf dem Anwesen von Victoria's-Secret-Gründer Leslie Wexner in New Albany, Ohio. Epstein und Maxwell besuchen sie dort regelmäßig. Maria Farmer erwähnt ihnen gegenüber, dass sie eine 15-jährige Schwester namens Annie habe, die in Arizona lebe und die plane, aufs College zu gehen. Epstein bietet daraufhin an, Annie nach New York zu fliegen und sie zu betreuen.

An diesem Punkt beginnt laut Maria der sexuelle Missbrauch. Bei einem gemeinsamen Besuch von Epstein und Maxwell in Ohio soll sie zunächst aufgefordert worden sein, Epsteins Füße zu massieren. Dann hätten beide damit begonnen, Maria über ihrer Kleidung zu berühren. Aus Angst vor einer weiteren Grenzüberschreitung sei Maria geflohen und habe sich in einem anderen Teil des

Hauses verbarrikadiert. Trotz ihrer Versuche, den Ort zu verlassen, sei sie vom Sicherheitspersonal zwölf Stunden lang festgehalten worden, bis ihr Vater schließlich gekommen sei, um sie abzuholen. Ihrem Vater gegenüber zeigt Maria zwar ihre Enttäuschung über die Arbeitgeber, nennt aber nicht den Grund.

In dieser Zeit macht sich Epstein auch an Marias minderjährige Schwester Annie heran. Er lädt sie zu einer »Bildungsreise« nach Thailand ein. Sie fliegen gemeinsam los, aber machen einen überraschenden Zwischenstopp auf Epsteins abgelegener, 2500 Quadratmeter großen Zorro Ranch in New Mexico. Der sexuelle Missbrauch beginnt hier schrittweise und zunächst damit, dass Epstein nach einem Filmabend ihre Hand und ihren Unterschenkel streichelt.

In ihrem Tagebuch schreibt die 15-jährige Annie daraufhin: »Es war eines dieser Dinge, die mir ein komisches Gefühl gaben, aber nicht so komisch und wahrscheinlich normal waren« und »Das Einzige, was mir dabei seltsam war, war, dass er meine Hand losließ, als er mit Maria sprach«. Eines Morgens kommt Epstein in ihr Zimmer und sagt, dass er kuscheln wolle, während er sich neben ihr ins Bett legt. An einem anderen Tag bringt Epsteins Partnerin Ghislaine Maxwell Annie dazu, sich freizumachen, damit sie Annies Brüste massieren kann. Es folgen reihenweise unsittliche Berührungen, später auch gewaltsame Übergriffe.

Als Maria Farmer von ihrer 15-jährigen Schwester Annie erfährt, dass auch sie von Epstein und Maxwell belästigt worden ist, wächst in ihr der Mut, zur Polizei zu gehen. Kurz darauf erhält sie einen Anruf von Maxwell, die Maria droht, all ihre Kunstwerke zu verbrennen und ihre Karriere zu ruinieren. In Panik wendet sich Maria an die örtliche Polizei, um sowohl die Übergriffe in Ohio als auch die Drohungen zu melden, was ihre Kunstwerke angeht. Doch die Polizei verweist sie an das FBI, da der Vorfall außerhalb ihrer Zuständigkeit liege. Sie wendet sich noch im Sommer 1996 an das FBI, doch ihre Vorwürfe werden dort nicht weiter verfolgt.

Die Farmer-Schwestern geben schließlich auf. Es scheint ihnen, dass Epstein und Maxwell zu mächtig und einflussreich sind, um sie jemals zur Rechenschaft ziehen zu können.

Das ändert sich erst, als im März 2005 eine verzweifelte, aufgebrachte Mutter beim Police Department von Palm Beach, Florida, anruft. Sie behauptet, dass ihre 14-jährige Tochter sexuell missbraucht worden sei. Aus Furcht weigert sie sich zunächst, den Namen ihrer Tochter zu nennen. Sie erzählt, dass der Mann sehr wohlhabend sei und in einer Villa in Palm Beach wohne. Er habe Teenager dort hingelockt und ihnen 300 Dollar gezahlt, damit sie sich bis auf die Unterwäsche ausziehen und ihn massieren.

Die Mutter hat das über Umwege erfahren. Ihre Stieftochter, die zu dieser Zeit unter der Woche in einer Erziehungseinrichtung für Schwererziehbare lebt, ist auf dem Schulhof ihrer High School in einen Streit geraten. Eine Freundin hat in ihrer Handtasche 300 Dollar entdeckt und sie deshalb »Hure« genannt. Und eine andere Freundin hat vor Wut ihre Faust gegen die Wand geschlagen. Als sich die Gerüchte über das Mädchen in der Schule verbreiten, verlässt sie die Schule.

Bald darauf bekommt die 14-Jährige Besuch vom Polizeikommissar von Palm Beach, Joseph Recarey. Im Beisein eines Therapeuten fragt er sie aus. Sie fängt an zu weinen, gräbt ihre Finger in die Oberschenkel und schildert ihre Erlebnisse in allen erschreckenden Details. Sie erzählt dem Kommissar, wie sie in eine Villa gegangen und eine Wendeltreppe zum Schlafzimmer hinaufgestiegen sei. Dort habe eine unfreundliche, blonde Frau von etwa 25 Jahren Laken und Lotionen auf der Massageliege ausgebreitet und das Zimmer verlassen. Dann sei ein grauhaariger Mann gekommen, der bis auf ein Handtuch nackt gewesen sei. Er habe dem Mädchen im strengen Tonfall befohlen, sich auszuziehen. Während sie seine Brust massiert habe, habe er sich selbst berührt und dann einen Vibrator in ihren Schritt eingeführt.

Kommissar Recarey ist tief entsetzt. Er bittet das Mädchen um eine Beschreibung des Täters. Als sie Epsteins Bild bei einer Gegenüberstellung identifiziert, stürzt sich Recarey in eine einjährige verdeckte Ermittlung, um herauszufinden, was genau hinter den Mauern von Epsteins Villa vor sich geht. Er beginnt damit, den Müll von Epstein zu durchsuchen. Dabei entdeckt er Notizzettel, auf denen Namen und Telefonnummern von potenziellen Opfern stehen, wie er später recherchiert. Außerdem findet er Amazon-Quittungen, die zeigen, welche Bücher Epstein gekauft hatte: 1. SM 101: *A Realistic Introduction*, 2. *SlaveCraft: Roadmaps for Erotic Servitude* und 3. *Training with Miss Abernathy: A Workbook for Erotic Slaves and Their Owners*, alle drei Bücher, die sich mit BDSM und Sexsklaverei befassen. Diese Informationen werden im August 2019 aus Gerichtsdokumenten hervorgehen, die im Zusammenhang mit einem Verleumdungsprozess gegen Epsteins Partnerin Ghislaine Maxwell veröffentlicht werden.

Im Oktober 2005 wird ein Durchsuchungsbefehl für Epsteins Villa in El Brillo Way in Palm Beach ausgestellt. Als die Polizei das 1300-Quadratmeter-Anwesen mit sechs Schlafzimmer, sieben Bädern, einem großen Swimmingpool und einer Uferpromenade entlang der Atlantikküste betritt, ist Epstein nicht anwesend.

Bei der Durchsuchung machen Recarey und sein Team eine Reihe verstörender Entdeckungen: An einer Wand hängt eine seltsame Zeichnung eines Babys neben einem Totenkopf, worunter zwei Zitate stehen: »Ein Freund kann als das Meisterwerk der Natur gelten« von Ralph Emerson und »Lebe lang und gedeihe« des Star-Trek-Charakters Spock. In einem der Bäder steht ein Hochfrequenzgerät, das für kosmetische Gesichtsbehandlungen verwendet wird. Ein kleiner Teddybär sitzt auf einem Nachttisch neben der Nachbildung eines Leuchtturms. Auf einem Schreibtisch ist das eingerahmte Foto eines Mannes zu sehen, der mit einem Baby spricht. Mehrere Fotos zeigen Nacktporträts von jungen Frauen, eines zeigt zwei Personen im Bett. Zwischen Urlaubsfotos und anzüglichen Gemälden sieht man ein Foto von Epstein und Ghislaine Maxwell bei einer Audienz mit Papst Johannes Paul II. Einige Fotos wurden vom FBI unkenntlich gemacht, wie das eines Kindes im Alter von höchstens sechs oder sieben Jahren, das sich in einem winzigen Kleidchen nach vorne beugt.

Das Team findet zwar belastende Beweise wie telefonisch hinterlassene Nachrichten, Notizblöcke, Quittungen und ein Adressbuch, aber ihnen fällt auf, dass viele Computer fehlen. Recarey folgert daraus, dass Epstein rechtzeitig einen Hinweis auf die bevorstehende Durchsuchung erhalten haben muss. Laut den Gerichtsdokumenten, die im Januar 2024 veröffentlicht werden, soll angeblich Epsteins Assistentin, das polnische Model Adriana Ross, die Computer entfernt haben lassen. Später werden Bundesstaatsanwälte – erfolglos – versuchen, diese Computer im Rahmen ihrer Ermittlungen zu beschaffen.

Auf Grundlage der sichergestellten Dokumente findet Polizeikommissar Recarey 34 Mädchen und junge Frauen, die dann von ihm befragt werden. Die Geschichten der Mädchen sind in ihrer Ähnlichkeit erschreckend. Recarey wird schnell klar, dass es sich hier um sexuellen Missbrauch nach dem Prinzip eines Schneeballsystems handelt. Es seien immer schlanke, junge Mädchen gewesen, die von anderen Mädchen im College, im Einkaufszentrum oder im Park angesprochen wurden. Epsteins Motto habe dabei gelautet: »Je jünger, desto besser.«

Wie aus dem Gerichtsurteil vom Juni 2022 gegen Epsteins Partnerin Maxwell klar wird, rekrutierte auch sie junge Mädchen, indem sie ihnen auflauerte und versuchte, sich mit ihnen anzufreunden. Das tat sie, indem sie die Mädchen über ihr Leben, ihre Schule und ihre Familie ausfragte oder ins Kino oder zum Einkaufen mitnahm. In jedem Fall wurde den Mädchen gesagt, sie könnten 200 Dollar verdienen, wenn sie einen reichen Mann nackt massierten. Eine Regel war: Sie mussten Epstein sagen, dass sie 18 Jahre alt waren. Und: »Je mehr du tust, desto mehr Geld bekommst du.«

Ein Mädchen erzählt der Polizei, dass sie Epstein etwa fünfzig Mal besucht habe. Ein anderes sagt, dass sie Hunderte Male dort gewesen sei. Sie habe dabei auch Sex mit Epstein und seiner 19-jährigen Assistentin Nada Marcinkova gehabt. Ihr wurde erzählt, dass Epstein Marcinkova im Alter von 15 Jahren von ihren Eltern in Osteuropa gekauft habe. Epstein bezeichnete Marcinkova als »Sex-Sklavin«. Er hat sie als Pilotin ausgebildet, damit sie seinen Privatjet fliegen konnte. Laut Medienberichten fehlt von Marcinkova seit der Veröffentlichung der sogenannten Epstein-Files im Januar 2024 jede Spur.

Im Dezember 2006, als sich die Ermittlungen weiter zuspitzen, stellt Epstein ein Team von Topanwälten zusammen, darunter Jay Lefkowitz und Kenneth Starr von der Anwaltskanzlei *Kirkland and Ellis*. Lefkowitz war in der Regierung von George W. Bush stellvertretender Politikdirektor und Sondergesandter für Nordkorea. Starr war derjenige, der die Monica-Lewinsky-Affäre untersucht hat, eine Affäre zwischen Präsident Bill Clinton und der Praktikantin Monica Lewinsky, die zur Einleitung eines Amtsenthebungsverfahrens gegen Clinton führte. Starr und Lefkowitz waren beide Mitglieder der konservativen *Federalist Society*, einer Organisation, die sechs Richter am Obersten Gerichtshof stellt, darunter Samuel Alito, der Mentor von Alexander Acosta war, der als Staatsanwalt für Südflorida den Fall verfolgen sollte.

Epstein setzt noch ein schweres Geschütz ein: Alan Dershowitz. Der renommierte Anwalt und emeritierte Harvard-Rechtsprofessor war jahrzehntelang als juristischer Berater Israels tätig. Sein bekanntestes Buch heißt *The Case of Israel*, eine Rechtfertigung für die israelische Politik. Im Jahr 2014 wird er selbst ins Kreuzfeuer geraten, als gegen ihn Vorwürfe des sexuellen Missbrauchs erhoben werden. Virginia Guiffre, ein Opfer Epsteins, wird behaupten, an Dershowitz »ausgeliehen« worden zu sein. Dershowitz wird alle, auch die von anderen Frauen erhobenen Vorwürfe von sich weisen. Eine Klage von Guiffre gegen ihn wird 2022 beigelegt werden und sie wird erklären, sie sei jung, traumatisiert und gestresst gewesen und habe deshalb bei der Identifizierung des Täters »möglicherweise einen Fehler gemacht«.

Dershowitz, der zehn Jahre zuvor auch an der Verteidigung des Football-Stars O. J. Simpson mitgewirkt hatte, stürzt sich auf den Staatsanwalt von Palm Beach County, Barry Krischer. Dershowitz versucht, die Glaubwürdigkeit der Opfer infrage zu stellen, indem er ihre Social-Media-Profile präsentiert, wo angeblich Bezüge zu Sex, Alkohol und Drogen zu erkennen sind. Anfang 2007 berichten Opfer und ihre Familien, dass sie durch von Epstein bezahlte Privatdetektive belästigt und bedroht werden.

Die Polizei von Palm Beach meldet diese Vorfälle dem FBI, doch es hat keine Konsequenzen für Epstein. Die Staatsanwaltschaft versucht im April 2007, einen Deal mit Epstein auszuhandeln, der nur einen Schuldspruch wegen schwerer Körperverletzung vorsieht, aber keine Gefängnisstrafe. Doch Epstein lehnt aus unbekannten Gründen ab. Michael Reiter, der Polizeichef von Palm Beach, spricht von einer »höchst ungewöhnlichen« Art, wie Krischer den Fall behandelt. Er deutet an, Krischer wolle sich möglicherweise selbst disqualifizieren.

Laut Philip Giraldi, einem ehemaligen CIA-Spezialisten und Offizier der *Defense Intelligence Agency*, torpedierte Staatsanwalt Krischer den Fall nicht aus eigenem Antrieb. Krischer, der 2018 einen Preis der *Anti-Defamation League* (ADL) erhielt, habe eng »mit dem fanatischen Pro-Israel-Anwalt von Epstein, Alan Dershowitz, eine Schlüsselrolle bei der unzureichenden Bestrafung von Epstein« gespielt. Giraldi beruft sich auf einen Bericht des *New Yorker*, wo polizeiliche Ermittler im Fall Epstein beobachteten, dass sich »der

Ton und der Tenor der Diskussionen über diesen Fall mit Krischer nach seinen Treffen mit Dershowitz völlig verändert habe«.

Von den 34 Opfern sagen letztlich nur drei vor der Grand Jury aus. Es wirkt wie ein abgekartetes Spiel. Daliah Weiss, die als knallharte Staatsanwältin in der Abteilung für Sexualverbrechen an Kindern bekannt ist, muss zurücktreten. Epsteins Schachzug: Er beauftragt die Anwaltskanzlei ihres Mannes *Goldberger & Weiss* zur Verteidigung, um dann einen Interessenkonflikt herzustellen. Die stellvertretende Staatsanwältin unter Barry Krischer, Lanna Belohlavek, sagte bereits fünf Monate vor der Anhörung zu Polizeibeamten über den Fall: »Es gibt hier keine echten Opfer.«

Bei der Anhörung fällt Belohlavek ihrer eigenen Zeugin, einem 14-jährigen Mädchen, in den Rücken, indem sie sie fragt: »Du weißt, dass du eine Straftat begangen hast?«, und verweist auf die von Dershowitz eingereichten Social-Media-Profile, die eine Sexualisierung belegen sollen. Auch Polizeikommissar Recarey wird vorgeladen. Er tritt mit einem dicken Stapel Akten voller Beweise vor die Grand Jury, darf sie aber weder vorlegen noch wird er zu ihnen befragt. Im Juli 2007 erhebt die Grand Jury Anklage gegen Epstein, jedoch nur wegen Anstiftung zur Prostitution in einem einzigen Fall. Dabei wird das Alter des Opfers, das bei der Tat erst 14 Jahre alt war, nicht berücksichtigt.

Das führt zu medialer Kritik, da der Tatbestand der Anstiftung zur Prostitution üblicherweise nicht auf Minderjährige angewendet wird, sondern nur auf Erwachsene. Daraufhin wird Epstein verhaftet. Er verbringt eine Nacht im County-Gefängnis von Palm Beach und wird am nächsten Tag gegen eine Kaution von 3 000 Dollar freigelassen.

Parallel zu dieser milden Behandlung sieht sich Acosta höchstpersönlich in der Verantwortung, mit Epsteins Anwaltsteam einen geheimen Deal zu verhandeln. Epsteins Anwälte Jay Lefkowitz und Kenneth Starr von der Anwaltskanzlei *Kirkland and Ellis* kennt er persönlich. Acosta hatte zuvor selbst für diese Kanzlei gearbeitet.

Ein Großteil der außergerichtlichen Verhandlung 2007 läuft per E-Mail ab. Der E-Mail-Verkehr zeigt, dass die Staatsanwälte gelegentlich private E-Mail-Adressen für die Kommunikation mit Epsteins Verteidigungsteam nutzen. Medienanfragen, die Jahre später den Verbleib bestimmter E-Mails hinterfragen, werden mit dem Hinweis auf einen »technischen Fehler« beantwortet. In Wahrheit führen Bundesstaatsanwalt Acosta und sein Team die Gespräche mit der Gegenseite lieber telefonisch oder persönlich, um keine schriftlichen Aufzeichnungen zu hinterlassen. Das zeigt eine Reihe von Briefen und E-Mails zwischen Staatsanwälten und Epsteins Verteidigungsteam, die in der Enthüllungsserie von Julie K. Brown im *Miami Herald* zitiert werden.

Acosta fährt sogar aus Miami in das 120 Kilometer entfernte West Palm Beach, um sich heimlich mit Lefkowitz zu treffen. Bei diesem Treffen, so zeigen später veröffentlichte E-Mails, stimmt Acosta zu, die Vereinbarungen geheim zu halten. Eine E-Mail der leitenden Staatsanwältin Marie Villafana zeigt auf, wie sehr diese Verhandlungen Epstein dienen anstatt der Gerechtigkeit gegenüber den Opfern. Villafana schreibt inmitten der Verhandlungen an Epsteins Anwalt Lefkowitz: »Ich dachte, wir hätten bei der Beilegung dieses Streits sehr gut zusammengearbeitet. [...] Ich habe das Gefühl, dass ich mir ein Bein ausgerissen habe, um die Auswirkungen der Vereinbarung auf Herrn Epstein im Auge zu behalten.« Weder spielen die Opfer bei den Verhandlungen eine Rolle, noch werden sie, obwohl das gesetzlich vorgeschrieben ist, über das Zustandekommen eines Deals vorab informiert.

Der geheime Deal, der später in den Medien als »Sweetheart Deal« bezeichnet werden wird, umfasst folgende Vereinbarungen: Epstein bekennt sich zu zwei geringeren Anklagepunkten schuldig, darunter die Anstiftung zur Prostitution eines minderjährigen

Mädchens, was ihm ermöglicht, schwerwiegendere Bundesanklagen zu vermeiden. Der Deal sieht eine ungewöhnlich milde Haftstrafe von 18 Monaten vor, von denen er nur 13 Monate unter sehr lockeren Bedingungen verbüßen soll. Im Vergleich zu den gesetzlichen Vorgaben, die eine Mindeststrafe von zehn Jahren bis hin zu lebenslänglich für solche Verbrechen vorsehen, absurd milde.

Zudem gewährt der Deal Immunität vor Strafverfolgung für potenzielle Mitverschwörer, wobei vier Frauen namentlich genannt werden: Sarah Kellen, Nadia Marcinkova, Adriana Ross und Lesley Groff. Alle vier sind Angestellte bei Epstein, die ihm bei der Rekrutierung und Betreuung der minderjährigen Mädchen halfen. Eine weitere Vereinbarung besagt, dass Epstein sich zwar als Sexualstraftäter registrieren lassen muss, jedoch wird seinen Anwälten die Möglichkeit eingeräumt, Schlupflöcher zu nutzen, um diese Auflage in einigen Gerichtsbarkeiten zu umgehen. Letztlich hat der Deal, laut dem *Miami Herald,* »im Wesentlichen eine laufende FBI-Untersuchung beendet, die darauf abzielte herauszufinden, ob es weitere Opfer und andere mächtige Personen gab, die an Epsteins Sexualverbrechen beteiligt waren.«

Am 30. Juni 2008 fährt Jeffrey Epstein in einem schwarzen SUV vor, um seine Haftstrafe im Palm Beach County Jail anzutreten. Von Tag eins an ist klar, sein Reichtum und sozialer Status werden ihm zahlreiche Privilegien im Knast verschaffen. Im Grunde genommen kommt er nur zum Schlafen ins Gefängnis. Wenn er schläft, darf er das in völliger Dunkelheit, im Gegensatz zu den anderen Insassen, deren Zellen schwach beleuchtet sein müssen, um die Überwachung zu gewährleisten. Epsteins Zellentür bleibt oft unverschlossen. Das weibliche Gefängnispersonal findet das beunruhigend, weil er gelegentlich nackt in seiner Zelle steht.

Er hat Zugang zu einem Fernseher und einem Computer, den er nutzt, um über Skype mit einer seiner Assistentinnen zu kommunizieren. Über sein Hausgeldkonto im Gefängnis bestellt er ungewöhnliche Dinge, darunter zwei Paar Damenunterwäsche in Größe fünf, rund 800 Tassen Kaffee und 22 Tuben Zahnpasta. Er bittet auch eine seiner Anwaltsgehilfinnen darum, ihm ein Buch mit dem Titel *Gesichtsübungen zur Vorbeugung vorzeitigen Alterns* zu bringen.

Epstein erhält auch eine Genehmigung zur Teilnahme an einem »Work-Release«-Programm, das ihm erlaubt, das Gefängnis täglich zu verlassen und in einem Büro zu arbeiten, das speziell für ihn in der Kanzlei seines Anwalts in West Palm Beach eingerichtet wurde. Dieses Büro ist so konzipiert, dass es Epstein erlaubt, bis zu zwölf Stunden am Tag dort zu verbringen, begleitet von einem Sheriff, der ihn bewachen soll. Während seiner Arbeitszeit werden ihm zahlreiche Freiheiten gewährt, die Insassen normalerweise nicht zustehen, einschließlich der Möglichkeit, persönliche Besuche zu empfangen und seine Geschäfte weiterhin zu führen.

In den Besuchsprotokollen des Palm Beach County Jail, die im Juli 2019 dem *CNBC* vorlagen, sind 340 Besucher verzeichnet: sein Anwalt Alan Dershowitz, seine Assistentinnen Sarah Kellen und Nadia Marcinkova (mit insgesamt mehr als 70 Besuchen) und Arnold Prosperi, ein Studienfreund von Bill Clinton (20 Besuche). Der häufigste Besucher ist jedoch Story Cowles (130 Besuche), der sich als Anwaltsgehilfe ausgibt. In Wirklichkeit scheint er eher als Betreuer oder Aufpasser für Epstein zu fungieren, den die Anwaltskanzlei Goldberger vermutlich engagiert hat, um Epstein Gesellschaft zu leisten.

Epstein nutzt diese Gelegenheiten, um sich über hundert Mal für mehrere Stunden mit seinen Anwälten zu treffen. Darüber hinaus nimmt er regelmäßig Arzttermine wahr und besucht sogar seine Villa in Palm Beach, was auf eine äußerst lockere Überwachung durch den ihm zugewiesenen Sheriff hindeutet. Epsteins elektronische Fußfessel zeigt häufig die Fehlermeldung »not working«.

Epstein verbüßt fast dreizehn Monate im Gefängnis, bevor er am 22. Juli 2009 freigelassen wird. Anschließend verbringt er ein Jahr unter Hausarrest auf Bewährung, bis August 2010. Während dieser Zeit darf er zahlreiche Reisen mit seinem Firmenjet zu seinen Wohnsitzen in Manhattan und auf den US-amerikanischen Jungferninseln unternehmen. Außerdem werden ihm ausgedehnte Einkaufstouren und Spaziergänge in Palm Beach »zur Bewegung« gestattet.

Nach einer Gerichtsentscheidung im Januar 2011 bleibt Epstein in New York als »Level-3-Sexualstraftäter« registriert, was ihn als hochriskant für Wiederholungstaten einstuft und eine lebenslange Überwachung bedeutet. Der Bezirksstaatsanwalt von Manhattan, Cyrus Vance Jr., versucht diese Einstufung auf das niedrigere Risiko »Level 1« herabzusetzen, doch der Richter lehnt ab. Obwohl Epsteins Anwalt argumentiert, dass sein Hauptwohnsitz auf den US-Jungferninseln liege, entscheidet der Richter, dass Epstein sich alle 90 Tage persönlich bei der New Yorker Polizei melden muss.

Trotz dieser Vorschrift setzt die New Yorker Polizei die 90-Tage-Regel jedoch nie durch, obwohl eine Nichtbefolgung strafbar ist. Epsteins Leben kann also weitergehen, als ob nichts geschehen sei. Damit endet dieses Kapitel seiner Haft vorerst. Derweil bereiten im Hintergrund andere Opfer, die bisher nicht öffentlich aufgetreten sind, mit ihren Anwälten die nächsten Schritte vor.

Die Versuche von Polizeikommissar Joseph Recarey und Polizeichef Michael Reiter aus Palm Beach, Epstein zur Strecke zu bringen, scheinen zu diesem Zeitpunkt hoffnungslos. Doch viele Jahre später werden sie schließlich als entscheidend anerkannt. Immerhin sind Recarey und Reiter die Ersten, die die Zusammenhänge eines offenbar gut organisierten Missbrauchsrings erkennen. Sie informieren die Öffentlichkeit über neue Details zu den Ermittlungen und üben so Druck auf den Staatsanwalt Barry Krisher aus, damit er den Fall nicht ganz fallen lässt. Sie sind es, die bereit waren, ihre Karrieren zu riskieren, um Epstein zur Rechenschaft zu ziehen. Sie lassen nicht locker, während viele Journalisten die Geschichte nicht weiterverfolgen. Recarey konnte die Früchte seiner Anstrengungen nicht sehen. Er starb 2018 nach einer »kurzen Krankheit« im Alter von fünfzig Jahren. Näheres zu den Umständen seines Todes wurde nicht bekannt gegeben.

Hingegen wurde Acosta von später Gerechtigkeit getroffen: Der Staatsanwalt, der es unter Donald Trump zum Arbeitsminister gebracht hatte, musste im Juli 2019 zurücktreten, nachdem der Fall Epstein wieder aufgerollt worden war.

Quellen:

Florida International University: »The Scourge of Human Trafficking with Cindy McCain – State of the World 2020«. In: YouTube, Video vom 10. Januar 2020, online unter: https://youtu.be/IrMgqXRrJ7g, abgerufen am 16. August 2024.

Carlson, Suzanne: »V.I. sues Jeffrey Epstein's estate«. In: Virgin Islands Daily News, 16. Januar 2020, online unter: https://www.virginislandsdailynews.com/news/v-i-sues-jeffrey-epstein-s-estate/article_3ad065a0-1282-59c6-9b41-bc625d682f35.html, abgerufen am 16. August 2024.

Corbett, Rachel: »Jeffrey Epstein Accuser Maria Farmer Says the New York Academy of Art Helped Enable the Disgraced Financier«. In: Artnet News, 26. August 2019, online unter: https://news.artnet.com/art-world/maria-farmer-new-york-art-academy-1610506, abgerufen am 16. August 2024.

Baker, Mike: »The Sisters Who First Tried to Take Down Jeffrey Epstein«. In: The New York Times, 26. August 2019, online unter: https://www.nytimes.com/2019/08/26/us/epstein-farmer-sisters-maxwell.html, abgerufen am 16. August 2024.

Rosen, Ira: *Ticking Clock: Behind the Scenes at 60 Minutes*. St. Martin's Press, New York, 2021.

Blanco, Andreas: »Two women tried to expose Jeffrey Epstein three decades ago. Why didn't the FBI stop him?«. In: The Independent, 28. Januar 2024, online unter: https://www.independent.co.uk/news/world/americas/farmer-sisters-epstein-fbi-abuse-b2479602.html, abgerufen am 16. August 2024.

»Jeffrey Epstein accuser Maria Farmer says Ghislaine Maxwell threatened her life, FBI ›failed‹ her«. In: CBS News, 19. November 2019, online unter: https://www.cbsnews.com/news/jeffrey-epstein-accuser-maria-farmer-says-ghislaine-maxwell-threatened-her-life-after-assault-fbi-failed/, abgerufen am 16. August 2024.

Levine, Barry: *The Spider*. New York, Crown, 2020. (Telefoninterview mit Spencer Kuvin am 16. April 2020).

O'Connell, Jonathan: »Epstein accuser holds Victoria's Secret billionaire responsible, as he keeps his distance«. In: The Washington Post, 5. Oktober 2019, online unter: https://www.washingtonpost.com/business/economy/epstein-accuser-holds-victorias-secret-billionaire-responsible-as-he-keeps-his-distance/2019/10/05/1b6baf6c-d0d3-11e9-b29b-a528dc82154a_story.html, abgerufen am 16. August 2024.

Weiss, Philip: »The Fantasist«. In: New York Magazine, 7. December 2007, online unter: https://nymag.com/news/features/41826/, abgerufen am 16. August 2024.

Schindler, John R.: »It Sure Looks Like Jeffrey Epstein Was a Spy – But Whose?«. In: The Observer, 7. Oktober 2019, online unter: https://observer.com/2019/07/jeffrey-epstein-spy-intelligence-work/, abgerufen am 16. August 2024.

Ward, Vicky: »Jeffrey Epstein's Sick Story Played Out for Years in Plain Sight«. In: The Daily Beast, 19. August 2019, online unter: https://www.thedailybeast.com/jeffrey-epsteins-sick-story-played-out-for-years-in-plain-sight, abgerufen am 16. August 2024.

Sarnoff, Conchita: »Jeffrey Epstein, Billionaire Pedophile, Goes Free«. In: The Daily Beast, 19. August 2019, online unter: https://www.thedailybeast.com/jeffrey-epstein-billionaire-pedophile-goes-free, abgerufen am 16. August 2024.

Dickinson, Tim: »Court Documents Reveal Epstein's Incriminating Sex-Slave Study Habits«. In: Rolling Stone, 12. August 2019, online unter: https://www.rollingstone.com/culture/culture-news/jeffrey-epstein-sex-slave-bdsm-books-amazon-870612/, abgerufen am 16. August 2024.

Brown, Julie K.: »Cops worked to put serial sex abuser in prison. Prosecutors worked to cut him a break«. In: Miami Herald,

28. November 2018, online unter: https://www.miamiherald.com/news/local/article214210674.html, abgerufen am 16. August 2024.

»ADL Honors Suskauer, Krischer«. In: The Florida Bar News, 15. Dezember 2018, online unter: https://www.floridabar.org/the-florida-bar-news/adl-honors-suskauer-krischer/, abgerufen am 16. August 2024.

Bruck, Connie: »Alan Dershowitz, Devil's Advocate«. In: The New Yorker, 29. Juli 2019, online unter: https://www.newyorker.com/magazine/2019/08/05/alan-dershowitz-devils-advocate, abgerufen am 16. August 2024.

Swaine, Jon: »Jeffrey Epstein scandal – women with new identities run firms from Epstein-linked property«. In: The Guardian, 7. Januar 2015, online unter: https://www.theguardian.com/us-news/2015/jan/07/jeffrey-epstein-former-accomplices-property-prince-andrew, abgerufen am 16. August 2024.

McHardy, Martha: »Who is Nadia Marcinko? Jeffrey Epstein's ›sex slave‹ missing since documents released«. In: The Independent, 9. Januar 2024, online unter: https://www.independent.co.uk/news/world/americas/nadia-marcinko-jeffrey-epstein-documents-b2475553.html, abgerufen am 16. August 2024.

Gould, Martin: »EXCLUSIVE: Fully-equipped dentist chair, close-ups of young girls' backsides and a teddy by his bed«. In: Daily Mail, 14. Juli 2016, online unter: [https://www.dailymail.co.uk/news/article-3688656/A-fully-equipped-dentist-s-chair-close-photos-young-girls-backsides-eerie-images-videotaped-walk-billionaire-pedophile-Jeffrey-Epstein-s-Florida-mansion.html

6 Die letzten Züge

Um das Jahr 2012, drei Jahre nach seiner Haftentlassung, startet Epstein eine Image-Kampagne. Dabei wirft er mit Millionen von Dollar um sich, um sich als großzügiger Wohltäter zu inszenieren. Über *PR Newswire* werden fast täglich Pressemitteilungen veröffentlicht, die Spenden der *Jeffrey Epstein VI Foundation* für wohltätige Zwecke verkünden. Ob Epstein all seine großspurigen Versprechen tatsächlich erfüllt hat, bleibt jedoch ungewiss.

In den Pressemitteilungen wird Epstein als »Wissenschafts-Philanthrop«, »Bildungsaktivist«, »Evolutionist«, »Wissenschaftspatron« und »ungewöhnlicher Hedgefonds-Manager« vorgestellt. Seine Stiftung etabliert ein Stipendienprogramm am *International Peace Institut (IPI)*, in dessen Vorstand zwei seiner engen Kontakte sitzen: der norwegische Diplomat Terje Rød-Larsen als Präsident und der US-amerikanische Medienmogul Mortimer Zuckerman als Chairman Emeritus.

Rød-Larsen, der Präsident des *International Peace Institute* war, wird im Oktober 2020 in die Schlagzeilen geraten. Das *Wall Street Journal* deckt auf, dass er im Lauf der Jahre mehrere Treffen mit Epstein hatte und dass das IPI beträchtliche Spenden von Epstein erhalten hat. Daraufhin wird er von seinem Posten zurücktreten. Zuckerman, lange Besitzer der *New York Daily News*, wird ebenfalls im *Wall Street Journal* erwähnt, weil er in Jeffrey Epsteins Terminkalender mit mehreren Treffen auftaucht. Er hat sich bis heute nicht dazu geäußert.

Epstein kündigt im Rahmen seiner Image-Kampagne auch an, Schulen im vom Erdbeben zerstörten Haiti zu bauen, Musiktherapie für Frühgeborene zu unterstützen, Computerprogramme für Kleinkinder zu entwickeln und das Online-Lernprogramm *NeuroTV* zur Gehirnforschung zu starten. Auf den Amerikanischen Jungferninseln gründet er ein Jugend-Fußball-Trainingslager, ein Jugendorchester, die erste Tierschutzorganisation, das erste Bildungsförderungsprogramm und den ersten Studenten-Radiosender. Er finanziert Forschungsprojekte zu unheilbaren Krankheiten wie Multiple Sklerose, Alzheimer, Parkinson und AIDS sowie zu künstlicher Intelligenz, freidenkenden Robotern, humanoider Software und einem Haiflossenverbot in China.

Auf seiner Website *jeffreyepsteinscience.com*, die 2013 online geht, präsentiert sich Epstein zudem als ehemaliges Vorstandsmitglied der *Rockefeller University*, der von John D. Rockefeller, dem Industriellen und Vorstand der *Standard Oil Company*, gegründeten Universität. Die Rockefeller-Familie, bekannt für ihr immenses Vermögen und ihren weltweiten Einfluss, hat Generationen von Wirtschafts- und Politikstrategien geprägt.

Auch David Rockefeller, der Enkel von John D. Rockefeller, taucht in dem Adressbuch von Epstein auf. Er war Finanzier, Ehrenvorsitzender und Treuhänder der Universität. In den 1990er-Jahren berief David Rockefeller Epstein in den Vorstand der *Rockefeller University*. Um das Jahr 2000 Jahren kursierten sogar Gerüchte, dass Epstein das Milliardenvermögen von David Rockefeller verwaltet.

Zu dieser Zeit war Epstein laut Eigendarstellung auf seiner Website jeffreyepstein.org auch Mitglied der von Rockefeller gegründeten *Trilateralen Kommission*, einem exklusiven Club, der aus führenden Vertretern von Wirtschaft, Medien und Politik aus aller Welt besteht. Diese Kommission ist dafür bekannt, Einfluss auf politische Entscheidungen zu nehmen. Sie mobilisiert ihre Mitglieder, darunter ehemalige Präsidenten, Premierminister und hochrangige Regierungsbeamte, um, wie jüngst, globale Initiativen voranzutreiben. Etwa die Schaffung eines globalen CO2-Preises oder die

Regulierung von digitalem Handel und künstlicher Intelligenz. Zuvor hat sie zur Entwicklung globaler Institutionen wie der Welthandelsorganisation (WTO) und der Europäischen Union (EU) beigetragen, hat die Gestaltung einer koordinierten globalen Energiepolitik unterstützt und hat transatlantische Allianzen zur Förderung einer stabilen internationalen Ordnung vorangetrieben. Weder die Kommission noch ihre Mitglieder haben sich jemals zu Epsteins Rolle oder zu dessen Einfluss auf ihre Aktivitäten geäußert.

Epstein war zudem 15 Jahre lang Mitglied einer der einflussreichsten Denkfabriken der USA, des *Council on Foreign Relations*, die während dieser Zeit von David Rockefeller geleitet wurde. Diese Denkfabrik formte entscheidend die US-Außenpolitik während des Kalten Kriegs und trug maßgeblich zur Entwicklung des Marshallplans und der NATO bei, um die Nachkriegsordnung in Europa zu sichern.

Erst jüngst beeinflusste der Council die Debatten zur Anpassung der NATO und zur Sicherung der amerikanischen Führungsrolle in der Welt. Laut der *Washington Post* spendete Epstein während seiner Mitgliedschaft in der höchsten Kategorie insgesamt 350 000 Dollar. Weder die Organisation noch ihre Mitglieder haben jemals eine Stellungnahme zu Epsteins Rolle oder seinem Einfluss auf ihre Aktivitäten abgegeben.

Es ist offensichtlich, dass Epstein nach seiner Verurteilung als Sexualstraftäter mit seiner Website-Vita sein Image aufpolieren will. Doch seine Selbstdarstellung enthüllt weit mehr. Sie zeigt, wie tief er mit der globalen Elite verstrickt ist. Durch seine engen Beziehungen zu einer der mächtigsten Familien der Welt, den Rockefellers, kann er sich strategisch besser positionieren. Diese Verbindungen unterstreichen, dass Epstein weit mehr als nur ein gewöhnlicher Wohltäter war. Er war ein wichtiger Akteur in den höchsten Kreisen, wo Entscheidungen über internationale Politik maßgeblich beeinflusst werden konnten.

In den Pressemitteilungen wird Epstein auch als »Harvard-Investor«, »Harvard-Finanzier« oder »Harvard-Magnat« beschrieben, was seine bedeutende finanzielle Unterstützung für die Universität unterstreichen soll. Tatsächlich spielte Epstein eine relevante Rolle als Geldgeber für die amerikanische Elite-Universität.

Ein 22-seitiger interner Harvard-Bericht wird im Mai 2020 Epsteins Verbindungen zur Universität untersuchen und feststellen, dass er zwischen 1998 und 2008 etwa 9,1 Millionen Dollar gespendet hat. Zudem ist Epstein für die Studienjahre 2005–2006 und 2006–2007 als Visiting Fellow, als unabhängiger Forscher, an der *Harvard University* eingeschrieben. Dieser Titel steigert seine Glaubwürdigkeit in der akademischen Welt und eröffnet ihm Möglichkeiten, mit Forschern, Professoren und Studierenden zu netzwerken. Als Epstein 2006 verhaftet wird, fordert ihn die Universität auf, seinen Titel aufzugeben, was er schließlich auch tut.

Nach seiner Freilassung 2008 spendet Epstein weniger direkt an Harvard, gewinnt jedoch andere Spender für die Universität. Zwischen 2010 und 2015 werden so 7,5 Millionen Dollar für die Forschung von Professor Martin Nowak, einem Evolutionsbiologen, bereitgestellt und zwei Millionen Dollar für die Arbeit von Professor George Church, einem Genetiker. Epstein tauscht sich sehr häufig mit Nowak und Church aus. Interessant an dem Bericht ist, dass er die enge Beziehung zwischen Epstein und Larry Summers, dem ehemaligen Harvard-Präsidenten und späteren US-Finanzminister unter Barack Obama, kaum erwähnt. Laut dem *Wall Street Journal* traf sich Summers Dutzende Male mit Epstein, auch noch nach dessen Verteilung als Sexualstraftäter.

Ab dem Jahr 2008, wo Epstein erstmals im Gefängnis sitzt, steht er zunehmend unter Druck. Nachdem er sich im Stillen mit Jane Doe 102 geeinigt hat, hagelt es Dutzende neue Klagen und Vorwürfe wegen des sexuellen Missbrauchs von Minderjährigen. »Jane Doe« (weiblich) und »John Doe« (männlich) sind Platzhalternamen in Gerichtsdokumenten in den USA. Sie werden verwendet, um Personen anonym zu halten, deren Identität unbekannt ist oder geschützt werden muss.

Jane Doe 102 hat Epstein vor einem Bundesgericht in Florida beschuldigt, dass er sie im Zeitraum von 2001 bis 2005 im Alter von 15 bis 19 Jahren dazu gebracht habe, »jede seiner sexuellen Launen zu befriedigen«. Epstein habe sie zudem um die ganze Welt geflogen und sie dafür bezahlt, »von [seinen Freunden] sexuell ausgebeutet zu werden … darunter Könige, Politiker, Akademiker [und] Geschäftsleute«.

Epstein gerät nun zunehmend ins Visier der Öffentlichkeit. Die Liste der prominenten Namen, die in den Ermittlungen erwähnt werden, wird immer länger. Der Anwalt Bradley Edwards, der später mehr als siebzig Opfer von Jeffrey Epstein und seiner Partnerin Ghislaine Maxwell vertreten wird, beschuldigt Epstein zudem, sein Vermögen ins Ausland geschafft zu haben, um es vor Ansprüchen zu schützen.

Im Rahmen eines zivilrechtlichen Prozesses befragt Edwards im Jahr 2008 Epsteins Piloten Larry Visoski. Nun werden zum ersten Mal in dem Fall hochrangige Persönlichkeiten namentlich erwähnt. Dazu gehörten der frühere US-Präsident Bill Clinton, der britische Prinz Andrew und der ehemalige israelische Premierminister Ehud Barak. Sie wurden alle in Epsteins Nähe gesehen, oft begleitet von jungen Mädchen. Diese Enthüllungen sorgen für immer mehr Aufmerksamkeit und schüren Spekulationen darüber, wie tief das Netzwerk von Epsteins Verbindungen reicht.

Die zunehmende Schärfe der Anklagen wirft die Frage auf, ob Epstein von seinen mächtigen Hintermännern fallen gelassen wird. Es scheint, als würde er für die Verbindungen, die er einst sorgfältig pflegte, nun zum Problem werden – ein Mann, der zu viel Staub aufwirbelt und möglicherweise eine zu große Bedrohung für diejenigen darstellt, die einst von seiner Diskretion profitierten.

Die juristischen Kämpfe scheinen kein Ende zu nehmen. Obwohl Epstein es in der Vergangenheit geschafft hat, sich durch seine Verbindungen und sein Vermögen aus brenzligen Situationen zu befreien, könnte der Druck, der sich nun aufbaut, dazu führen, dass ihm seine einstigen Verbündeten den Rücken kehren. War Epstein auf dem Weg, ein gefährlich exponierter Bauer in einem viel größeren Spiel zu werden?

Virginia Giuffre spricht 2015 erstmals öffentlich über ihre Erfahrungen mit Jeffrey Epstein und Ghislaine Maxwell. Zuvor, 2009, hatte Epstein eine außergerichtliche Einigung mit ihr gegen eine Zahlung von 500 000 Dollar erzielt. Nun entscheidet sie sich, ihre Geschichte publik zu machen, was erheblich zur internationalen Aufmerksamkeit für den Fall beiträgt. Sie erzählt, wie sie im Jahr 2000 als 16-Jährige im Mar-a-Lago-Club von Donald Trump arbeitete und von Ghislaine Maxwell angesprochen wurde. Maxwell habe ihr eine gut bezahlte Stelle als Masseurin für Epstein versprochen. Doch das Angebot wurde zum Beginn eines jahrelangen sexuellen Missbrauchs. Sie sei um die Welt geflogen worden, ihr Pass sei einbehalten worden, und sie sei gezwungen worden, prominente Männer zu bedienen.

»Es gab Zeiten, in denen ich körperlich so missbraucht wurde, dass ich vor lauter Angst nicht wusste, ob ich überleben werde«, wird Guiffre später in einer juristischen Stellungnahme sagen. Diese Angst begleitet sie durch die Jahre, in denen sie unter Epsteins Kontrolle steht. Doch im Jahr 2002 eröffnet sich ihr eine unerwartete Möglichkeit zur Flucht: Epstein schickt sie nach Thailand, angeblich für eine Massageausbildung. Doch seine wahre Absicht ist, dass sie dort eine junge Frau für seinen Missbrauchsring rekrutiert. In Thailand begegnet Giuffre einem Mann, mit dem sie eine Beziehung beginnt, und sie fasst den mutigen Entschluss, nicht in die USA zurückzukehren. Sie erkennt, dass dies ihre einzige Chance ist, sich endgültig aus Epsteins Kontrolle zu befreien, und bleibt in Thailand – eine Entscheidung, die ihr den langersehnten Ausbruch ermöglicht.

Aber erst im September 2015, im Windschatten der Gerichtsprozesse, die seit Epsteins Haftentlassung laufen, reicht Giuffre mit Unterstützung des prominenten Anwalts David Boies eine Verleumdungsklage gegen Ghislaine Maxwell ein. Diese Klage wird sieben Jahre später zur Verurteilung von Maxwell führen, zu zwanzig Jahren Haft. Die Klage spielt 2019 auch eine entscheidende Rolle, Epstein erneut ins Visier der Justiz zu bringen. Boies vertritt Giuffre pro bono, ohne Honorar, da sie sich die juristischen Auseinandersetzungen gegen Epstein und Maxwell sonst nicht hätte leisten können. Obwohl er keine Anwaltsgebühren verlangt, könnte er trotzdem an Vergleichszahlungen beteiligt sein.

Laut Boies, der sich im Januar 2022 gegenüber der *Times* äußern wird, war die Klage notwendig, denn zuvor habe er vergeblich Medien kontaktiert: »Niemand schenkte uns Aufmerksamkeit, bis wir den Fall tatsächlich vor Gericht brachten ... Niemand war wirklich bereit, es mit der Epstein-Maxwell-PR-Maschine aufzunehmen. Die Medien sagten eine Geschichte nach der anderen ab.«

Anfang 2016 wird gegen Epstein eine weitere Zivilklage vor einem Bundesgericht in Kalifornien eingereicht, die jedoch keinerlei mediale Aufmerksamkeit erhält. Sie richtet sich gleichzeitig gegen Donald Trump, der ein halbes Jahr zuvor seine Kandidatur für das Präsidentenamt bekannt gegeben hat. Eine anonyme Frau mit dem Pseudonym »Katie Johnson« behauptet, im Alter von dreizehn Jahren von Trump und Epstein sexuell missbraucht und vergewaltigt worden zu sein. Die Übergriffe sollen sich über einen Zeitraum von vier Monaten im Jahr 1994 bei »Sexpartys« in Epsteins New Yorker Anwesen ereignet haben.

Johnson sagt aus, dass Epstein sie zu einer Reihe von »Sexpartys mit Minderjährigen« in seinem Stadthaus eingeladen habe, wo sie auch Trump getroffen habe. Verlockt durch Versprechen von Geld und Modeljobs wird sie nach eigenen Angaben gezwungen, mehrmals mit Trump Sex zu haben, darunter auch einmal gemeinsam mit einem zwölfjährigen Mädchen, das sie »Marie Doe« nennt. Trotz der Schwere der Anschuldigungen wird die Klage zunächst abgewiesen, da Johnson sie nicht unter dem korrekten Gesetz eingereicht hatte.

Im Juni 2016, mitten im hitzigen Präsidentschaftswahlkampf, reicht Johnson die Klage erneut in New York ein und fügt weitere Details hinzu. Eine Frau, die sich »Tiffany Doe« nennt und angibt, als Partyplanerin für Epstein gearbeitet zu haben, legt eine eidesstattliche Erklärung ab. Sie erklärt, dass sie beauftragt wurde, jugendliche Mädchen für Partys zu rekrutieren, die meist in Epsteins New Yorker Anwesen stattfanden, das damals noch dem Milliardär Leslie Wexner gehörte.

In der eidesstattlichen Erklärung von »Tiffany Doe« heißt es: »Nachdem ich 2000 die Anstellung bei Mr. Epstein verlassen hatte, wurde ich von Mr. Epstein persönlich bedroht, dass ich und meine Familie getötet würden, wenn ich jemals den körperlichen und sexuellen Missbrauch minderjähriger Mädchen, den ich bei Mr. Epstein oder seinen Gästen miterlebt hatte, preisgeben würde.«

»Tiffany Doe« beschreibt, wie sie selbst miterlebt hat, wie Johnson von Trump und Epstein vergewaltigt wurde. Johnson bestätigt in ihrer eidesstattlichen Erklärung dieselben brutalen Vergewaltigungen und den körperlichen Missbrauch, den sie bereits in ihrer früheren Klage beschrieben hat. Sie behauptet auch, dass beide Männer ihr und ihrer Familie gedroht hätten, ihnen zu schaden, falls sie jemals verrate, was geschehen sei. Nur wenige amerikanische Zeitungen berichten über die Klage, als sie ursprünglich eingereicht wird. Zu dieser Zeit erklärt Trumps Anwalt Alan Garten dem *Miami Herald*, dass die Anschuldigungen »völlig falsch« seien.

Kurz vor der Präsidentschaftswahl 2016 taucht sogar ein YouTube-Video auf, in dem eine Frau, die sich als Katie Johnson ausgibt, über die angeblichen Übergriffe spricht. Kurz vor der Wahl zieht Johnson jedoch ihre Klage zurück. Sie gibt an, dass sie Drohungen erhalten habe. Wurde dieser Fall medial und politisch bewusst unterdrückt, weil er Vergewaltigungsvorwürfe gegen einen Präsidentschaftskandidaten und den damals noch relativ unbekannten Epstein enthielt?

Ende 2016 sitzt Julie K. Brown, eine unterbezahlte und überarbeitete Journalistin, im Redaktionsbüro des *Miami Herald* und sucht nach einer neuen Geschichte. Sie beschließt, sich mit Sexhandel zu befassen. Jedes Mal, wenn sie die Begriffe »Sexhandel« und »Florida« googelt, stößt sie auf den Namen Jeffrey Epstein. Neugierig beginnt sie, tiefer zu graben. Je mehr sie recherchiert, desto klarer wird ihr, wie weit die Behörden gegangen sind, um Epstein und seine teuren Anwälte zu schützen. Sie fragt sich: Wie konnte er so glimpflich davonkommen? Und wie war es möglich, dass er ohne ernsthaften Rufschaden in seine luxuriöse Welt zurückkehren konnte?

Diese Fragen treiben Brown dazu, ab 2017 mit einer intensiven, investigativen Recherche zu beginnen. Sie entdeckt achtzig potenzielle Opfer, von denen einige erst 13 oder 14 Jahre alt waren. Sie dokumentiert die Geschichten von acht Mädchen, die bereit sind, ihre Erfahrungen zu teilen. Trotz erheblicher Widerstände und Bedrohungen setzt sie ihre Recherchen unbeirrt fort. Im November 2018 veröffentlicht sie eine dreiteilige Serie im *Miami Herald*. Diese Berichte veranlassen die Bundesbehörden, die Ermittlungen gegen Epstein wieder aufzunehmen.

Dies führt letztlich zu einer 13-seitigen, versiegelten Anklageschrift. Die neuerlich erhobenen Vorwürfe könnten eine potenzielle Strafe von bis zu 45 Jahren Haft nach sich ziehen. Am 6. Juli 2019 bereiten sich Kriminalbeamte der *FBI-NYPD Child Ex-*

ploitation and Human Trafficking Task Force auf den Zugriff vor. Epstein befindet sich jedoch noch in Frankreich. In Paris besitzt er ein 700 Quadratmeter großes luxuriöses Appartement in der Nähe der Champs-Élysées. Die Polizisten verfolgen die Bewegungen von Epsteins Privatjet und planen, ihn direkt nach seiner Landung in den USA festzunehmen. Sie positionieren sich am Teterboro Airport in New Jersey und warten auf seine Ankunft.

Um 17:20 Uhr setzt Epsteins Privatjet, eine Gulfstream G550 mit dem Kennzeichen N212JE, zur Landung an. Der Jet, der seine ältere Boeing 727, den »Lolita Express« ersetzt, ist luxuriös ausgestattet. Die G550 – Kosten: 61,5 Millionen Dollar — bietet 29 Sitze und viele Annehmlichkeiten. Der Innenraum ist mit teppichgepolsterten Türen ausgestattet. Darin ein großes, rundes Bett, umgeben von Spiegeln und mit kitschigen Zebrafellen und Kissen im Leopardenmuster dekoriert.

Um 17:30 Uhr, als Epsteins Jet auf der Landebahn in Teterboro aufsetzt, sind die Kriminaler vom FBI in höchster Alarmbereitschaft. Sie wissen, dass Epstein über immense Ressourcen und Verbindungen verfügt. Sollte er von der geplanten Verhaftung Wind bekommen, befürchten sie, dass er seinem Piloten befehlen könnte, ein Land aufzusuchen, von dem aus er nicht ausgeliefert werden könnte.

Die Sorge wird sich im Fall Epsteins als unnötig erweisen. Als Epsteins Jet auf der Rollbahn zum Stehen kommt, wird er von Limousinen und Geländewagen mit Blaulicht und Sirenen empfangen. NYPD-Detectives und FBI-Agenten umschwärmen das Flugzeug mit gezückten Waffen. Epstein läuft mit erhobenen Händen die Treppen hinunter und leistet keinen Widerstand, als ihm Handschellen angelegt werden.

Niemand sonst an Bord des Flugzeugs wird in Gewahrsam genommen. Nachdem Epstein den Zoll passiert hat, fährt ihn der U.S. Marshals Service in das etwa 25 Kilometer südlich gelegene

Metropolitan Correctional Center (MCC) in Downtown Manhattan. In dem Bundesgefängnis, bekannt als MCC, werden Gefangene, die eines Bundesverbrechens angeklagt sind, inhaftiert, während sie auf die Anklageerhebung oder den Prozess warten. Nun sitzt auch Epstein dort in der Zelle.

Unmittelbar nach der Festnahme öffnet das FBI in der Nacht zum 7. Juli die Türen von Epsteins New Yorker Anwesen mit Brechstangen. Ein internes Memo der Razzia offenbart erschreckende Funde. Demnach stoßen die Ermittler auf Tausende von Fotos nackter und halbnackter junger Frauen und Mädchen. Einige der Aufnahmen sind in einem Safe versteckt. Zusätzlich werden zahlreiche CDs gefunden, die mit handgeschriebenen Aufklebern versehen sind, auf denen etwa steht: »Young [Name] + [Name]«, »Misc nudes 1« und »Girl pics nude«.

In dem Memo schlussfolgern die Staatsanwälte des Southern District von New York: »Der Angeklagte, ein registrierter Sexualstraftäter, ist nicht reformiert, er ist nicht geläutert, er ist nicht reumütig; er ist vielmehr eine anhaltende Gefahr für die Gemeinschaft und zudem eine Person, die mit vernichtenden Beweisen konfrontiert ist, die schwerwiegende Anschuldigungen stützen.«

Die Ermittler entdecken bei der Razzia außerdem Notizen und Nachrichten, die neue Vorwürfe wegen Sexhandels untermauern, einen Massagetisch, Sexspielzeug, Gleitmittel sowie – wie es *NBC News* unter Berufung auf den stellvertretenden Bundesstaatsanwalt Alex Rossmiller berichtet wird – »einen Haufen Bargeld, Diamanten« und »einen Reisepass aus einem fremden Land. Der Pass wurde in den 1980er-Jahren ausgestellt, war aber lange abgelaufen, mit einem Foto von Jeffrey Epstein unter einem anderen Namen.« Auf Nachfrage von NBC bestätigt Rossmiller, dass der Pass Epsteins Wohnsitz in Saudi-Arabien angebe.

Später wird berichtet, dass der Reisepass in Österreich ausgestellt wurde. Dies wird im Januar 2022 zu einer parlamentarischen Anfrage an das österreichische Innenministerium mit dem Betreff führen: »Wie kam US-Milliardär Epstein zu einem österreichischen Pass?« Auf die Frage, wer unter welchen Umständen einen österreichischen Pass an Epstein ausgestellt haben könnte, wird das Innenministerium antworten: »Die Erhebungen konnten die Existenz des gegenständlichen österreichischen Reisepasses bislang nicht bestätigen, weshalb auch keine entsprechenden Erkenntnisse vorliegen.«

Jeffrey Epstein besaß keine österreichische Staatsbürgerschaft und der Pass war auf einen falschen Namen ausgestellt. Das wirft ernste Fragen auf: Welche Behörde stellte diesen Pass aus? Gab es Amtsmissbrauch? Liegt Urkundenfälschung vor? Eine mögliche Antwort liefert die investigative Journalistin Whitney Webb in ihrem Buch *One Nation Under Blackmail.* Sie zieht in Erwägung, dass Ronald Lauder, der Erbe des Estée-Lauder-Kosmetikvermögens, der Aussteller des Reisepasses sein könnte.

Lauder war von April 1986 bis Oktober 1987 US-Botschafter in Österreich. Er verkehrte in denselben gesellschaftlichen Kreisen wie Epstein, zu denen auch Epsteins früherer Mentor Alan Greenberg und Freund Donald Trump zählten. Zudem gründete Edgar Bronfman senior, Epsteins Kunde bei Bear Stearns, gemeinsam mit Epsteins Gönner Leslie Wexner und weiteren jüdisch-amerikanischen Milliardären die *Mega Group*. Laut John Schindler, dem ehemaligen Abwehrspion der *National Security Agency (NSA)*, diente diese Gruppe dem israelischen Geheimdienst »als Instrument für Spionage- und Beeinflussungsoperationen in den Vereinigten Staaten«. Diese Aussage machte er in einem Interview mit der *Washington Times* im Januar 2024. Die *Mega Group* wird in Kapitel 10 ausführlicher behandelt.

Im August 2024 berichtet *The Guardian*, dass Donald Trump den Gulfstream-Jet, der einst Epstein gehört hatte, nutzt, um zu seinen Wahlkampfveranstaltungen, Spendenrallys und anderen

Auftritten zu reisen. Ein Sprecher der Trump-Kampagne erklärt auf Nachfrage, dass man nichts von der früheren Eigentümerschaft des Flugzeugs gewusst habe. Zufälle gibt's!

Quellen:

Thomas Jr., Landon: »Jeffrey Epstein: International Moneyman of Mystery«. In: New York Magazine, 28. Oktober 2002, online unter: https://nymag.com/nymetro/news/people/n_7912/, abgerufen am 22. August 2024.

»David Rockefeller, University Benefactor for 76 Years, Dies at 101«. In: Rockefeller University News, 20. März 2017, online unter: https://www.rockefeller.edu/news/18946-david-rockefeller-university-benefactor-for-76-years-dies-at-101/, abgerufen am 22. August 2024.

Fisher, Marc: »Council on Foreign Relations, Another Beneficiary of Epstein Largesse, Grapples With How to Handle His Donations«. In: The Washington Post, 10. September 2019, online unter: https://www.washingtonpost.com/politics/council-on-foreign-relations-another-beneficiary-of-epstein-largesse-grapples-with-how-to-handle-his-donations/2019/09/10/1d5630e2-d324-11e9-86ac-0f250cc91758_story.html, abgerufen am 22. August 2024.

»News from www.jeffreyepstein.org«. In: PR Newswire, online unter: https://www.prnewswire.com/news/www.jeffreyepstein.org/, abgerufen am 22. August 2024.

Safdar, Khadeeja: »From A to Z – The Famous Names in Jeffrey Epstein's Calendar«. In: Wall Street Journal, 19. Dezember 2023, online unter: https://www.wsj.com/us-news/jeffrey-epstein-calendar-names-ec88e7a0, abgerufen am 22. August 2024.

Safdar, Khadeeja: »Jeffrey Epstein Documents, Part 2 – Dinners With Lawrence Summers and Movie Screenings With Woody Allen«. In: Wall Street Journal, 3. Mai 2023, online unter: https://www.wsj.com/articles/jeffrey-epstein-documents-woody-allen-larry-summers-edb3e9b2, abgerufen am 22. August 2024.

»Jeffrey Epstein Science Foundation«. In: Jeffrey Epstein Science, online unter: http://www.jeffreyepsteinscience.com/Founder.html, abgerufen am 22. August 2024.

»About Jeffrey Epstein«. In: Jeffrey Epstein Official Website (archived), 13. Januar 2014, online unter: https://web.archive.org/web/20140113083429/http://www.jeffreyepstein.org/About.html, abgerufen am 22. August 2024.

Scharnick, Jaquelyn M.: »People in the News: Jeffrey E. Epstein«. In: Harvard Crimson, 5. Juni 2003, online unter: https://www.thecrimson.com/article/2003/6/5/people-in-the-news-jeffrey-e/, abgerufen am 22. August 2024.

»Billionaire Jeffrey Epstein shells out more money in latest sex abuse lawsuit«. In: New York Daily News, 19. Dezember 2009, online unter: http://www.nydailynews.com/entertainment/gossip/billionaire-jeffrey-epstein-shells-money-latest-sex-abuse-lawsuit-article-1.436147, abgerufen am 22. August 2024.

Cawthorne, Nigel: *Virginia Giuffre: The Extraordinary Life Story of the ›Playtoy‹ who Pursued and Ended the Crimes of Millionaires Ghislaine Maxwell and Jeffrey Epstein.* Gibson Square, London, 2022.

»Giuffre v. Maxwell«. In: CourtListener, online unter: https://www.courtlistener.com/docket/4355835/giuffre-v-maxwell/, abgerufen am 22. August 2024.

Anthony, Andrew: »Meet Julie K Brown, the woman who brought down Jeffrey Epstein«. In: The Guardian, 25. Juli 2021, online unter: https://www.theguardian.com/us-news/2021/jul/25/meet-julie-k-brown-the-woman-who-brought-down-jeffrey-epstein, abgerufen am 22. August 2024.

»Jeffrey Epstein Charged in Manhattan Federal Court with Sex Trafficking of Minors«. In: U.S. Department of Justice, 8. Juli 2019, online unter: https://www.justice.gov/usao-sdny/pr/jeffrey-epstein-charged-manhattan-federal-court-sex-trafficking-minors, abgerufen am 22. August 2024.

Pavia, Will: »David Boies: ›Ghislaine Maxwell should have cut a deal, but she was brought down by arrogance‹«. In: The Times, 1. Januar 2022, online unter: https://www.thetimes.com/uk/royal-family/article/david-boies-ghislaine-maxwell-should-have-cut-a-deal-but-she-was-brought-down-by-arrogance-ml2v0qj9s, abgerufen am 22. August 2024.

»U. S. v. Jeffrey Epstein«. In: Scribd, online unter: https://de.scribd.com/document/416442943/U-S-v-Jeffrey-Epstein, abgerufen am 22. August 2024.

Stanglin, Doug: »Inside Billionaire's New York Mansion«. In: USA Today, 10. Juli 2019, online unter: https://eu.usatoday.com/story/news/nation/2019/07/10/jeffrey-epstein-inside-billionaires-new-york-mansion/1691137001/, abgerufen am 22. August 2024.

Winter, Tom: »Jeffrey Epstein Had Cash, Diamonds, Foreign Passport Stashed in Safe, Prosecutors Say«. In: NBC News, 15. Juli 2019, online unter: https://www.nbcnews.com/news/us-news/jeffrey-epstein-had-cash-diamonds-foreign-passport-stashed-safe-prosecutors-n1029851, abgerufen am 22. August 2024.

»Anfragebeantwortung Parlament«. In: Österreichisches Parlament, online unter: https://www.parlament.gv.at/dokument/XXVII/AB/9321/imfname_1432388.pdf, abgerufen am 22. August 2024.

»Anfrage an österreichischen Nationalrat«. In: Österreichisches Parlament, online unter: https://www.parlament.gv.at/dokument/XXVII/J/9509/imfname_1350550.pdf.

7 Tödliches Geheimnis

Kurz nach Donald Trumps Wahlsieg im November 2016 – drei Jahre bevor Jeffrey Epstein in Teterboro, New Jersey, festgenommen wird – durchläuft der ehemalige Generalstaatsanwalt Alexander Acosta den sogenannten *Vetting Process*. Acosta wird dabei mittels Hintergrundchecks und Interviews auf seine Eignung für einen Ministerposten und auf mögliche Risiken für die Regierung geprüft. Das Übergangsteam des neuen US-Präsidenten bringt Epsteins Name ins Gespräch, weil Acosta 2007 den durch einen geheimen Deal begünstigt hatte. Die investigative Journalistin Vicky Ward, die eine entscheidende Rolle bei der Aufdeckung von Epsteins Machenschaften gespielt hat, hat das Acosta-Interview für das Internetmedium *The Daily Beast* rekonstruiert, basierend auf Aussagen hochrangiger Beamter des Weißen Hauses.

Ein Vertreter des Übergangsteams habe gefragt: »Wird der Fall Epstein ein Problem darstellen?« Daraufhin habe Acosta erklärt, dass er damals nur ein einziges Treffen Epsteins wegen hatte. Es habe einen Deal mit dessen Anwälten gegeben, keine Anklage zu erheben. Den aber habe er abgesagt, weil ihm »gesagt« worden sei, er solle sich zurückhalten. Denn Epstein sei oberhalb seiner Gehaltsklasse. »Mir wurde gesagt, Epstein gehöre dem Geheimdienst und ich solle die Finger davon lassen«, habe Acosta gestanden. Das Übergangsteam soll das offenbar für eine ausreichende Antwort gehalten haben. Immerhin stellt Trump Acosta wenige Monate später als Arbeitsminister der Vereinigten Staaten ein.

Als Epstein jedoch im Juli 2019 in seiner Gefängniszelle auf seinen Prozess wartet, wird Acosta zunehmend zu einem Problem für Trump. Immer mehr Medien berichten darüber, wie Acosta trotz mehr als fünfzig Seiten Beweismaterial und Aussagen minderjähriger Opfer die FBI-Ermittlungen gegen Jeffrey Epstein einstellen ließ, um stattdessen einen geheim gehaltenen Vergleich auszuhandeln.

Am 9. Juli stellt sich Trump hinter seinen Arbeitsminister. Bei einer Besprechung mit dem Emir von Katar im Weißen Haus betont er, dass viele Entscheidungen, die vor Jahren getroffen wurden, heute möglicherweise anders betrachtet würden. Trump lobt Acosta als »wirklich großartigen Arbeitsminister« und sagt: »Ich habe gehört, dass viele Leute an dieser Entscheidung beteiligt waren, nicht nur er.«

Ein Reporter fragte den Präsidenten, ob er Jeffrey Epstein immer noch für einen »fantastischen Kerl« halte – so nannte Trump Epstein 2002 in einem Interview mit dem *New York Magazine*. Darauf antwortete Trump, dass er Epstein, wie viele andere, aus Palm Beach kenne. Er habe jedoch schon vor etwa 15 Jahren, nach einem Streit, den Kontakt zu ihm abgebrochen. Die Nachfrage, worum es bei dem Streit gegangen sei, beantwortet er mit den Worten: »Ich war nicht ... ja, vor langer Zeit. Ich würde sagen, vielleicht vor 15 Jahren. Ich war kein Fan von ihm, das kann ich Ihnen sagen. Ich war kein Fan von ihm.« Dann wechselt Trump das Thema und betont, dass es ihm um Alexander Acosta leidtäte. Acosta habe »solch einen tollen Job« gemacht.

Am 10. Juli verteidigt sich dann Acosta in einer Pressekonferenz selbst. Er betont, dass die Entscheidung, einen geheimen Deal auszuhandeln, »die richtige« war. Er habe damit den Opfern »helfen« wollen. Auch sagt Acosta: »Wir glauben, dass wir angemessen vorgegangen sind«, und fügt hinzu: »Wir taten, was wir taten, weil wir wollten, dass Epstein ins Gefängnis geht.«

Als Acosta von Reportern gefragt wird, ob seine Aussage über eine mögliche Verquickung von Epstein mit Geheimdiensten korrekt sei, weicht er aus. Er erklärt, dass er darauf nicht eingehen könne, und fügt hinzu, dass viele der Berichte über Epstein »in das Rabbit Hole hinabsteigen«, was auf Deutsch ungefähr so viel heißt wie »in verborgene Welten abtauchen« oder »sich in komplexe, oft schwer durchschaubare Zusammenhänge vertiefen«.

Zwei Tage später gibt es eine überraschende Wendung: Alexander Acosta tritt als Arbeitsminister zurück. US-Präsident Trump eröffnet die gemeinsame Pressekonferenz vor dem Weißen Haus mit lobenden Worten für Acosta: »Ich denke, er war ein großartiger Arbeitsminister. [...] Er hat einen Deal gemacht, mit dem die Leute zufrieden waren, und dann, zwölf Jahre später, sind sie nicht mehr glücklich damit. Das müssen Sie alles selbst herausfinden. [...] Aber ich möchte Sie nur wissen lassen, dass das er war, nicht ich, denn ich stehe zu ihm.«

Dann erklärt Acosta seine Entscheidung: »Wenn ich in die Zukunft blicke, halte ich es nicht für richtig oder fair, dass das Arbeitsministerium dieser Regierung Epstein in den Mittelpunkt stellt anstatt die unglaublich gute Wirtschaft, die wir heute haben. Deshalb habe ich den Präsidenten heute Morgen angerufen. Ich habe ihm gesagt, dass ich es für richtig halte, zur Seite zu treten.« Er zeigt weder Bedauern noch äußert er eine Entschuldigung und er verliert kein Wort über die Opfer von Epstein.

Erst im November 2020 wird ein interner Bericht des Justizministeriums feststellen, dass Acosta »schlechtes Urteilsvermögen« gezeigt habe, indem er Epstein ein Abkommen für einen Strafverzicht gewährt und die mutmaßlichen Opfer nicht darüber informiert habe.

In der Pressekonferenz wird Trump dann von einem Reporter gefragt: »Warum haben Sie sich mit Jeffrey Epstein zerstritten? Und haben Sie ihn aus Mar-a-Lago verbannt?« Trump antwortet:

»Ja. Und ich hatte vor langer Zeit einen Streit. Der Grund dafür spielt, ehrlich gesagt, keine Rolle.«

Trump nominiert am 18. Juli 2019 Eugene Scalia als neuen Arbeitsminister. Bemerkenswert ist, dass Scalia zuvor als Assistent des ehemaligen US-Justizministers und CIA-Analysten William Barr gearbeitet hat, dessen Vater Donald Barr als Direktor der Dalton School tätig war – jener Schule, an der Jeffrey Epstein nach seinem Studienabbruch 1972 als Dozent eingestellt wurde.

Derweil sitzt Epstein im Hochsicherheitstrakt des *Metropolitan Correctional Center (MCC)* in New York City, einem der sichersten Gefängnisse in den USA. Es ist eine rostfarbene, zwölfstöckige Festung, die an der Park Row in Lower Manhattan liegt, direkt gegenüber One Police Plaza, dem Hauptquartier der New Yorker Polizei.

Das MCC hat einen furchterregenden Ruf und wird sogar gelegentlich als das »Guantanamo Bay von New York« bezeichnet. Zu den berühmten Insassen zählen der 9/11-Drahtzieher Ramzi Ahmed Yousef, der mexikanische Drogenboss Joaquín »El Chapo« Guzmán, der Finanzbetrüger Bernie Madoff und der Mafia-Boss John Gotti. Ahmed Khalfan Ghailani, ein Häftling, der im MCC und dann im Gefangenenlager Guantanamo Bay eingesperrt war, sagte laut *New York Times* zu seinem psychologischen Gutachter, dass Gitmo im Vergleich zum MCC »angenehmer« und »entspannter« gewesen sei.

Epstein tauscht seine maßgeschneiderte Sportkleidung gegen einen orangefarbenen Overall und wird zum Häftling Nr. 76318-054. Obwohl er schlank ist und sich für sein Alter in guter körperlicher Verfassung befindet, hat das luxuriöse Leben ihn verweichlicht. Er weiß, dass die Zeit im Gefängnis hart werden wird, besonders als verurteilter Sexualstraftäter, der auf wenig Mitgefühl seiner Mitinsassen zählen kann.

Die weltweite Aufmerksamkeit zwingt die Gefängnisleitung, besondere Schutzmaßnahmen zu ergreifen. Den Verantwortlichen muss klar sein, dass Epstein nicht irgendein Häftling ist, sondern ein prominenter Gefährder mit einem weitreichenden Netzwerk. Sie wissen, dass er brisante Informationen und geheimes Wissen über einige der mächtigsten Persönlichkeiten der Welt besitzt.

Die ersten 22 Stunden ist Epstein in der allgemeinen Abteilung des Gefängnisses untergebracht. Anschließend verlegen die Beamten ihn in die Sonderabteilung, weil »die Medienberichterstattung über ihn und seine Bekanntheit unter den Insassen erheblich zunimmt«, berichtet die Nachrichtenagentur *Associated Press.* AP beruft sich dabei auf mehr als 4000 Dokumente über Epsteins Haftzeit, die fast vier Jahre später im Rahmen des *Freedom of Information Act* veröffentlicht werden.

In den folgenden Tagen sitzt Epstein oft in einer Ecke seiner Zelle und hält sich die Ohren zu, um das unaufhörliche Geräusch der laufenden Toilette zu dämpfen. Er ist starker Hitze und ständigem Licht ausgesetzt. Er ist aufgewühlt, kann nicht schlafen und nennt sich selbst einen »Feigling«. Epstein beklagt sich auch darüber, wie schwer es ihm fällt, sich an das Leben im Gefängnis zu gewöhnen, und darüber, dass er wie ein »Bösewicht« behandelt werde, obwohl er sich gut benehme. Zudem bittet er um eine braune Uniform für seine fast täglichen Besuche bei seinen Anwälten.

Sein Verteidigungsteam bietet eine Kaution in Höhe von 77 Millionen Dollar an und schlägt vor, Epstein mit einer Fußfessel zu versehen und unter Hausarrest in seiner Villa in Manhattan zu stellen. Doch Bezirksrichter Richard Berman weist den Antrag am 18. Juli 2019 zurück: »Ich bezweifle, dass ein Kautionspaket die Gefahr für die Gemeinschaft ausräumen kann.« Zudem sei das Fluchtrisiko zu hoch.

Epstein muss sich also mit dem Gedanken abfinden, bis zur Verhandlung und möglicherweise noch länger eingesperrt zu bleiben. Ihm ist bewusst, dass ihm im Falle einer Verurteilung bis zu 45 Jahre Gefängnis drohen.

In der Nacht zum 23. Juli 2019 um 1:27 Uhr entdecken Gefängniswärter Epstein mit einem orangefarbenen Tuch um den Hals »fast bewusstlos« und »in Fötusstellung« auf dem Boden seiner Zelle. Zum Zeitpunkt des Vorfalls teilt er seine Zelle mit Nicholas Tartaglione, einem stämmigen Ex-Polizisten aus Westchester County, der wegen vier Morden im Zusammenhang mit Drogen vor Gericht steht. Das medizinische Personal des MCC muss Epstein wiederbeleben und behält ihn für den Rest der Nacht auf der Krankenstation. Bei einer ärztlichen Untersuchung werden Reibungsspuren und oberflächliche Rötungen an Epsteins Hals und Knie festgestellt, woraufhin er unter *Suicide Watch* (Suizidüberwachung) gestellt wird.

Epstein beschuldigt Tartaglione, ihn angegriffen zu haben. Doch der Ex-Polizist soll gegenüber Informanten von *News4* gesagt haben, dass er weder etwas gesehen noch Epstein angerührt habe, bevor dieser am Boden liegend gefunden wurde. Epstein wiederum erklärt, er wisse nicht, was passiert sei, und wolle nicht darüber sprechen, wie er sich die Verletzungen zugezogen habe. Sein Anwalt David Schoen erklärt gegenüber *ABC25 News*, dass Epstein die Gefängniswärter nicht korrigierte, als diese die Spuren an seinem Hals sahen und annahmen, er habe versucht, sich zu erhängen.

»Er erklärte, er habe den Vollzugsangestellten gesagt, er könne sich nicht erinnern, was passiert sei, weil er keinen Ärger haben wollte. Er wollte nicht als Ratte oder Ähnliches wahrgenommen werden. Und er hoffte einfach, dass sich der ganze Vorfall in Luft auflösen würde«, erklärt Schoen. Eine Disziplinaranklage gegen Epstein wegen angeblicher Selbstverstümmelung wird mangels ausreichender Beweise fallen gelassen. Medien weltweit interpretieren den Vorfall als gescheiterten Selbstmordversuch, was schnell zum offiziellen Narrativ wird.

Im Juni 2023 wird ein Untersuchungsbericht des Generalinspekteurs des US-Justizministeriums veröffentlicht, der den Titel »Review and Investigation of the Federal Bureau of Prisons'

Handling of Jeffrey Epstein« trägt. Der Bericht unterstützt die These eines Selbstmordversuchs, gestützt auf die Aussage eines anderen Häftlings, der in derselben Abteilung untergebracht ist. Dieser habe dem Generalinspekteur berichtet, dass er Tartaglione um Hilfe habe rufen hören und dieser ihm gesagt habe, Epstein habe versucht, sich an der Leiter des Stockbetts zu erhängen.

Die Überwachungskamera in der Zelle hätte den Vorfall klären können. Zwei Tage später fordert Tartagliones Anwalt in seinem eigenen Prozess die Herausgabe des Überwachungsvideos, um den angeblichen Selbstmordversuch aufzuklären. Zunächst erklären die Behörden, dass das Video verloren gegangen sei. Fünf Monate später werden die Behörden angeben, dass das Video doch gefunden und gesichert worden sei, um dann im Januar 2020 zu verkünden, dass es nicht mehr auffindbar sei.

In Gerichtsunterlagen, die von *NBC News* zitiert werden, wird dies folgendermaßen begründet: »Das MCC hat versehentlich das Video von der falschen Etage innerhalb des MCC gesichert, und infolgedessen existiert das Video von außerhalb der Zelle des Angeklagten am 22.-23. Juli 2019 nicht mehr.« Das FBI soll diesen Fehler entdeckt haben, als es das bereitgestellte Video überprüfte.

Während seiner Zeit in der Suizidüberwachung sitzt Epstein alleine in einer kargen Einzelzelle, die frei von jeglichen Gegenständen ist, mit denen er sich verletzen könnte. Er trägt lediglich einen Kittel und erhält eine Papierdecke, da ihm Kleidung oder Bettwäsche, mit der er sich strangulieren könnte, verweigert wird. Bücher, Post oder andere Beschäftigungsmöglichkeiten sind ihm nicht gestattet. Die Zelle verfügt über einen Schreibtisch und einen Hocker, die jedoch ungenutzt bleiben. Die Dusche ist mit einer Zeitschaltuhr ausgestattet, um Ertrinken zu verhindern. Das Licht bleibt ständig an, und ein Wachmann hält rund um die Uhr ein Auge auf ihn. Während der Überwachung sind ihm sowohl Besuche als auch Telefonate untersagt.

Nach nur 31 Stunden wird Epstein auf Antrag seiner Anwälte aus der Suizidüberwachung entlassen und zur psychologischen Beobachtung an den Krankenflügel überwiesen. Laut Protokollen, die von der *Associated Press* ausgewertet wurden, betont Epstein, dass er keine Suizidgedanken hege, da dies gegen seine »jüdische Religion« verstoße. Zudem bezeichnet er sich selbst als »Feigling«, der Schmerz nicht ertragen könne, und erklärt, dass er ein »wunderbares Leben« führe und »es verrückt wäre, es zu beenden«.

Am 30. Juli 2019 wird Epstein zurück in die Special Housing Unit des MCC verlegt, eine spezielle Abteilung für isolierte Häftlinge. Er wird in eine Zelle verlegt, die sich unmittelbar neben dem Schreibtisch der Justizvollzugsbeamten im Gemeinschaftsbereich der SHU befindet, etwa viereinhalb Meter entfernt, und ihm wird ein Zellengenosse zugewiesen. Viel sicherer geht es nicht.

Einen Tag später erscheint Epstein vor dem Bundesgericht in Manhattan und zeigt keine sichtbaren Anzeichen von Verletzungen durch den angeblichen »Suizidversuch«. Ein Psychologe vermerkt laut *New York Times* in einem Gutachten: »Er erklärte, dass er entschlossen ist, diesen Fall zu einem Abschluss zu bringen und in sein normales Leben zurückzukehren.« Ein neuer Gerichtstermin wird auf den 8. Oktober 2019 festgelegt, bei dem der Stand der Ermittlungen und das weitere Vorgehen besprochen werden sollen.

Epstein wäscht sich selten, sein Haar und Bart sind ungepflegt, und er schläft auf dem Boden seiner Zelle anstatt auf dem Hochbett. Und in seiner Zelle möchte er sich am liebsten gar nicht mehr aufhalten. Er bezahlt zahlreiche Anwälte, um ihn bis zu zwölf Stunden täglich im Gefängnis zu besuchen, wodurch er das Recht erhält, sie in einem privaten Besprechungsraum zu treffen. Laut der *New York Times* verbringt er so viel Zeit dort, dass er oft gelangweilt wirkt und schweigend mit seinen Anwälten dasitzt.

Während dieser Besuche leert er mit seinem Team regelmäßig die beiden Verkaufsautomaten für Getränke und Snacks. Um sich vor den anderen Insassen zu schützen, greift er auf eine einfache, aber wirksame Strategie zurück: Er bietet Geld im Austausch gegen Schutz und zahlt es auf die Konten seiner Mitgefangenen ein. Ein juristischer Berater, der regelmäßig im Gefängnis ist und mit den Insassen spricht, berichtet von diesem (in den USA nicht unüblichen) Vorgehen.

Denn Epstein fürchtet um sein Leben. Am 8. August 2019 schreibt er sein Testament. Es sieht vor, dass sein Vermögen in einen Treuhandfonds namens *The 1953 Trust* überführt wird, um die Identitäten der Begünstigten zu schützen und die Verteilung der Mittel diskret zu halten. Laut den veröffentlichten Finanzunterlagen beläuft sich Epsteins Vermögen auf 559,1 Millionen Dollar, wobei 14,3 Millionen in festverzinslichen Anlagen, 194,9 Millionen Dollar in Hedgefonds und 112,6 Millionen Dollar in Private-Equity-Investitionen angelegt waren. Zudem besaß er 56,5 Millionen Dollar in Bargeld und 179,3 Millionen Dollar in Immobilien.

Einem Bericht der *New York Times* zufolge soll Epsteins langjährige Freundin Karyna Shuliak, eine Weißrussin in ihren frühen Dreißigern, eine der Hauptbegünstigten sein.

Als Testamentsvollstrecker benennt er Darren Indyke und Richard Kahn, zwei seiner langjährigen Anwälte und engen Vertrauten. Im Februar 2021 werden Indyke und Kahn von der Staatsanwaltschaft der Amerikanischen Jungferninseln der aktiven Mittäterschaft an Epsteins pädophilen Operationen beschuldigt und angeklagt. Sie seien »die unentbehrlichen Kapitäne von Epsteins kriminellen Unternehmungen, Rollen, für die sie reichlich belohnt wurden«.

Mitte 2022 werden die beiden Anwälte von der Generalstaatsanwaltschaft zusätzlich beschuldigt, etwa 13 Millionen Dollar aus Epsteins Nachlass veruntreut zu haben. Der Nachlass, der beim

Verfassen des Testaments noch auf 577 Millionen Dollar geschätzt wird, ist zu dem Zeitpunkt auf weniger als 185 Millionen Dollar gesunken, nachdem 121 Millionen Dollar in Vergleichen an mehr als 130 Opfer und fast 200 Millionen Dollar an Steuern an den amerikanischen Fiskus gezahlt wurden.

Als Nachfolge-Vollstrecker benennt Epstein Boris Nikolic, den langjährigen wissenschaftlichen Berater von Bill Gates. Nikolic soll die Kontrolle übernehmen, falls die beiden zuvor genannten Vollstrecker dazu nicht in der Lage oder willens sind. Von 2010 bis 2019 spielte Nikolic eine Schlüsselrolle in wissenschaftlichen Projekten und Investitionen für die *Bill & Melinda Gates Foundation.*

Die Nennung von Nikolic in Epsteins Testament erfährt eine besondere Brisanz, nachdem nur wenige Monate nach der Testamentseintragung ein Foto aus dem Jahr 2011 veröffentlicht wird. Auf diesem Bild sind Bill Gates, Boris Nikolic und Jeffrey Epstein gemeinsam in Epsteins Villa in Manhattan zu sehen. Diese Verbindung wird Gates in Erklärungsnot bringen und zu einer intensiven medialen Berichterstattung über seine Beziehung zu Epstein führen. Nikolic wird später in einer Erklärung sagen, dass er »schockiert« gewesen sei, im Testament genannt worden zu sein.

Am Morgen des 9. Juli wird Epsteins Zellengenosse Efrain Reyes in ein anderes Gefängnis verlegt. Laut *New York Daily News* wird Reyes später seiner Familie erzählen, dass Epstein »deprimiert« wirkte und »nicht mehr leben wollte«. Ein anderer Insasse wird zitiert: Epstein habe gesagt, er wolle sich selbst umbringen, weil »die Regierung sowieso versucht, ihn zu töten«. Der 51-jährige Reyes, Epsteins letzter Zellengenosse, wird im November 2020 tot im Bett seiner Mutter aufgefunden werden. Die Todesursache bleibt ungeklärt. Ein neuer Zellengenosse wird Epstein nicht zugewiesen. Er bleibt in seiner Zelle allein.

Tova Noel, eine 31-jährige Wärterin im MCC, beginnt die erste ihrer zwei aufeinanderfolgenden Acht-Stunden-Schichten. Epstein schreibt eine Beschwerde auf einen Zettel. Er klagt über große Käfer, die auf seinem Körper krabbelten, über die Wärterin Noel, die ihm verbranntes Essen gibt, und über einen Wärter, der ihn absichtlich eine Stunde lang ohne Kleidung in eine Duschzelle sperrt.

Vor einem Treffen mit seinen Anwälten entschuldigt sich Epstein, um mit seiner Familie zu telefonieren. Laut der Notiz eines Abteilungsleiters sagte Epstein einem Gefängnismitarbeiter, dass er seine Mutter anrufen wolle, die zu diesem Zeitpunkt bereits seit 15 Jahren tot war. Laut der *New York Daily News* galt der Anruf Epsteins seiner Freundin Karyna Shuliak. Eine Quelle wird im März 2020 der Zeitung mitteilen: »Als sie nach dem Anruf den Hörer auflegte, hatte sie nicht den Eindruck, dass Epstein selbstmordgefährdet war.«

Im Rahmen derselben Recherche wird ans Licht kommen, dass Karyna Shuliak im Jahr 2013 eine US-Bürgerin heiratete, die ein mutmaßliches Opfer von Epstein war. Kurz nach Epsteins Verhaftung im Juli 2019 werden sie wieder rechtskräftig geschieden. Die Anwältin Sigrid McCawley, die Epsteins Opfer vertritt, erklärt diese Ehe wie folgt: »Diese gleichgeschlechtlichen Scheinehen dienten einem grundlegenden und wichtigen Zweck für Epsteins Sexhandelsoperation. Sie ermöglichten es Epstein, die Staatsbürgerschaft für Mädchen zu erhalten, die er in diesem Land behalten wollte, ohne sich einer strengen Prüfung im Staatsbürgerschaftsverfahren zu stellen.«

Nach dem Telefongespräch und dem Treffen mit seinen Anwälten kehrt Epstein in seine Zelle zurück. Laut Anwalt David Schoen habe Epstein sich optimistisch gezeigt und sich auf die bevorstehende Anhörung gefreut. »Ich hatte eine Art vierfachen Verteidigungsansatz entworfen, den wir meiner Meinung nach verfolgen sollten, und er war sehr begeistert davon«, sagte Schoen zum TV-Sender *WPBF*.

Die Wärterin Noel und ein weiterer unbekannter Wärter werden bei der Schichtübergabe mittels einer Notiz aufgefordert, alle dreißig Minuten die vorgeschriebenen Rundgänge zu machen, um nach Epstein zu schauen. Die *New York Times* wird im November 2021 die Notiz, ein undatiertes orangefarbenes Papier, vom Schreibtisch der Gefängniswärter veröffentlichen: »VERPFLICHTENDE RUNDGÄNGE MÜSSEN ALLE 30 MINUTEN BEI EPSTEIN #76318-054 DURCHGEFÜHRT WERDEN, GEMÄSS GOTT!!!!«

Ab 22:30 Uhr wird kein einziger dieser Rundgänge tatsächlich durchgeführt. Stattdessen fälschen die Wärter die Protokolle und unterzeichnen sie, um vorzutäuschen, dass die vorgeschriebenen Kontrollen stattgefunden hätten. Später stößt Michael Thomas, ein 42-jähriger Wärter, hinzu. Auch er macht keinen der vorgeschriebenen Rundgänge und fälscht ebenfalls die Protokolle.

Noel und Thomas sitzen derweil an ihren Schreibtischen, nur viereinhalb Meter von Epsteins Zelle entfernt. Von Zeit zu Zeit surfen sie im Internet. Noel sucht nach Möbeln und Rabattseiten, während Thomas nach Motorrädern googelt und Sportnachrichten liest. Zwischendurch schlafen sie für etwa zwei Stunden ein oder halten sich im Gemeinschaftsbereich auf.

Am Morgen des 10. August 2019 gegen 6:30 Uhr erwarten Noel und Thomas die Lieferung des Frühstücks für die Insassen. Thomas versucht, Epstein das Frühstück durch den Essensschlitz in der verschlossenen Zellentür zu reichen. Als der nicht auf die Aufforderung reagiert, das Essen anzunehmen, öffnet Thomas die Zellentür und entdeckt Epstein, der sich erhängt hat.

Ein orangefarbenes Tuch, das vermutlich von einem Bettlaken oder Hemd stammt, ist fest um Epsteins Hals geschnürt und am oberen Teil des Etagenbettes befestigt. Thomas beschreibt später gegenüber dem Generalinspekteur des Justizministeriums, dass Epstein in einer fast sitzenden Position an der oberen Pritsche hing, wobei sein Gesäß nur etwa ein bis eineinhalb Zentimeter über dem Boden schwebte.

Thomas ruft nach Noel und fordert sie auf, Hilfe zu holen und einen medizinischen Notruf abzusetzen. Noel nähert sich der Tür zur Abteilung, um sie für den Supervisor zu öffnen, und sagt: »Epstein hat sich erhängt.« Währenddessen durchtrennt Thomas das orangefarbene Tuch, wodurch Epsteins Körper auf den Boden sinkt. Anschließend beginnt er sofort mit Herzdruckmassagen und ruft laut anderen Häftlingen: »Atme, Epstein, atme!« Wenige Minuten später treffen die Notärzte ein. Thomas sagt zum Supervisor: »Wir haben Mist gebaut« und »Ich habe Mist gebaut, sie [Noel] trägt keine Schuld, wir haben keine Rundgänge gemacht«. Epstein wird schnellstmöglich in ein nahe gelegenes Krankenhaus gebracht, wo er für tot erklärt wird.

Noel und Thomas werden später beschuldigt, ihre Protokolle gefälscht zu haben, um ihre Versäumnisse zu vertuschen. Im Jahr 2021 wird sich die Staatsanwaltschaft mit den Wärtern auf einen Deal einigen, der eine Strafverfolgung verhindert, wenn sie sich bereit erklärten, gemeinnützige Arbeit zu leisten. Noel und Thomas haben sich bisher öffentlich nicht zu den Geschehnissen in der Nacht von Epsteins Tod geäußert.

Innerhalb weniger Minuten verbreitet sich die Nachricht von Epsteins Tod weltweit. Eine der ersten Meldungen in US-amerikanischen Medien lautet: »Jeffrey Epstein, der in Ungnade gefallene Millionär, der wegen Sexhandels angeklagt war, starb am frühen Samstag durch Selbstmord, wie Strafverfolgungsbehörden und das Bureau of Prisons gegenüber *ABC News* bestätigten. Epstein erhängte sich, sagten die Quellen.«

Viele Medien stellen nun kritische Fragen, wie: Warum wurde Epstein trotz der bekannten Risiken und Warnungen nicht unter strengere Überwachung gestellt? Warum wurde er in eine Zelle ohne neuen Zellengenossen verlegt, obwohl er einen prominenten Status hatte? Warum schliefen die beiden Wärter, die ihn überwachen sollten, ein und fälschten dann die Protokolle? Und warum fielen »zufällig« die zwei Überwachungskameras vor seiner Zelle in der Nacht seines Todes aus?

Beide Kameras waren kaputt, wird die Nachrichtenagentur *Reuters* zwei Wochen später berichten. Das fand das FBI heraus, nachdem die in ein Kriminalitätslabor nach Virginia geschickt wurden. Laut den Forensikern habe mindestens eine Kamera im Flur vor Epsteins Zelle Aufnahmen gemacht, die aber unbrauchbar gewesen seien.

Am 11. August 2019 führt die leitende Gerichtsmedizinerin Barbara Sampson im Auftrag der Stadt New York eine Autopsie an Epstein durch. Epsteins Anwälte und sein Bruder Mark Epstein beauftragen den renommierten Pathologen Michael Baden, der über mehr als fünfzig Jahre Expertise verfügt, die Autopsie als unabhängiger Beobachter zu begleiten.

Nach einer vierstündigen Untersuchung stimmen die anwesenden Mediziner darin überein, die Todesursache als »offen« zu bezeichnen. Es seien noch weitere Untersuchungen erforderlich. Als Baden um eine Stellungnahme gebeten wird, erklärt er, dass er sich nicht äußern könne, da sowohl das Büro von Sampson als auch Epsteins Nachlass eine Nachrichtensperre verhängt hätten. Eine Woche später, so berichtet Mark Epstein, habe die leitende New Yorker Gerichtsmedizinerin Sampson die Todesursache in Selbstmord geändert. Samson habe erklärt, »zusätzliche Beweise« gesehen zu haben, habe aber diese nie öffentlich gemacht oder erläutert.

In ihrem Autopsie-Bericht kommt Barbara Sampson zu dem Schluss, dass die Todesursache Erhängen und die Todesart Selbstmord sei. Toxikologische Tests zeigten keine Hinweise auf Medikamente oder illegale Substanzen in seinem Körper. Laut Sampson gibt es auch keine Anzeichen von Abwehrverletzungen, die auf einen Kampf oder einen Mord hindeuten würden. Epsteins Hände, Fingernägel und Knöchel zeigten keine verdächtigen Spuren, und außer einer Abschürfung am Arm gebe es keine weiteren Prellungen.

Doch laut dem Pathologen Michael Baden ist ein Umstand für einen Suizid besonders ungewöhnlich: Mehrere Knochen in Epsteins Nacken sind gebrochen. Für Baden belegten die drei Brüche in Epsteins Genick eher eine Ermordung durch Strangulation. Und er erklärt daraufhin öffentlich, die Autopsie deute klar auf einen Mord hin. Doch Sampson widerspricht: »Ich stehe fest hinter unserer Feststellung der Todesursache und der Todesart in diesem Fall.« Sie fügt hinzu: »Frakturen des Zungenbeins und des Knorpels treten im Allgemeinen bei Selbstmorden und Tötungsdelikten auf.«

Das investigative Nachrichtenmagazin *60 Minutes* des amerikanischen TV-Senders *CBS* veröffentlicht Fotos von Epsteins Autopsie zusammen mit Fotos aus Epsteins Zelle. Die Fotos zeigen ein chaotisches Durcheinander von orangefarbenen Bettlaken, die über Matratzen und auf dem Boden verteilt sind. Es sind mindestens zwei aus orangefarbenen Bettlaken gefertigte Schlingen zu sehen. Ein Stück eines Lakens hängt von einem Gitter am Fenster und weitere Teile sind an Epsteins Bett befestigt.

Auch der Pathologe Michael Baden äußert sich im Januar 2020 bei *60 Minutes* und er hat einige Zweifel an der offiziellen Darstellung eines Suizids. Zu seinen wichtigsten Einwänden zählen: Warum hatte niemand in den letzten vierzig bis fünfzig Jahren bei Tausenden von Hinrichtungen und Selbstmorden in New Yorker Staatsgefängnissen drei Brüche im Genick? Warum befand sich die Strangmarke in der Mitte von Epsteins Hals und nicht unter dem Kieferknochen, wie es bei einem typischen Erhängen durch Hochrutschen der Schlinge zu erwarten wäre? Wie könnte Epstein, fast 1,80 Meter groß und 84 Kilogramm schwer, sich so kraftvoll von der unteren Koje in die Schlinge lehnen, um sich zu erhängen? Warum sollte er ein Laken verwenden, wenn er in seiner Zelle eine Schlaf-Apnoe-Maschine mit einem Kabel hatte? Warum stehen auf Fotos von Epsteins Zelle nach seinem Tod Flaschen und Medikamente aufrecht auf der oberen Pritsche? Warum wurde Epstein am Tatort nicht fotografiert? Warum wurde seine Leiche sofort aus der Zelle entfernt, obwohl dies gegen das Protokoll verstößt?

All diese sachlichen Einwände deuten darauf hin, dass Epstein ermordet wurde. Es macht den Eindruck, als hätten diejenigen mit den größten Geheimnissen und den meisten Risiken dafür gesorgt, dass Epstein keine Gelegenheit mehr bekam, ihre Machenschaften offenzulegen.

Kurz nach Epsteins Tod trendet der Hashtag »TrumpBodyCount«, der Trump beschuldigt, hinter einem möglichen Mord zu stehen. Daraufhin retweetet Präsident Trump den konservativen Aktivisten und Komiker Terrence K. Williams, der getwittert hatte: »Died of SUICIDE on 24/7 SUICIDE WATCH? Yeah right! How does that happen. #JeffreyEpstein had information on Bill Clinton & now he's dead.« Williams fügt den Hashtag »ClintonBodyCount« hinzu, was auf das Gerücht anspielt, dass viele Personen im Umfeld der Clintons unter mysteriösen Umständen gestorben seien.

Am 12. August 2019 äußert Generalstaatsanwalt und Justizminister William Barr seine Wut über die »ernsthaften Unregelmäßigkeiten« im MCC und verspricht, »dem Geschehen auf den Grund zu gehen«. Trump hat Barr im Dezember 2018 für dessen Position ernannt, wobei er betonte, ihn erst kürzlich kennengelernt zu haben. Barrs Verbindung zu Epstein wird von den Medien allerdings kritisch betrachtet. Bereits Barrs berufliche Verbindung zum Bundesstaatsanwalt Alexander Acosta, der Epstein 2008 einen fragwürdigen Deal gewährt hat, warf Fragen über dessen Befangenheit auf. Barr hat angekündigt, sich nicht an den internen Untersuchungen zu beteiligen, weil er für die Kanzlei gearbeitet habe, die Epstein 2019 nach seiner Festnahme vertrat. Auch diesmal kam nicht zur Sprache, dass sein Vater Donald Barr Direktor der Dalton School war, an der Epstein in den 1970er-Jahren als Dozent tätig war. Das fällt genau in die Zeit, als William Barr als Analyst für die CIA arbeitete.

Als in den Medien Zweifel an Barrs Unabhängigkeit laut werden, meint die Bundesstaatsanwältin Joyce Vance am 13. August 2019 im *Time Magazine,* dass Barr ungeeignet sei, die Untersuchung im Fall Epstein zu leiten. Trotz dieser Bedenken stellt sich Präsident Trump öffentlich hinter Barr. Vor Reportern in New Jersey sagt Trump am 14. August 2019: »Ich will eine vollständige Untersuchung und das ist es, was ich unbedingt fordere. Das ist es, was unser Generalstaatsanwalt, unser großartiger Generalstaatsanwalt, tut. Er führt eine vollständige Untersuchung durch.«

Im November 2019, nach Abschluss der Untersuchung, wird Generalstaatsanwalt Barr von der Nachrichtenagentur *Associated Press* interviewt. Er gibt zu, dass er anfangs selbst Zweifel am angeblichen Selbstmord von Epstein hatte. Doch letztlich sei er zu dem Ergebnis gelangt, dass Epsteins Tod auf einen »perfekten Sturm von Fehlern« zurückzuführen war.

Wenige Tage später leakt die rechtskonservative Enthüllungsplattform *Project Veritas* ein Video der *ABC-News*-Moderatorin Amy Robach. Darin spricht sie frustriert darüber, dass ein 2015 aufgezeichnetes Interview mit Epsteins Opfer Virginia Guiffre nie ausgestrahlt wurde. weil der Buckingham Palace aufgrund der Verwicklung von Prinz Andrew »auf millionenfache Weise« versucht habe, die Veröffentlichung zu verhindern. Robach sagt wörtlich: »Wir hatten Clinton, wir hatten alles«, und betont, dass der Bericht

»dreifach verifiziert« war. Trotzdem habe der Sender aus Angst vor möglichen Konsequenzen und Reaktionen davon Abstand genommen. Auch sagt Robach: »Er hat sein ganzes Geld damit verdient, Leute zu erpressen. Es waren viele Männer an Bord dieser Flugzeuge. Viele Männer, die diese Insel besuchten. Eine Menge mächtiger Männer, die in diese Wohnung kamen.« Sie fügt hinzu: »Ob ich glaube, dass er getötet wurde? Hundertprozentig, ja, das glaube ich.« Wenige Tage nach dem Leak wird Robach in einer Stellungnahme erklären, dass ihre Aussagen in einem »privaten Moment der Frustration« entstanden seien. Sie gab an, dass es für die Ausstrahlung »nicht ausreichend überprüfbare Beweise« gegeben habe.

Im Juni 2023 wird der Generalinspekteur des US-Justizministeriums einen 128-seitigen Bericht veröffentlichen, der »zahlreiche und schwerwiegende Versäumnisse« im Zusammenhang mit Epsteins Tod offenlegt. Betrachtet man die mehr als dreißig aufgeführten Fehler, drängt sich der Verdacht auf, dass es hier um mehr als bloße Inkompetenz geht. In den Wochen vor seinem Tod kursierten Gerüchte, dass Epstein aufgrund seines Wissens über mächtige Persönlichkeiten in Gefahr sei. Einige spekulierten, er könnte »aus dem Weg geräumt« werden, um belastende Informationen zu verhindern.

Trotz dieser weit verbreiteten Befürchtungen und Warnungen kommt es zu einer auffällig mysteriösen Serie von »Versäumnissen« in den entscheidenden Stunden vor Epsteins Tod. Nachdem der zentrale Zeuge im Fall, Jeffrey Epstein, für immer schweigen wird, rückt die mediale Aufmerksamkeit unweigerlich auf die zweitwichtigste Figur: Ghislaine Maxwell.

Quellen:

Ward, Vicky: »Jeffrey Epstein's Sick Story Played Out for Years in Plain Sight«. In: The Daily Beast, 9. Juli 2019, online unter: https://www.thedailybeast.com/jeffrey-epsteins-sick-story-played-out-for-years-in-plain-sight, abgerufen am 1. September 2024.

Rogers, Katie: »Acosta Defends His Role in Brokering Jeffrey Epstein Plea Deal«. In: The New York Times, 10. Juli 2019, online unter: https://www.nytimes.com/2019/07/10/us/politics/acosta-epstein.html, abgerufen am 1. September 2024.

Poniewozik, James: »Acosta Pleads His Case to TV Court«. In: The New York Times, 10. Juli 2019, online unter: https://www.nytimes.com/2019/07/10/arts/television/acosta-trump-tv.html, abgerufen am 1. September 2024.

»Acosta Says Reporting Epstein Was Like Going Down Rabbit Holes«. In: Daily Mail, 12. Juli 2019, online unter: https://www.dailymail.co.uk/video/news/video-1962956/Acosta-says-reporting-Epstein-going-rabbit-holes.html, abgerufen am 1. September 2024.

Karni, Annie: »Acosta to Resign as Labor Secretary Over Jeffrey Epstein Plea Deal«. In: The New York Times, 12. Juli 2019, online unter: https://www.nytimes.com/2019/07/12/us/politics/acosta-resigns-trump.html, abgerufen am 1. September 2024.

»Remarks by President Trump and Amir Al Thani of the State of Qatar in Bilateral Meeting«. In: White House Archives, 9. Juli 2019, online unter: https://trumpwhitehouse.archives.gov/briefings-statements/remarks-president-trump-amir-al-thani-state-qatar-bilateral-meeting/, abgerufen am 1. September 2024.

»Remarks by President Trump Before Marine One Departure«. In: White House Archives, 12. Juli 2019, online unter: https://trumpwhitehouse.archives.gov/briefings-statements/remarks-president-trump-marine-one-departure-52/, abgerufen am 1. September 2024.

Weiser, Benjamin: »Report Shows Detainee's Insight Into Legal Process«. In: The New York Times, 26. September 2010, online unter: http://www.nytimes.com/2010/09/27/nyregion/27ghailani.html, abgerufen am 1. September 2024.

Sisak, Michael R.: »New details of Jeffrey Epstein's death and the frantic aftermath revealed in records obtained by AP«. In: AP News, 2. Juni 2023, online unter: https://apnews.com/article/jeffrey-epstein-jail-suicide-prison-death-8d194a756f2b429067f009a0c70f96c0, abgerufen am 1. September 2024.

Viner, Katharine: »Records shed light on Jeffrey Epstein's state of mind in jail in days before death«. In: The Guardian, 2. Juni 2023, online unter: https://www.theguardian.com/us-news/2023/jun/02/jeffrey-epstein-jail-documents-last-days, abgerufen am 1. September 2024.

Weiser, Benjamin: »Epstein's Final Days: Celebrity Reminiscing and a Running Toilet«. In: The New York Times, 23. November 2021, online unter: https://www.nytimes.com/2021/11/23/nyregion/jeffrey-epstein-suicide-death.html, abgerufen am 1. September 2024.

Dienst, Jonathan: »Jeffrey Epstein denied bail, must remain behind bars until sex trafficking trial«. In: NBC News, 18. Juli 2019, online unter: https://www.nbcnews.com/news/us-news/jeffrey-epstein-denied-bail-must-remain-behind-bars-until-sex-n1031171, abgerufen am 1. September 2024.

Allyn, Bobby: »Jeffrey Epstein Is Denied Bail in Sex Trafficking Case«. In: NPR, 18. Juli 2019, online unter: https://www.npr.org/2019/07/18/741802612/jeffrey-epstein-is-denied-bail-in-sex-trafficking-case, abgerufen am 1. September 2024.

Parker, Terri: »New Lawyer for Epstein Before Death Says Cellmate Caused Attempted Suicide Injury«. In: WPBF, 3. Januar 2024, online unter: https://www.wpbf.com/article/new-lawyer-epstein-before-death-says-cellmate-caused-attempted-suicide-injury/46276483, abgerufen am 1. September 2024.

Dienst, Jonathan: »Jeffrey Epstein Injured in NYC Jail Cell After Possible Suicide Attempt«. In: NBC New York, 24. Juli 2019, online unter: https://www.nbcnewyork.com/news/local/Jeffrey-Epstein-Found-Injured-in-NYC-Jail-Cell-After-Possible-Suicide-Attempt-or-Assault-Sources-513174311.html, abgerufen am 1. September 2024.

Winter, Tom: »Surveillance video from Jeffrey Epstein's first apparent suicide attempt ›no longer exists‹«. In: NBC News, 9. Januar 2020, online unter: https://www.nbcnews.com/news/us-news/surveillance-video-jeffrey-epstein-s-first-apparent-suicide-attempt-no-n1113166, abgerufen am 1. September 2024.

Watkins, Ali: »Inmate 76318-054: The Last Days of Jeffrey Epstein«. In: The New York Times, 17. August 2019, online unter: https://www.nytimes.com/2019/08/17/nyregion/epstein-suicide-death.html, abgerufen am 1. September 2024.

»Jeffrey Epstein Estate Quarterly Statement«. In: Scribd, online unter: https://de.scribd.com/document/445392317/Epstein-estate-quarterly-statement, abgerufen am 1. September 2024.

Leggate, James: »Who is Boris Nikolic? Epstein-named executor is former Bill Gates adviser«. In: Fox Business, 20. August 2019, online unter: https://www.foxbusiness.com/features/who-is-boris-nikolic-epstein-executor, abgerufen am 1. September 2024.

»Boris Nikolic Profile«. In: Crunchbase, online unter: https://www.crunchbase.com/person/boris-nikolic, abgerufen am 1. September 2024.

Goldstein, Matthew: »Where Is Jeffrey Epstein's Money Going?«. In: The New York Times, 28. Januar 2022, online unter: https://www.nytimes.com/2022/01/28/business/jeffrey-epstein-estate.html, abgerufen am 1. September 2024.

Keogh, Elizabeth: »Harassed by Guards and Extorted by Inmates: Jeffrey Epstein Shared Suicidal Thoughts at NYC Federal Jail«. In: New York Daily News, 27. Dezember 2020, online unter: https://www.nydailynews.com/2020/12/27/harassed-by-guards-and-extorted-by-inmates-jeffrey-epstein-shared-suicidal-thoughts-at-nyc-federal-jail/, abgerufen am 1. September 2024.

Keogh, Elizabeth: »Last Man to Share Jail Cell with Jeffrey Epstein Died Last Month of COVID«. In: New York Daily News, 28. Dezember 2020, online unter: https://www.nydailynews.com/2020/12/28/last-man-to-share-jail-cell-with-jeffrey-epstein-died-last-month-of-covid/, abgerufen am 1. September 2024.

Shamsian, Jacob: »The executors of Jeffrey Epstein's Virgin Islands estate forced 3 of his accusers to marry to keep them under his control, prosecutors say«. In: Business Insider, 12. Februar 2021, online unter: https://www.businessinsider.com/jeffrey-epstein-estate-executors-sex-trafficking-victim-marriages-prosecutors-2021-2, abgerufen am 1. September 2024.

Brown, Stephen Rex: »Even Jeffrey Epstein's girlfriend, the last person to speak on phone with him before suicide, shocked he killed himself«. In: New York Daily News, 3. März 2020, online unter: https://www.nydailynews.com/new-york/ny-epstein-girlfriend-last-person-to-speak-to-him-20200303-5eiir3ia5bbhvjcsdrsjmxvqoi-story.html, abgerufen am 1. September 2024.

Barr, Luke: »Jeffrey Epstein, accused sex trafficker, dies by suicide: Officials«. In: ABC News, 10. August 2019, online unter: https://abcnews.go.com/US/jeffrey-epstein-accused-sex-trafficker-dies-suicide-officials/story?id=64881684, abgerufen am 1. September 2024.

Hosenball, Mark: »FBI studies two broken cameras outside cell where Epstein died – source«. In: Reuters, 28. August 2019, online unter: https://www.reuters.com/article/us-people-jeffrey-epstein-cameras-idUSKCN1VI2LC/, abgerufen am 1. September 2024.

Shallwani, Pervaiz: »Jeffrey Epstein's Death Ruled Suicide by Hanging: New York City Medical Examiner«. In: The Daily Beast, 16. August 2019, online unter: https://www.thedailybeast.com/jeffrey-epstein-death-ruled-suicide-by-new-york-city-medical-examiner, abgerufen am 1. September 2024.

Raymond, Adam K.: »5 Takeaways from the 60 Minutes Jeffrey Epstein Report«. In: New York Magazine, 6. Januar 2020, online unter: https://nymag.com/intelligencer/2020/01/5-takeaways-from-the-60-minutes-jeffrey-epstein-report.html, abgerufen am 1. September 2024.

De Granados, Oriana Zill: »60 Minutes investigates the death of Jeffrey Epstein«. In: CBS News, 5. Januar 2020, online unter: https://www.cbsnews.com/news/did-jeffrey-epstein-kill-himself-60-minutes-investigates-2020-01-05/, abgerufen am 1. September 2024.

Timm, Jane C.: »Trump retweets Epstein conspiracy theory, claiming Clinton connection«. In: NBC News, 11. August 2019, online unter: https://www.nbcnews.com/politics/donald-trump/trump-retweets-epstein-conspiracy-theory-claiming-clinton-connection-n1041146, abgerufen am 1. September 2024.

Strohm, Chris: »Barr Won't Recuse Himself from New Case Against Jeffrey Epstein«. In: Bloomberg, 9. Juli 2019, online unter: https://www.bloomberg.com/news/articles/2019-07-09/barr-won-t-recuse-himself-from-new-case-against-jeffrey-epstein, abgerufen am 1. September 2024.

White Vance, Joyce: »William Barr Is the Wrong Person to Lead the Jeffrey Epstein Investigation«. In: Time, 13. August 2019, online unter: https://time.com/5650974/william-barr-jeffrey-epstein/, abgerufen am 1. September 2024.

Denney, Andrew: »Jeffrey Epstein assets listed in financial disclosure form filed by lawyers add up to value of $559,120,954«. In: MarketWatch, 17. Juli 2019, online unter: https://www.marketwatch.com/story/jeffrey-epstein-assets-listed-in-financial-disclosure-form-filed-by-lawyers-add-up-to-value-of-559120954-2019-07-16, abgerufen am 1. September 2024.

Barr, Jeremy: »ABC's Amy Robach Made Jeffrey Epstein Comments in ›Private Moment of Frustration‹«. In: The Hollywood Reporter, 5. November 2019, online unter: https://www.hollywoodreporter.com/tv/tv-news/abcs-amy-robach-made-jeffrey-epstein-comments-private-moment-frustration-1252410/, abgerufen am 1. September 2024.

Mindock, Clark: »ABC anchor caught on hot mic saying network sat on Jeffrey Epstein accusations for three years«. In: The Independent, 5. November 2019, online unter: https://www.independent.co.uk/news/world/americas/jeffrey-epstein-abc-hot-mic-video-amy-robach-virginia-roberts-prince-andrew-project-veritas-a9186261.html, abgerufen am 1. September 2024.

Balsamo, Michael: »AG Barr: Epstein's death was a ›perfect storm of screw-ups‹«. In: AP News, 22. November 2019, online unter: https://apnews.com/article/ap-top-news-politics-new-york-business-suicides-4ff27f28f32d446795b65ac7dd8cc4ac, abgerufen am 1. September 2024.

8 Lady Ghislaine

Ghislaine Maxwell wird am 25. Dezember 1961 als jüngste Tochter des legendären britischen Verlegers Robert Maxwell und der Französin Elisabeth Meynard in Frankreich geboren. Sie ist eines von neun Geschwistern. Zwei Tage nach ihrer Geburt stirbt ihr ältester Bruder Michael nach sieben Jahren im Koma infolge eines schweren Autounfalls. Bereits drei Jahre zuvor hatte die Familie ihre Schwester Karine an Leukämie verloren. Mit diesen Schicksalsschlägen im Rücken wachsen die Kinder in einem 53-Zimmer-Anwesen in der britischen Universitätsstadt Oxford auf, eingebettet in ein Leben voller Luxus und umgeben von der internationalen High Society.

Obwohl Robert Maxwell seine geschäftlichen Angelegenheiten hauptsächlich seinen Söhnen Ian und Kevin anvertraut, bleibt Ghislaine, das jüngste Kind, sein Liebling. Maxwell hat hohe Erwartungen an seine Kinder und fordert sie ständig heraus, etwas Großes zu erreichen. Beim Essen fragt er sie über Geschichte und Geopolitik aus, und wenn sie falsch antworten, reagiert er oft wütend. Seine Ausbrüche führen zu verbalen und manchmal körperlichen Bestrafungen. Als Ghislaine zwölf Jahre alt ist, installiert Maxwell in ihrem Zimmer einen Computer, wo sie erstmals mit einem Wang 2200, einem der ersten Desktop-Computer, umgehen lernt. Später bringt sie sich sogar das Programmieren bei. Der ständige Stress und die finanziellen Spannungen im Maxwell-Universum müssen bei Ghislaine tiefe Spuren hinterlassen haben. Berichten zufolge litt sie bereits im Alter von fünf Jahren an Magersucht.

Ghislaine hat viele Gemeinsamkeiten mit ihrem Vater, auch optisch. In einem Interview mit dem *Hello!*-Magazin im Februar 1997 sagt sie: »Ich habe eine gewisse körperliche Ähnlichkeit: meine Augenbrauen, sein dunkles Haar, seine markanten Gesichtszüge. Dabei dachte ich, ich hätte Mummys Nase.« Auch charakterlich betonte sie Parallelen: »Mein Vater war ehrgeizig, zielstrebig, fleißig und zielorientiert. Ich hoffe, dass ich einige dieser Eigenschaften teile.«

Während ihr Vater Eigentümer des Fußballvereins *Oxford United* ist, übernimmt sie 1984 im Alter von 22 Jahren die Rolle der Direktorin des Vereins. Zusätzlich arbeitet sie für *The European*, eine Wochenzeitung, die von ihrem Vater gegründet wurde.

Nach ihrem Abschluss 1985 an der Universität Oxford steigt Maxwell zum It-Girl der Londoner High Society auf. Sie taucht ins Nachtleben ein und knüpft Kontakte in den exklusivsten Kreisen. Ghislaine gründet in London den *Kit-Cat Club*, ein Netzwerk von einflussreichen Frauen. Laut der Autorin Orphelia Field, die 2009 das Buch *The Kit-Cat Club: Friends Who Imagined a Nation* veröffentlichte, stammt der Name des Clubs ursprünglich von »Kit Cats«, Lammfleischpasteten, die von Christopher »Cat«, einem Konditor, zubereitet wurden, der um das frühe 18. Jahrhundert die ersten Zusammenkünfte ausrichtete. Im Laufe der Zeit wurde der Name jedoch in verschiedenen Zusammenhängen mit sexuellen Konnotationen verwendet, etwa im Film *Cabaret* von 1972 mit Liza Minelli und in modernen Berliner Nachtclubs. Field bezeichnet den Namen »als ungewöhnliche Wahl« für Maxwells Club, der dazu diente, »elitäre Kontakte zu knüpfen und berufliche Vorteile zu erzielen«.

Ghislaine ahnt zu diesem Zeitpunkt noch nicht, wie schnell sich ihr Leben radikal verändern wird. Nur wenige Jahre später wird sie für einen kompletten Neustart in die USA auswandern, um dort ein neues Kapitel aufzuschlagen.

Nach Epsteins Verurteilung als Sexualstraftäter im Jahr 2008 versucht Ghislaine Maxwell, sich von seinem Schatten zu lösen und ihr eigenes Image aufzupolieren.

Im Juni 2010, nach Epsteins Haftentlassung, wird neu ermittelt, da Epstein Gegenklage gegen Bradley Edwards, den Anwalt der Opfer, erhebt. Ghislaine Maxwell soll dazu vor Gericht befragt werden und stimmt zunächst zu auszusagen. Kurz darauf sagt sie jedoch wieder ab. In den Gerichtsdokumenten heißt es: »Einen Tag, bevor Edwards nach New York fliegen sollte, um Maxwells Aussage aufzunehmen, wird er von ihrem Anwalt darüber informiert, dass Maxwells Mutter todkrank sei. Maxwell fliege deshalb nach England und habe nicht die Absicht, in die Vereinigten Staaten zurückzukehren.«

Nur einen Monat später tauchen jedoch Fotos auf, die Ghislaine Maxwell auf der Hochzeit von Chelsea Clinton zeigen. Das bestätigt, dass sie sich weiterhin in den USA aufhält. Zu sehen ist, wie der ehemalige US-Präsident Bill Clinton seine Tochter Chelsea zum Traualtar führt, während Maxwell in der Menge steht und grinsend in die Kamera schaut.

Maxwell nimmt nun immer öfter an Partys und Galas teil, vermutlich, um Normalität vorzugaukeln und ihre gesellschaftlichen Verbindungen auszubauen. Es wirkt wie ein Wettlauf gegen die Zeit und gegen die wachsende Bedrohung ihrer Enthüllung. Dabei scheint Maxwell strategisch vorzugehen: Je mehr prominente Persönlichkeiten sich mit ihr zeigen, desto schwieriger wird es für diese, öffentlich über Maxwells Verbrechen zu sprechen, falls diese ans Licht kommen. Diejenigen, die auf Fotos mit ihr erscheinen, könnten sich gezwungen sehen zu schweigen, um ihre eigene Nähe zu Maxwell und die mögliche Komplizenschaft nicht erklären zu müssen.

Im Februar 2011 wird Maxwell zu einer Dinnerparty des US-Künstlers Edward Ruscha mit dem Titel *Psycho Spaghetti Westerns* eingeladen, wo sie sich mit der Rocklegende Mick Jagger ablichten lässt. Am nächsten Tag ist sie auf der Buchparty der Autorin Kathy Freston und posiert dort für Fotos mit Wendi Deng Murdoch, der damaligen Ehefrau des Medienmoguls Rupert Murdoch. Ein Höhepunkt ist die *Time*-Gala der 100 einflussreichsten Menschen der Welt im April 2012. Hier wird sie unter anderem mit der Medienunternehmerin Arianna Huffington und dem Virologen Nathan Wolfe fotografiert. Im Oktober 2012 besucht Maxwell eine Party der Philanthropin Suzanne Johnson, wo sie ebenfalls auf Bildern zu sehen ist, etwa mit der Lifestyle- und Küchen-Ikone Martha Stewart sowie Woody Johnson, der Urenkel des Gründers von Johnson & Johnson und ehemaliger US-Botschafter in Großbritannien.

Im selben Jahr wendet sich Maxwell an die Clinton-Familie mit der Bitte um Unterstützung. Die *Clinton Foundation*, die von Bill, Hillary und Chelsea Clinton geführt wird, stellt sich hinter Maxwells neu gegründete Umweltschutzorganisation, das *TerraMar*-Projekt. Zu den Gründungsmitgliedern zählt – das behauptete die Webseite des TerraMar-Projekts – Richard Branson, der Eigentümer der *Virgin Group*. Das Projekt schließt im Juli 2019 mit der Verhaftung von Epstein und wird im Dezember 2019 offiziell aufgelöst.

Im April 2021 werden die Geschwister von Ghislaine Maxwell eine Website unter der Domain *realghislaine.com* aufsetzen, um ihre Schwester als Opfer darzustellen und die Berichterstattung der Medien über sie zu konterkarieren. Hier wird auf Maxwells Reden bei den Vereinten Nationen verwiesen, wo sie den Schutz der Weltmeere propagiert. Ihre Auftritte bei den UN und auf globalen Konferenzen werden dazu dienen, Maxwells Image als Philanthropin und Umweltaktivistin zu fördern, damit ihre Verbindung zu Epstein in den Hintergrund gedrängt wird.

Es folgen zahlreiche Partys mit der globalen High Society wie im April 2013, wo Maxwell die Book-Signing-Party von Christina

Oxenberg besucht, die Cousine des britischen Prinzen Andrew. Auf einem der Fotos sieht man Maxwell und Oxenberg in inniger Umarmung. Oxenberg wird sich 2020 in der Dokumentarserie *Who Killed Jeffrey Epstein?* öffentlich gegen Maxwell aussprechen.

Ein Jahr später wird Oxenberg das Buch *Trash: Encounters with Ghislaine Maxwell* veröffentlichen. Darin wird sie ihr Party-Foto mit Maxwell erklären und sagen, dass Maxwell gar nicht zur Party eingeladen gewesen sei. »Sie verlangte, dass ich hinter dem Schreibtisch hervorkomme und mit ihr für ein Foto posiere. Die Fotografin tat, wie ihr geheißen, und so gibt es leider nur diese Fotos von uns beiden. [...] Alles war beabsichtigt, inszeniert. Alles, was sie brauchte, war der Anschein von Nähe zu mir auf diesem Foto. Eine Strategie zur Unterstützung ihrer Wiedereingliederung in die Gesellschaft; sie hoffte, wenn die Leute sehen würden, dass andere sich wieder mit ihr anfreunden, würden sie vielleicht denken, dass sie gar nicht so schlimm ist.«

Auch Christopher Mason, der im Oktober 2013 auf einer Party mit Ghislaine Maxwell für ein Foto posiert, wird 2020 in der Dokumentarserie *Surviving Jeffrey Epstein* als ehemaliger Freund von Maxwell auftreten und sich gegen sie stellen. Auf derselben Party lässt sich Maxwell die Gelegenheit nicht entgehen, sich mit dem Gastgeber Geordie Greig fotografieren zu lassen, dem damaligen Chefredakteur der britischen Zeitungen *The Independent* und *Evening Standard*, sowie dem prominenten TV-Moderator Piers Morgan, der zu dieser Zeit für *CNN* arbeitet.

Im Dezember 2021 wird sich Morgan in einem Tweet rechtfertigen: »An alle, die mir freudig dieses Foto schicken: Ich habe Ghislaine Maxwell 2013 bei einer Buchvorstellung in New York getroffen. Wir sprachen fünf Minuten lang über ihren Vater Bob, dem einst der *Daily Mirror* gehört hat. Sie schien nett zu sein. Offensichtlich ist sie ein Monster. Leider bin ich kein Hellseher. Ich hoffe, das hilft.«

Im September 2013 lädt Maxwell selbst zu einer Cocktail-Party ein, zum Launch von *Ideapod*, einer Social-Media-Plattform für Intellektuelle, Visionäre und Kreative, die an der Lösung globaler Probleme mitarbeiten wollen. Unterstützt und finanziert wird diese Plattform von Richard Branson, dem Gründer der *Virgin Group*. Hier entstehen Fotos mit Andrew Tobias, dem Schatzmeister des *Democratic National Committee*, des Gremium, das die Demokratische Partei in den USA führt, sowie mit Otho Kerr, dem Direktor für Strategische Partnerschaften der *Federal Reserve Bank of New York*.

Wenige Tage später zeigt sie sich erneut in den höchsten Elite-Kreisen. Auf einer exklusiven Party posiert sie für ein Foto mit Steve A. Schwarzman, dem Gründer der Blackstone Group, einem der größten Private-Equity-Unternehmen der Welt. Ebenfalls wird sie neben David H. Koch, einem der reichsten Männer der Welt und Miteigentümer von Koch Industries, abgelichtet. Koch ist nicht nur Miteigentümer des zweitgrößten privaten Unternehmens in den USA, sondern auch Spender für die Republikaner. Ein weiteres Bild entsteht mit Aby Rosen, dem deutsch-amerikanischen Investor und Besitzer des Seagram-Gebäudes, das der Bronfman-Familie gehört hat, sowie des Gebäudes der Europäischen Zentralbank in Frankfurt.

Im März 2014 taucht Maxwell auf der exklusiven *Vanity-Fair-Oscar*-Party auf und wird neben Tesla-CEO Elon Musk abgelichtet. Am 3. Juli 2020 wird Musk auf Gerüchte einer Freundschaft mit Maxwell in einem Tweet antworten: »Ich kenne Ghislaine überhaupt nicht. Sie hat sich einmal vor einigen Jahren auf einer *Vanity-Fair*-Party ins Bild geschmuggelt. Die eigentliche Frage ist, warum VF sie überhaupt eingeladen hat?« Einen Tag später wird Musk in einem Tweet hinzufügen, dass er mit seiner Ex-Frau Talulah Riley an der Party teilgenommen hatte. Riley wird prompt antworten, dass sie Maxwell nicht kenne, aber gestehen: »Elon und ich waren einmal anlässlich einer Reihe von Terminen in Epsteins Haus in New York. Ich kann das nicht einmal auf ein Jahr datieren.«

Musk erklärt später, er sei nur einmal »mitten am Nachmittag für etwa 30 Minuten« in Epsteins Haus gewesen, dabei habe er »nichts Unangemessenes gesehen, abgesehen von seltsamer Kunst«. Epstein habe wiederholt versucht, ihn, Musk »zu einem Besuch auf seiner Insel zu bewegen«, aber er habe abgelehnt.

Im August 2018, nachdem Musk den berühmten Tweet abgesetzt haben wird: »Ich erwäge, Tesla bei 420 Dollar pro Aktie von der Börse zu nehmen. Finanzierung gesichert«, trifft sich der *New-York-Times*-Kolumnist James B. Stewart mit Epstein. Epstein teilt ihm mit, er habe Musk bei der Suche nach einem neuen Vorsitzenden für Tesla beraten, indem er eine Liste potenzieller Kandidaten erstellte. Tesla wird diese Behauptung später bestreiten.

Im Mai 2023 wird Musk im Rahmen der Klage der US-amerikanischen Jungferninseln gegen JPMorgan Chase vorgeladen. In der Klage wird behauptet, dass die Bank wissentlich von Epsteins kriminellen Aktivitäten profitiert haben könnte. Die Vorladung soll mögliche Verbindungen zwischen Epstein, Musk und JP Morgan klären, einschließlich des Verdachts, dass Epstein versucht haben könnte, Musk als Kunden an die Bank zu vermitteln.

Im Januar 2015 schreibt Epstein in einer E-Mail an Maxwell: »Du hast nichts falsch gemacht, und ich würde dich ermutigen, entsprechend zu handeln. Geh raus, Kopf hoch, nicht wie ein entkommener Verbrecher. Geh auf Partys, steh das durch.« Er fordert sie außerdem auf, Kontakt zur schwedischen Diplomatin Lisa Svensson aufzunehmen. Epstein schreibt: »Sie sagte, niemand in ihrem Meeresgremium nehme diese Dinge ernst, und du wärst bei der Ozeankonferenz willkommen.«

Doch Maxwell versucht bereits, sich von Epstein zu distanzieren, und antwortet: »Ich würde es schätzen, wenn Shelley [die Kinderbuchautorin Shelley Lewis] sagen könnte, dass sie deine Freundin war – ich denke, sie war es von Ende 1999 bis 2002.« Epstein stimmt zu: »Okay, für mich in Ordnung.« Diese E-Mail-Auszüge werden im Juli 2020 von einem Bundesgericht in New York City veröffentlicht. Sie zeigen, wie Epstein und Maxwell gemeinsam daran arbeiteten, sie von seinen Verbrechen zu distanzieren und ihr Image zu schützen.

Maxwells Sorge dürfte damit zu tun haben, dass Virginia Giuffre im Januar 2015 eine Verleumdungsklage gegen sie einreicht. Giuffre wirft Maxwell vor, eine »gezielte und bösartige Kampagne« zu führen, um sie zu diskreditieren. Im Kern geht die juristische Auseinandersetzung um Giuffres ursprüngliche Anschuldigung, dass Maxwell sie in den Jahren 1999 bis 2002 rekrutiert hat, damit Epstein sie sexuell missbrauchen konnte. Das hatte Maxwell als »offensichtliche Lüge« bezeichnet.

Nachdem Giuffre behauptet hat, von Maxwell zu sexuellen Diensten für Prinz Andrew und andere mächtige Männer gezwungen worden zu sein, sorgt das für einen Dominoeffekt. Dutzende von Epsteins Opfern treten hervor und erheben ähnliche Vorwürfe. Sie reichen Klagen gegen Maxwell als Epsteins Komplizin ein, was den Druck auf sie erheblich erhöht und die Ermittlungen verschärft.

Nun rückt auch das berühmte Foto von Prinz Andrew und Virginia Giuffre erneut in den Fokus der internationalen Aufmerksamkeit. Andrew ist der Sohn der verstorbenen Königin Elizabeth II. und Bruder von König Charles III., damals noch Kronprinz. Andrew hat den Arm um die damals 17-jährige Giuffre gelegt; im Hintergrund ist Ghislaine Maxwell zu sehen. Epstein selbst soll das Foto aufgenommen haben, das 2011 für 140 000 Dollar an die *Mail on Sunday* verkauft wurde. Der Buckingham Palace wies in einer Erklärung die Vorwürfe zurück: »Es wird nachdrücklich bestritten, dass der Herzog von York [d. h. Prinz Andrew] irgendeine Form von sexuellem Kontakt oder Beziehung mit Virginia Roberts hatte. Die Anschuldigungen sind falsch und entbehren jeder Grundlage.«

Maxwell schreibt in diesen Tagen eine E-Mail an ihre Anwälte und PR-Berater Philip Barden und Ross Glow und sagt, dass sie über »weitere Fragen« zu ihrer »Beziehung zu [Bill] Clinton« und »Andrew« besorgt sei. Auch sagt sie, dass sie mit den Klagen »überfordert« sei, und betont: »Ich möchte auf keinen Fall in einen Prozess verwickelt werden, der sich gegen mich richtet, wenn ich es verhindern kann. [...] Ich war noch nie in einem Straf- oder Zivilprozess und möchte, dass das auch so bleibt.«

Giuffres Anwältin, Sigrid McCawley, wird 2017 dem *Miami Herald* gegenüber bestätigen, dass im Fall der Verleumdungsklage gegen Maxwell zugunsten ihrer Mandantin entschieden worden sei. Die Höhe der Vergleichszahlung sei vertraulich.

Sieben Jahre später, im Januar 2024, gibt eine New Yorker Richterin die E-Mail frei, die aus vertraulichen Gerichtsunterlagen der Verleumdungsklage von Giuffre gegen Maxwell stammt. Diese entsiegelten Gerichtsdokumente, auch bekannt als *Epstein Files*, werden mehr als 900 Seiten umfassen und die Namen von mehr als hundert Personen beinhalten, die mit Epstein in Verbindung standen. Darunter sind mutmaßliche Komplizen, Mitwisser, Zeugen und Opfer.

Die *New York Times* berichtet, dass Maxwell ab 2016 nicht mehr auf Fotos von öffentlichen Veranstaltungen erscheint. Sie lebt weitgehend im Verborgenen, wohl aus Angst vor Reportern und Paparazzi. Im April wird das New Yorker Stadthaus, in dem sie lebt, für 15 Millionen Dollar verkauft. 2017 erklären ihre Anwälte vor Gericht, dass sie ihre aktuelle Adresse nicht mehr kennen. Sie geben an, dass sie sich zwar in London aufhalte, jedoch wahrscheinlich keinen festen Wohnsitz habe. Aufgrund ihrer französischen Staatsbürgerschaft wird sie in Frankreich vermutet, oder in Israel, wohin ihr Vater Robert Maxwell, ein einflussreicher Medienmogul, viele Verbindungen hatte.

Maxwell wehrt 2018 eine Klage von Sarah Ransome durch eine Vergleichszahlung ab, deren Höhe unbekannt bleibt. Auch Ransome hatte Maxwell vorgeworfen, sie 2006 rekrutiert und an Epstein vermittelt zu haben, damit er sie auf seiner Privatinsel sexuell ausbeuten konnte. Kurz darauf folgt eine Klage von Maria Farmer, die im April 2019 mit ihrer Geschichte an die Öffentlichkeit geht. Farmer, die bereits 1996 als erstes Opfer versucht hat, Epstein und Maxwell zur Verantwortung zu ziehen, erhebt erneut Vorwürfe. Sie behauptet, gemeinsam mit ihrer damals 15-jährigen Schwester Annie von Epstein und Maxwell sexuell missbraucht worden zu sein.

Am 2. Juli 2019 ordnet das Berufungsgericht in New York für den zweiten Bezirk die Freigabe von Dokumenten aus der früheren Zivilklage von Virginia Giuffre gegen Maxwell an. Drei Tage später wird Epstein verhaftet. Als er am 10. August 2019 tot in seiner Zelle aufgefunden wird, verschwindet Maxwell spurlos.

Erst fünf Tage später gibt es ein kleines, merkwürdiges Lebenszeichen. Die *New York Post* veröffentlicht ein Foto von Maxwell in einem In-N-Out-Burger-Restaurant in Los Angeles. Kurz darauf tauchen zwei weitere Fotos von derselben Szene aus mehreren Perspektiven mit unterschiedlichen Posen von Maxwell auf. Auf allen drei Fotos sitzt sie im Freien. Vor ihr ein Burger, Pommes frites und ein Shake. Warum isst eine millionenschwere Lady aus der britischen High Society bei einer billigen Burger-Kette?

Doch das ist nicht das Einzige, was seltsam anmutet. Während Maxwell isst, liest sie ein Buch. Es stammt aus dem Jahr 2001. Geschrieben wurde es von dem Journalisten Ted Gup und es hat den Titel *The Book of Honor: Covert Lives and Classified Deaths at the CIA*. Es erzählt die Geschichten von verdeckten Operationen und CIA-Agenten, die bei der Ausübung ihrer Tätigkeit getötet wurden. Gup nennt diese Menschen »CIA-Stars« und leitet sein Buch mit folgenden Worten ein: »Handelte es sich bei diesen Stars um

Helden, oder waren sie Saboteure und Mörder, Attentäter, die in ihren eigenen Plänen gefangen waren? Und was, wenn überhaupt, hat das amerikanische Volk von diesen Opfern erfahren? Hat die Regierung der Vereinigten Staaten, vielleicht sogar der Präsident selbst, über ihre Schicksale gelogen?«

Der Titel *The Book of Honor* geht auf ein echtes, allerdings geheimes Buch zurück, das in der Zentrale der CIA in Langley, Virginia, streng gesichert aufbewahrt wird. Es ehrt Agenten, die während ihrer Einsätze ums Leben gekommen sind. Statt ihrer Namen sind Sterne eingetragen, die auf einer Gedenkwand der CIA angebracht sind. Jedes Jahr kommen neue Sterne hinzu, um die gefallenen Agenten zu ehren. Im Jahr 2019 zählte die Wand insgesamt 133 dieser Sterne. Will uns Maxwell sagen, dass Epstein einer davon war?

Die *Daily Mail* beginnt in den darauffolgenden Tagen, das Bild genauer zu untersuchen. Die Reporter analysieren die Metadaten des Fotos und entdecken, dass es mit dem Wort »Meadowgate« getaggt ist – derselbe Name wie eine Firma, die mit der kalifornischen Anwältin Leah Saffian in Verbindung steht. Der Hund, der auf einem Foto neben Maxwells Füßen zu sehen ist, scheint der Anwältin zu gehören. Saffian hat in der Vergangenheit auch Maxwells Bruder Kevin in einer Klage wegen Betrugs in Großbritannien juristisch vertreten. Die Reporter gehen davon aus, dass Saffian das Foto inszeniert hat.

Den Reportern der *Daily Mail* fällt ein weiteres Detail auf. Das Foto zeigt hinter Maxwell eine Werbetafel, die an einer Bushaltestelle in der Nähe des In-N-Out hängt. Darauf ist ein Plakat für den Kinofilm *Good Boys* zu sehen. Doch als Journalisten vor Ort recherchieren, stellen sie fest, dass sich dort tatsächlich Werbung für ein Krankenhaus befindet. Die Werbefirma bestätigt ihnen, dass dieses Plakat bereits seit dem 28. Juli dort hängt. Entweder wurde das Foto schon früher aufgenommen oder aber das Foto wurde digital manipuliert.

Der Film *Good Boys* ist eine FSK18-Komödie, die sexuelle Inhalte aus der Perspektive von drei zwölfjährigen Jungs thematisiert. In einer Szene versuchen sie, eine ihrer Lieblings-Sammelkarten an einen erwachsenen Sammler zu verkaufen, der ständig beteuert, kein Pädophiler zu sein. Der Sammler steht an der Haustür, als eines der Kinder fragt: »Wenn du ein Pädophiler wärst und vor drei Jungs stehen würdest, würdest du es zugeben?« Daraufhin entgegnet der Sammler: »Ach, komm schon, sehe ich aus wie ein Pädophiler?« Ein Kind ruft: »Tausend Prozent!« Der Sammler ruft mehrfach: »Ich bin nicht pädophil!« Welche Botschaft will Maxwell mit dem Hinweis auf diesen Film vermitteln?

Wenn man die Fotos von Maxwell betrachtet und ihre Blicke interpretiert, könnte man fast glauben, sie wolle sagen: »Ihr sucht mich? Hier bin ich! Ich kann nichts offenbaren, aber ich lasse euch ein paar Hinweise da. Ich warte auf den Tag, an dem ihr das Rätsel entschlüsselt.«

In den folgenden Monaten werden weitere Frauen Klagen gegen Maxwell einreichen, darunter Jennifer Araoz, Priscilla Doe, Annie Farmer und Jane Doe.

Durch den Tod Epsteins bricht eine Artikelwelle über dessen Verbindungen zu prominenten Personen aus. Im Fokus steht Prinz Andrew, der erneut medialem Druck ausgesetzt ist, da er in die Missbrauchsvorwürfe gegen Epstein verwickelt ist. Bereits 2011 hat die *BBC* berichtet, dass die Freundschaft von Prinz Andrew mit dem verurteilten Sexualstraftäter Jeffrey Epstein »einen stetigen Strom an Kritik« auslöse, und forderte den Prinzen zu einem Rücktritt von seinen royalen Verpflichtungen auf.

Am 22. August 2019 veröffentlicht der Schriftsteller Evgeny Morozov den Artikel »Jeffrey Epsteins intellektueller Wegbereiter« in *The New Republic*. Darin enthüllt Morozov einen E-Mail-Austausch zwischen ihm und John Brockman, einem prominenten Literaturagenten und Leiter der *Edge Foundation*, einer Stiftung, die maßgeblich von Epstein finanziert wurde. Diese Stiftung diente unter anderem dazu, Veranstaltungen wie das sogenannte »Billionaires' Dinner« auszurichten, bei dem Epstein Zugang zur wissenschaftlichen und kulturellen Elite erhielt.

Morozov, der nach dem Tod von Epstein und Berichten über dessen Verbindungen zu Brockman seine E-Mails durchstöberte, fand eine pikante Mail vom September 2013 in seinem Postfach. Darin schreibt Brockman: »Jeffrey Epstein, der milliardenschwere Wissenschafts-Mäzen, landete an diesem Wochenende per Hubschrauber bei der Veranstaltung (in Begleitung seiner jungen, attraktiven Assistentin aus Belarus). Er wird in ein paar Wochen in Cambridge sein und fragte mich, wen er dort treffen sollte. Du gehörst zu den Leuten, die ich ihm empfohlen habe, und ich sagte ihm, dass ich ihm einige Links schicken würde. Er ist derjenige, der Harvard 30 Millionen Dollar gab, um Martin Nowak zu unterstützen. Er war äußerst großzügig bei der Finanzierung von Projekten vieler unserer Freunde und Kunden. Allerdings geriet er auch in Schwierigkeiten und verbrachte ein Jahr im Gefängnis in Florida. Falls er dich kontaktiert, könnte es sich lohnen, ihn zu treffen, da er extrem intelligent und interessant ist. Als ich das letzte Mal sein Haus (die größte Privatresidenz in New York City) besucht habe, fand ich ihn in einem Trainingsanzug vor, neben ihm ein britischer Mann im Anzug mit Hosenträgern, beide bekamen Fußmassagen von zwei jungen, elegant gekleideten russischen Frauen. Nachdem er mich eine Weile zu Cybersicherheit befragt hatte, kommentierte der Brite, der sich als Andy vorstellte, die schwedischen Behörden und die Anklage gegen Julian Assange. ›Man denkt, sie sind liberal in Schweden, aber es ist eher wie Nordengland im Gegensatz zu Südeuropa‹, sagte er. ›In Monaco arbeitet Albert 12 Stunden am Tag, aber um 21 Uhr, wenn er ausgeht, macht er, was er will, und niemand kümmert sich darum. Aber wenn ich das mache, habe ich großen Ärger.‹« In diesem Moment wurde mir klar, dass der Empfänger von Irinas Fußmassage Seine Königliche Hoheit, Prinz Andrew, der Herzog von York, war. Tatsächlich sah man eine Woche später, an einem ruhigen Nachrichtentag, auf der Titelseite der *New York Post* ein ganzseitiges Foto von Jeffrey und Andrew beim Spaziergang im Central Park mit der Schlagzeile: »The Prince and the Perv«. (Das war das Ende von Andrews Rolle als Handelsbotschafter des Vereinigten Königreichs.)

Daraufhin antwortet Morozov: »Danke, dass du das klargestellt hast. Ich bin mir sicher, er ist insgesamt ein netter Kerl, aber ich muss darüber nachdenken. Es könnte daran liegen, dass ich viel zu viel Zeit in der Soros-Blase verbracht habe, aber ich habe absolut kein Interesse daran, Milliardäre zu treffen – wenn ich das wollte, würde ich jedes Jahr nach Davos fahren. Trotzdem schätze ich, dass du dir die Zeit genommen hast.«

Brockman erwidert: »Ein Milliardär, dem Victoria's Secret und eine Modelagentur gehören, ist eine andere Art von Spezies. Aber ich verstehe, was du meinst, und stimme im Wesentlichen zu. Gregory Bateson hat mir einmal geraten: ›Von all unseren menschlichen Erfindungen ist der ökonomische Mensch bei Weitem der langweiligste.‹«

Victoria's Secret ist eine bekannte US-Firma für Unterwäsche. Morozov antwortet auf Brockman ein letztes Mal: »Ein Milliardär, dem Victoria's Secret und eine Modelagentur gehören – noch ein Grund mehr, lieber fernzubleiben.«

Dieser E-Mail-Verkehr liefert einen aufschlussreichen Beleg für die Mechanismen des Epstein-Netzwerks, in dem Intellektuelle wie Morozov mit subtilen sexuellen Anspielungen und Versprechungen von Einfluss geködert wurden, um sie in Epsteins Einflussbereich zu ziehen. Doch zu jener Zeit liegt der Fokus der Öffentlichkeit weniger auf diesen Mechanismen, sondern stärker auf der Rolle von Prinz Andrew. Besonders die Enthüllung, dass der

Prinz an einer von Epstein arrangierten Fußmassage teilgenommen hat, rückt ihn noch stärker ins Zentrum des Skandals.

Im August 2019 werden weitere Gerichtsdokumente aus der Verleumdungsklage von Virginia Giuffre gegen Maxwell öffentlich. Demnach hat Johanna Sjoberg ausgesagt, Prinz Andrew habe sie in Epsteins Anwesen sexuell belästigt. Erst jetzt äußert sich Andrew persönlich. Am 24. August erklärt er in einer Pressemitteilung: »Während der kurzen Zeit, die ich mit Epstein verbracht habe, habe ich kein Verhalten gesehen, das zu seiner Festnahme und Verurteilung geführt hätte.« Er bedauert jedoch, Epstein 2010 getroffen zu haben, nachdem dieser bereits wegen Sexualverbrechen verurteilt worden war.

Im November 2019 arrangiert *BBCs Newsnight* ein Interview zwischen der Journalistin Emily Maitlis und Prinz Andrew, in dem er erstmals Fragen über seine Beziehung zu Epstein beantwortet. Maitlis beschreibt später in der britischen Zeitung *The Times* den monatelangen Prozess, in dem ihre Redaktion versucht, das Interview mit dem Prinzen einzufädeln. Sie schreibt: »Wir haben unseren Vorschlag fertiggestellt. Ein peinlicher Moment der Stille bricht an. Und der Herzog sagt uns, dass er ›die Zustimmung von höherer Stelle‹ einholen muss. [...] Da dämmert es uns, dass er die Königin selbst meint. Um 8.00 Uhr am nächsten Tag erhalten wir eine Nachricht, dass wir sein Büro anrufen sollen. Die Königin, so scheint es, ist an Bord.«

Erst 48 Stunden vor der geplanten Ausstrahlung habe Maitlis die Genehmigung für die Aufzeichnung erhalten. Am 14. November 2019 wird das 49-minütige Interview im Buckingham Palace aufgezeichnet und zwei Tage später zur Hauptsendezeit ausgestrahlt. 1,7 Millionen Zuschauer in Großbritannien verfolgen das Ereignis live vor ihren Bildschirmen.

Emily Maitlis, die Interviewerin, leitet das Gespräch ein: »Eure Königliche Hoheit, wir sind unter höchst ungewöhnlichen Umständen zum Buckingham Palace gekommen. Normalerweise würden wir über Ihre Arbeit und Ihre Pflichten sprechen, aber heute haben Sie sich entschieden, zum ersten Mal das Wort zu ergreifen. Warum haben Sie sich entschieden, jetzt zu sprechen?« Prinz Andrew antwortet: »Weil es keinen guten Zeitpunkt gibt, um über Herrn Epstein und alles, was damit zusammenhängt, zu sprechen. Wir haben seit etwa sechs Monaten mit *Newsnight* darüber gesprochen, etwas im Zusammenhang mit meiner Arbeit zu machen, und leider konnten wir es weder in Ihren noch in meinen Zeitplan einbauen, bis jetzt. Es ist eine sehr gute Gelegenheit, und ich freue mich, dass ich Sie heute sehen kann.«

Mit diesen Worten nimmt die Selbstzerstörung des Prinzen ihren Lauf. Er erklärt zunächst, dass er Epstein 1999 durch Ghislaine Maxwell kennengelernt habe. Diese Version widerspricht der Aussage des Privatsekretärs des Prinzen aus dem Jahr 2011, der von einem Treffen »in den frühen 1990ern« gesprochen hatte. Andrew sagt, er bereue die Freundschaft mit Epstein nicht, und meint: »Die Menschen, die ich getroffen habe, und die Gelegenheiten, die mir entweder durch ihn oder wegen ihm geboten wurden, waren tatsächlich sehr nützlich.«

Die Interviewerin Maitlis fragt, warum der Prinz in Epsteins New Yorker Stadtvilla übernachtet hat, obwohl dieser kürzlich wegen sexuellen Missbrauchs Minderjähriger verurteilt wurde. Darauf antwortet Andrew auf bemerkenswerte Weise: »Es war ein bequemer Ort zum Verweilen. Ich habe darüber schon so oft nachgedacht. Letztendlich, mit all dem Rückblick, den man haben kann, war es definitiv die falsche Entscheidung. [...] Ich gebe vollständig zu, dass mein Urteil wahrscheinlich durch meine Neigung, zu ehrenhaft zu sein, beeinflusst war, aber so ist es nun mal.«

Immer wieder betont der Prinz, dass »Epsteins Freundin« bei den Begegnungen zwischen Epstein und dem Prinzen »das Schlüsselelement« gewesen sei. Der Name Ghislaine Maxwell fällt im Gespräch ganze zwölf Mal. Man kann sich nur ausmalen, wie Maxwell, irgendwo im Verborgenen, das Gespräch des Prinzen verfolgt haben muss – bangend, zitternd vor Sorge, dass jedes seiner Worte nicht nur ihn, sondern auch sie selbst weiter in den Abgrund reißen könnte.

Dann entsteht eine verhörartige Situation, in der Emily Maitlis den Prinzen hartnäckig mit den Anschuldigungen von Virginia Giuffre konfrontiert. Später werden die sozialen Medien vor Witzen und Memes auf Kosten des Prinzen explodieren. Als Maitlis ihn auf das Foto mit Ghislaine Maxwell und Virginia Giuffre anspricht, antwortet Prinz Andrew, er habe »absolut keine Erinnerung« an dieses Foto. Er gibt an, er habe Untersuchungen anstellen lassen, um herauszufinden, ob das Bild manipuliert sei, aber die Ergebnisse seien »nicht schlüssig« gewesen.

Dann fragt Maitlis den Prinzen, ob er Giuffre in der Bar des Clubs *Tramp* Drinks ausgegeben habe. Der Prinz entgegnet: »Ich weiß nicht, wo die Bar in Tramps [sic] ist. Ich trinke nicht, ich glaube nicht, dass ich jemals ein Getränk in Tramps [sic] gekauft habe, wenn ich dort war.« Als Maitlis ihn auf den Vorwurf anspricht, er habe sich in der besagten Nacht mit Giuffre getroffen, behauptet der Prinz: »Am 10. März war ich zu Hause, ich war bei den Kindern und ich hatte Beatrice [seine ältere Tochter] zu einer Party in einem Pizza Express in Woking mitgenommen, so gegen 4 oder 5 Uhr nachmittags.« Schließlich spricht Maitlis den Vorwurf an, der Prinz habe während des Tanzens stark geschwitzt, woraufhin er antwortet: »Ich habe damals nicht geschwitzt, weil ich im Falkland-Krieg eine Überdosis Adrenalin abbekommen hatte, als auf mich geschossen wurde und ich einfach ... es war fast unmöglich für mich zu schwitzen.«

Das Interview, bei dem sich Prinz Andrew in zahlreiche Widersprüche verstrickt, gilt weltweit als »Desaster«. Britische Medien werten es als »journalistischen Scoop« mit »einigen der denkwürdigsten, quälendsten und wirkungsvollsten Interviewfragen und

-antworten in der Geschichte des BBC-Journalismus«. Für Andrew, den Duke of York sei es allerdings eine »PR-Katastrophe« gewesen, denn er präsentiere ein »Sammelsurium bizarrer Ausreden« (schreibt der *Guardian*). Nicht nur medial sind die Reaktionen für den Prinzen vernichtend, auch Unternehmen distanzieren sich von ihm, wie die Wirtschaftsprüfungsgesellschaft KPMG, die Standard Chartered Bank, die Versicherung Aon sowie die Bond University und die RMIT-University.

Im November 2019 gibt der Buckingham Palace bekannt, dass Prinz Andrew seine öffentlichen Pflichten »auf absehbare Zeit« niederlegt. Diese Entscheidung, die mit Zustimmung von Königin Elizabeth II. getroffen wird, wird von den Worten begleitet, dass Andrew Mitgefühl für die Opfer von Jeffrey Epstein zeige. Kurz darauf bestätigt der Palast, dass Andrew von allen 230 seiner Schirmherrschaften zurücktritt.

Nachdem *The Times* berichtet hat, dass hochrangige Offiziere der britischen Armee und der Royal Navy Prinz Andrew als eine Belastung für das Militär betrachten und den Entzug seiner militärischen Ämter fordern, zieht Königin Elizabeth II. weitere drastische Konsequenzen. Im Mai 2020 wird bekannt gegeben, dass ihr Sohn dauerhaft keine repräsentativen Aufgaben mehr für das britische Königshaus übernehmen werde. Die Königin entzieht ihm zudem alle militärischen Ehrentitel.

Im Dezember 2019 versuchen Maxwell und ihre Anwälte, die Veröffentlichung weiterer Gerichtsdokumente aus dem Verleumdungsprozess von Giuffre gegen Maxwell zu verhindern. Am 27. Dezember 2019 bestätigt *Reuters*, dass das FBI gegen Maxwell und andere »Leute, die Epsteins mutmaßlich illegales Verhalten unterstützt haben«, ermittelt.

Das FBI beginnt eine intensive Fahndung nach Maxwell. Es wird ein Haftbefehl gegen sie ausgestellt. Die Öffentlichkeit ist alarmiert. Die Suche nach Epsteins Freundin wird international ausgedehnt. Der Haftbefehl gegen Maxwell, der in den USA ausgestellt wird, umfasst mehrere Anklagepunkte, darunter die Verschwörung zur Begehung von Kindersexhandel und die Beihilfe zum Kindersexhandel.

Aber erst am 2. Juli 2020 wird sie in ihrem Versteck in Bradford, New Hampshire, verhaftet. Die FBI-Agenten finden heraus, dass sie sich mit Alufolie vor Überwachung schützen wollte, mit der sie ihre elektronischen Geräte abdeckt, um eine Verfolgung ihrer Kommunikation zu verhindern.

Am 14. Juli 2020 findet die erste Anhörung statt. Maxwell plädiert vor der US-Bezirksrichterin Alison Nathan auf »nicht schuldig«. Sie beantragt zweimal Kaution, zuerst in Höhe von fünf Millionen und später 28,5 Millionen Dollar, verbunden mit dem Angebot, unter Hausarrest zu stehen und elektronische Überwachung zu akzeptieren. Beide Anträge werden wegen Fluchtgefahr abgelehnt.

Während ihrer Untersuchungshaft behauptet die Staatsanwaltschaft, Maxwell habe ihre Zelle verwahrlosen lassen und oft nicht die Toilette gespült, was einen unangenehmen Geruch verursachte. Ihre Anwälte wenden ein, dass Maxwell aufgrund der schlechten Haftbedingungen Gewicht und Haare verloren habe und »unmenschlich« behandelt worden sei. Sie wird unter strengsten Sicherheitsvorkehrungen gehalten, um einen zweiten Fall Epstein zu verhindern.

In einer Pressekonferenz am 21. Juli 2020 im Weißen Haus fragt ein Reporter US-Präsident Donald Trump, ob er erwarte, dass Maxwell die Namen mächtiger Männer offenlegen werde, die in Gerichtsverfahren beschuldigt werden, am mutmaßlichen Sexhandelsring von Jeffrey Epstein beteiligt gewesen zu sein. »Ich weiß es nicht«, antwortet Trump. »Ich habe das ehrlich gesagt nicht so genau verfolgt. Aber ich wünsche ihr alles Gute, ganz ehrlich.« Er fügt hinzu: »Ich habe sie im Lauf der Jahre oft getroffen, besonders, seit ich in Palm Beach gelebt habe, und ich nehme an, sie hat auch in Palm Beach gelebt.« Das ist die Stadt in Florida, wo Mar-a-Lago und Epsteins Anwesen liegen. »Aber was auch immer es ist, ich wünsche ihr alles Gute.«

In diesen Tagen tritt auch die Klägerin Virginia Giuffre bei *CBS This Morning* auf und behauptet, Maxwell sei »schlimmer« als Epstein und »Mastermind« hinter dem Missbrauchsring gewesen. Sie behauptet, dass Maxwell »diejenige war, die die Fäden zwischen den beiden zog«. Sie zieht einen eindrucksvollen Vergleich: »Epstein war Pinocchio und sie war Geppetto. Sie war diejenige, die Jeffrey kontrollierte.« Und sie fügt hinzu: »Sie hatte sein Geld, er hatte ihre Kontakte. Aber Ghislaine war viel hinterhältiger und schlauer, als Epstein es je war.« Die Moderatorin fragt Guiffre: »Glauben Sie, dass das Leben von Ghislaine in Gefahr ist?« Und Guiffre antwortet: »Auf jeden Fall ... Wenn sie einige der Leute verpfeift, von denen ... sie Videos hat, werden sie nicht glücklich darüber sein, dass sie darüber spricht.«

Im November 2021 beginnt der Maxwell-Prozess. In ihrer Eröffnungsrede im Dezember verteidigt ihre Anwältin Bobbi Sternheim ihre Mandantin mit den Worten: »Seit Eva beschuldigt wurde, Adam mit einem Apfel in Versuchung geführt zu haben, werden Frauen für die Taten von Männern verantwortlich gemacht.« Maxwells Verteidigung argumentiert, sie sei ein Opfer von Epstein und werde als Sündenbock für seine Verbrechen benutzt. Maxwell bestreitet jede Beteiligung an illegalen Aktivitäten und stellt die Glaubwürdigkeit der Zeugen infrage.

Im Dezember 2021 wird Maxwell schuldig gesprochen. Im Juni 2022 wird ihr Strafmaß festgelegt: 20 Jahre Haft. Bei guter Führung könnte sie nach 17 Jahren freikommen. Sie kündigt an, Berufung einzulegen, um juristische Fehler anzufechten. Es bleibt offen, ob sie einen Deal mit den Behörden eingeht, um Informationen zu liefern, was allerdings ihr Leben gefährden könnte. Wird ihr Schicksal das gleiche sein wie das von Jeffrey Epstein oder ihrem Vater Robert Maxwell, der unter ungeklärten Umständen verstorben ist?

Quellen:

Dickson, Ej: »Who Is British Socialite Ghislaine Maxwell, Jeffrey Epstein's Longtime Partner?«. In: Rolling Stone, 2. Juli 2019, online unter: https://www.rollingstone.com/culture/culture-news/ghislaine-maxwell-jeffrey-epstein-arrest-856874/, abgerufen am 7. September 2024.

Maxwell, Elisabeth: *A Mind of My Own*. HarperCollins, London, 1994.

French, Andrew: »Jeffrey Epstein and Ghislaine Maxwell: Oxford United Director's Secret«. In: Oxford Mail, 3. August 2020, online unter: https://www.oxfordmail.co.uk/news/18624525.jeffrey-epstein-ghislaine-maxwell-oxford-united-director/, abgerufen am 7. September 2024.

Bayley, Stephen: »The Kit-Cat Club – Friends Who Imagined a Nation«. In: New Statesman, 14. August 2008, online unter: https://web.archive.org/web/20081203175841/https://www.newstatesman.com/uk-politics/2008/08/kit-cat-club-field-ophelia, abgerufen am 7. September 2024.

Field, Ophelia: *The Kit-Cat Club: Friends Who Imagined a Nation*. Harper Press, London, 2009.

»Exhibit C – Epstein vs Edwards: Undisputed Statement of Facts«. In: DocPlayer, online unter: https://web.archive.org/web/20200201222553/https://docplayer.net/amp/4070674-Exhibit-c-epstein-vs-edwards-undisputed-statement-of-facts.html, abgerufen am 7. September 2024.

Donlevy, Katherine: »Ghislaine Maxwell attended Chelsea Clinton's wedding after skipping deposition in case against Epstein«. In: New York Post, 6. Januar 2024, online unter: https://nypost.com/2024/01/06/news/ghislaine-maxwell-attended-chelsea-clintons-wedding-instead-of-deposition/, abgerufen am 7. September 2024.

»Ghislaine Maxwell: Photos and Events«. In: Patrick McMullan, online unter: https://www.patrickmcmullan.com/search/?q=ghislaine%20maxwell, abgerufen am 7. September 2024.

Oxenberg, Christina: »One of My Many Gross Encounters with Ghislaine Maxwell«. In: Avenue Magazine, 9. Dezember 2021, online unter: https://avenuemagazine.com/one-of-my-many-gross-encounters-with-ghislaine-maxwell/, abgerufen am 7. September 2024.

»About Ghislaine & Her Appeal«. In: RealGhislaine.com, online unter: https://www.realghislaine.com/aboutghislaine, abgerufen am 7. September 2024.

Musk, Elon: »Twitter Post about Epstein and Ghislaine Maxwell«. In: Twitter, 3. Juli 2020, online unter: https://x.com/elonmusk/status/1278940731516780544?lang=de, abgerufen am 7. September 2024.

Court, Andrew: »Elon Musk's ex-wife denies claims Ghislaine Maxwell procured her as a child bride for the Tesla CEO«. In: Daily Mail, 7. Juli 2020, online unter: https://www.dailymail.co.uk/news/article-8490917/Elon-Musks-ex-wife-denies-claims-Ghislaine-Maxwell-procured-child-bride-Tesla-CEO.html, abgerufen am 7. September 2024.

Houser, Kristin: »NYT Writer: Jeffrey Epstein Told Me He Advised Tesla, Elon Musk«. In: Futurism, 13. August 2019, online unter: https://futurism.com/the-byte/jeffrey-epstein-advised-tesla-elon-musk, abgerufen am 7. September 2024.

Voris, Bob Van: »Elon Musk Was Issued Subpoena in JPMorgan Epstein Suit«. In: Bloomberg, 15. Mai 2023, online unter: https://www.bloomberg.com/news/articles/2023-05-15/elon-musk-was-subpoenaed-in-jpmorgan-epstein-suit-by-usvi, abgerufen am 7. September 2024.

»Ghislaine Maxwell-Jeffrey Epstein emails revealed in new court papers«. In: BBC News, 31. Juli 2020, online unter: https://

www.bbc.com/news/world-us-canada-53605784, abgerufen am 7. September 2024.

Coen, Susie: »Ghislaine Maxwell feared being questioned about Prince Andrew relationship«. In: The Telegraph, 4. Januar 2024, online unter: https://www.telegraph.co.uk/world-news/2024/01/04/jeffrey-epstein-ghislaine-maxwell-prince-andrew-files-court/, abgerufen am 7. September 2024.

Brown, Julie K.: »Court weighs unsealing records that could reveal new details of Jeffrey Epstein sex abuse«. In: Miami Herald, 6. März 2019, online unter: https://www.miamiherald.com/news/politics-government/article227184299.html, abgerufen am 7. September 2024.

Withnall, Adam: »Teenage Sex Slave Virginia Roberts Claims She Was Paid £10,000 by Jeffrey Epstein to Have Sex with Prince Andrew«. In: The Independent, 4. Januar 2015, online unter: https://www.independent.co.uk/news/people/teenage-sex-slave-virginia-roberts-claims-she-was-paid-ps10-000-by-jeffrey-epstein-to-have-sex-with-prince-andrew-at-london-home-9956338.html, abgerufen am 7. September 2024.

Morozov, Evgeny: »Jeffrey Epstein's Intellectual Enabler«. In: New Republic, 22. August 2019, online unter: https://newrepublic.com/article/154826/jeffrey-epsteins-intellectual-enabler, abgerufen am 7. September 2024.

Kalmbacher, Colin: »Ghislaine Maxwell Argues It Would Be Too Difficult to Release Full Epstein Files«. In: Law & Crime, 12. Dezember 2019, online unter: https://lawandcrime.com/high-profile/ghislaine-maxwell-argues-it-would-be-too-difficult-to-release-full-epstein-files/, abgerufen am 7. September 2024.

Hosenball, Mark: »Exclusive: FBI investigating British socialite and others who ›facilitated‹ Epsteins«. In: Reuters, 27. Dezember 2019, online unter: https://www.reuters.com/article/us-people-jeffrey-epstein-investigation/exclusive-fbi-investiga ting-british-socialite-and-others-who-facilitated-epstein-sources-idUSKBN1YV0VB/, abgerufen am 7. September 2024.

Nathan, Sara: »Jeffrey Epstein's gal pal Ghislaine Maxwell spotted at In-N-Out Burger in first photos since his death«. In: New York Post, 16. August 2019, online unter: https://nypost.com/2019/08/15/jeffrey-epsteins-gal-pal-ghislaine-maxwell-spotted-at-in-n-out-burger-in-first-photos-since-his-death/, abgerufen am 7. September 2024.

Fry, Naomi: »The Gall of Ghislaine Maxwell«. In: The New Yorker, 16. August 2019, online unter: https://www.newyorker.com/culture/annals-of-appearances/the-gall-of-ghislaine-maxwell, abgerufen am 7. September 2024.

Connor, Tracy: »Daily Mail: Photo of Epstein Pal Ghislaine Maxwell at In-N-Out Was Staged«. In: The Daily Beast, 20. August 2019, online unter: https://www.thedailybeast.com/photo-of-jeffrey-epstein-pal-ghislaine-maxwell-at-in-n-out-burger-was-staged-paper-claims, abgerufen am 7. September 2024.

Boyle, Louise: »EXCLUSIVE: Ghislaine Maxwell STAGED In-N-Out photo in Los Angeles with her close friend and attorney«. In: Daily Mail, 19. August 2019, online unter: https://www.dailymail.co.uk/news/article-7372877/Ghislaine-Maxwell-STAGED-photo-N-close-friend-attorney.html, abgerufen am 7. September 2024.

Bernstein, Jacob: »The ›Lady of the House‹ Who Was Long Entangled With Jeffrey Epstein«. In: The New York Times, 15. Juli 2019, online unter: https://www.nytimes.com/2019/07/15/us/ghislaine-maxwell-epstein.html, abgerufen am 7. September 2024.

Berlinger, Joshua: »Epstein accuser on Prince Andrew: ›He knows exactly what he's done‹«. In: CNN, 28. August 2019, online unter: https://edition.cnn.com/2019/08/28/uk/prince-andrew-allegations-intl-hnk/index.html, abgerufen am 7. September 2024.

Cotovio, Vasco: »Prince Andrew insists he never witnessed or suspected Epstein behavior«. In: CNN, 24. August 2019, online unter: https://edition.cnn.com/2019/08/24/uk/prince-andrew-epstein-statement-epstein-intl-gbr-scli/index.html, abgerufen am 7. September 2024.

Maitlis, Emily: »Emily Maitlis: Prince Andrew and me — the inside story«. In: The Times, 23. August 2024, online unter: https://www.thetimes.com/uk/royal-family/article/emily-maitlis-prince-andrew-interview-what-happened-7nq3w2d6k, abgerufen am 7. September 2024.

»Prince Andrew: Envoy career plagued with controversy«. In: BBC News, 21. Juli 2011, online unter: https://www.bbc.com/news/uk-12663378, abgerufen am 7. September 2024.

Wood, Vincent: »Prince Andrew denies sex with 17-year-old because he was ›at Pizza Express‹ on night in questiont«. In: The Independent, 16. November 2019, online unter: https://www.independent.co.uk/news/uk/home-news/prince-andrew-interview-pizza-express-virginia-roberts-guiffre-jeffrey-epstein-newsnight-a9205916.html, abgerufen am 7. September 2024.

McCormack, Olivia: »Does ›Scoop‹ get Prince Andrew's disastrous BBC interview right?«. In: The Washington Post, 5. April 2024, online unter: https://www.washingtonpost.com/entertainment/2024/04/05/scoop-prince-andrew-bbc-interview/, abgerufen am 7. September 2024.

»Prince Andrew ›categorically‹ denies sex claims«. In: BBC News, 17. November 2019, online unter: https://www.bbc.com/news/uk-50446065, abgerufen am 7. September 2024.

»Prince Andrew Newsnight interview: Transcript in full«. In: BBC News, 17. November 2019, online unter: https://www.bbc.com/news/uk-50449339, abgerufen am 7. September 2024.

Robinson, Martin: »Now FIVE big names cut ties with Prince Andrew:«. In: Daily Mail, 19. November 2019, online unter: https://

www.dailymail.co.uk/news/article-7701239/The-TOXIC-Duke-Standard-Chartered-latest-big-firm-cut-ties-Prince-Andrew.html, abgerufen am 7. September 2024.

Quinn, Ben: »Prince Andrew to Step Back from Public Duties for Foreseeable Future«. In: The Guardian, 20. November 2019, online unter: https://www.theguardian.com/uk-news/2019/nov/20/prince-andrew-to-step-back-from-public-duties-for-fore seeable-future, abgerufen am 7. September 2024.

»CBS Mornings Ghislaine Maxwell could »squeal« on »very well-known names,« Epstein accuser Virginia Roberts Giuffre says«. In: CBS News, 16. Juli 2020, online unter: https://www.cbsnews.com/news/ghislaine-maxwell-virginia-roberts-giuffre-jeffrey-epstein-squeal-names/, abgerufen am 7. September 2024.

Shanahan, Ed: »Trump's Warm Words for Ghislaine Maxwell: ›I Just Wish Her Well‹«. In: The New York Times, 21. Juli 2020, online unter: https://www.nytimes.com/2020/07/21/nyregion/trump-ghislaine-maxwell-jeffrey-epstein.html, abgerufen am 7. September 2024.

Stempel, Jonathan: »Ghislaine Maxwell Proposes $28.5 Million Bail Package, Proclaims Innocence«. In: Reuters, 15. Dezember 2020, online unter: https://www.reuters.com/article/world/ghis laine-maxwell-proposes-28-5-million-bail-package-proclaims-innocence-idUSKBN28P036/, abgerufen am 7. September 2024.

9 Robert Wexstein

Im Jahr 2002 wird der Mathematiker und Hedgefonds-Manager Eric Weinstein in Epsteins Stadtvilla in New York eingeladen. Eine junge, attraktive Frau öffnet ihm die Tür und führt ihn in einen Vorraum. Er setzt sich auf einen Stuhl und wartet auf Epstein. Sein Blick fällt auf ein auffällig großes mechanisches Kunstobjekt. Neugierig steht er auf, um es näher zu betrachten, und entdeckt dabei eine kleine Fingerkamera, die direkt auf ihn gerichtet ist. Zuerst fühlt sich Weinstein clever, die Kamera entdeckt zu haben, doch dann kommt ihm der Gedanke: Sollte ich vielleicht diese Kamera entdecken? Und will Epstein mich testen, ob ich damit klarkomme, überwacht zu werden?

Unmittelbar nach dieser Entdeckung wird Weinstein in ein riesiges Zimmer geführt, in dem ein absurd langer und schmaler Tisch steht, bedeckt mit einer Tischdecke im Design der amerikanischen Flagge. Jetzt betritt Epstein den Raum, begleitet von einer jungen Frau. Er setzt sich, nimmt die Frau auf sein Knie und beginnt, sie spielerisch zu wippen, während sie kichert. Es wirkt, als wolle Epstein testen, ob Weinstein sich dadurch ablenken lässt. Weinstein muss beim Anblick Epsteins an eine schmierige, mutierte Version von Ralph Lauren [die Ähnlichkeit ist verblüffend] denken. Sein Gesicht hat etwas Ungewöhnliches und Fesselndes. Epstein streift durch verschiedene Finanz- und Wissenschaftsthemen, aber nichts von dem, was er sagt, hat wirklich Hand und Fuß. Er ist unablässig bemüht, Weinstein aus der Fassung zu bringen, was bei diesem innere Wut hervorruft. Er sucht nun eine passende Gelegenheit, das Gespräch zu beenden.

Weinstein war in diese Situation geraten, weil ihm gesagt wurde: »Epstein ist der einzige Mensch, der dir helfen kann.« Weinstein wird später in Interviews erklären, warum Wissenschaftler besonders anfällig für Epsteins finanzielle Zuwendungen waren. Es gebe einen erheblichen Mangel an Forschungsgeldern und nur wenige große Geldgeber. »Das ist so, als wenn du in einer verlassenen Wüste am Verdursten bist und jemand sagt: ›Oh, ich habe einen Brunnen!‹«, erklärt Weinstein. Epstein habe als eine Art »Trichter« für die Forschungswelt funktioniert, durch den Projekte geleitet wurden, die im Interesse seiner einflussreichen Hintermänner lagen.

Als »zutiefst beunruhigend« beschreibt Weinstein dieses Erlebnis in dem Video-Podcast *Modern Wisdom*. Er habe sich bei Epstein so gefühlt, als sei in dessen Gegenwart »etwas Unheiliges«. Es seien »verrückte Szenen« gewesen. Alles habe arrangiert gewirkt, mit der Absicht, angsteinflößend zu sein. Obwohl Epstein wohlhabend gewesen sei, »zwar nicht so sehr, wie es nach außen hin schien«, war das hier eher eine »billige Darstellung« von Reichtum »im filmischen Sinne«. Viele reiche Menschen träumten vielleicht davon, eine Insel zu besitzen, meint Weinstein, aber die meisten ließen es bleiben, weil es schwierig sei, eine zu unterhalten. Jemand musste diesen opulenten Lebensstil finanziert haben.

Nachdem Weinstein das Gespräch mit Epstein beendet und die Villa verlassen hat, ruft er völlig irritiert seine Frau an. Er beschreibt ihr Epstein als ein »Konstrukt« und »keinen echten Menschen«. Laut Weinstein habe es nie einen »genialen Finanzier« gegeben, sondern eher einen intelligenten und charismatischen Mann, der »mit einer Geschichte ausgestattet« wurde. Bis heute sei ungeklärt, so Weinstein, wer Epstein finanzierte, aber eines sei sicher: »Er war das Produkt von jemandem«.

Wenn ich darüber nachdenke, wer Epstein zu dem machte, was er wurde, kommt mir der Name einer Person in den Sinn, der nie existiert hat: Robert Wexstein. Dieser fiktive Name steht für die

Symbiose aus drei Männern: dem Medienmogul Robert Maxwell, dem Victoria's-Secret-Gründer Leslie Wexner – der in Kapitel 10 ausführlich behandelt wird – und ihres gemeinsamen Konstrukts, Jeffrey Epstein.

In den 1980er-Jahren wird Epstein vom israelischen Militärgeheimdienst rekrutiert. Dadurch lernt er den damaligen Mossad-Agenten Ari Ben-Menashe kennen. Und dieser arbeitet seinerseits mit dem britischen Verleger und Geschäftsmann Robert Maxwell bei einer Operation des israelischen Geheimdienstes zusammen. Wie Ben-Menashe der investigativen Journalistin Whitney Webb in einem Interview für ihre Nachrichtenwebsite *MintPress* erzählt, beginnt damit auch Epsteins Beziehung zu Maxwell. Ben-Menashe ist oft dabei, wenn Epstein auf Maxwell trifft, insbesondere während dessen Reisen von und nach Israel, aber auch in Maxwells Büro in London. Maxwell ist nicht nur ein mächtiger Medienmogul und ehemaliges Mitglied des britischen Parlaments, sondern nach den Recherchen der investigativen Journalistin auch ein langjähriger Mitarbeiter des israelischen Geheimdienstes. Ein Blick auf seine Lebensgeschichte trägt zu einem tieferen Verständnis des Epstein-Konstrukts bei.

Robert Maxwell wird 1923 als Ján Ludvík Hyman Binyamin Hoch in der damaligen Tschechoslowakei geboren, in den Karpaten, einem Landstrich, der von extremer Armut geprägt ist und der heute zur Ukraine gehört. Er war eines von sieben Kindern. Später erinnerte er sich daran, dass er bis zum Alter von sieben Jahren kein einziges Paar Schuhe besessen hat. 1939 wird das Gebiet von Ungarn, das mit Nazi-Deutschland verbündet ist, annektiert. Während Maxwell über Ungarn nach Frankreich flieht und 1943 Soldat für die britische Armee wird, werden seine orthodox-jüdischen Eltern und Geschwister in ein Konzentrationslager verschleppt.

In einem BBC-Interview wird Maxwell später auf diese Zeit zurückblicken und behaupten, dass 1939, als er sechzehn Jahre alt war, Männer ihm auf den Straßen in Budapest auf die Schulter geklopft haben, um ihn für die örtliche tschechische Widerstandsbewegung zu gewinnen. Er sei beigetreten und hätte in der Stadt gegen die Nazis gekämpft. Laut Recherchen von Gordon Thomas und Martin Dillon, den Autoren einer Maxwell-Biografie, gab es jedoch zu dieser Zeit »in Budapest keinen tschechischen Widerstand, weil es keine deutschen Soldaten in der Stadt gab«.

Diese Geschichte sei aber bei »all jenen Buchhaltern, Bankern und Anwälten« in Großbritannien gut angekommen, in deren Kreisen Maxwell sich bewegte, schreiben Dillon und Thomas. Maxwell habe es meisterhaft verstanden, unangenehme Fragen zu umgehen, indem er das Gespräch schnell auf die Höhepunkte seiner Geschichten lenkte und dann rasch das Thema wechselte. Stets habe er neue, dramatische Details zu seinen Kriegserlebnissen hinzugefügt, um sein Publikum in den Bann zu ziehen und sich als heldenhafte Figur zu inszenieren.

Maxwell wird in derselben BBC-Sendung behaupten: »Ich trat der tschechischen Armee bei und kämpfte gegen die Deutschen und für die Russen in Osteuropa, zog mich dabei kämpfend bis ans Schwarze Meer zurück und kehrte über Bulgarien und Griechenland rechtzeitig nach Frankreich zurück, um den Deutschen erneut zuzusetzen. In Orléans wurde ich verwundet und gefangen genommen, doch ich entkam. Später wurde ich verhaftet, gefoltert, geschlagen und als Spion zum Tode verurteilt. Der französische Botschafter griff ein, wodurch ich der Todesstrafe entging. Anschließend konnte ich aus dem Gefängnis entkommen, weil mein Wächter nur einen Arm hatte und dadurch gehandicapt war.« Die Biografen Thomas und Dillon betrachten diese Darstellung als wenig glaubwürdig. Erst ab 1940, als Maxwell sich in Marseille der tschechoslowakischen Exilarmee anschloss und nach Liverpool segelte, basiere seine Geschichte auf überprüfbaren Tatsachen.

Maxwell spricht noch kaum Englisch, macht sich aber in Großbritannien schnell als ehrgeiziger Soldat einen Namen. Als Teil der tschechoslowakischen Exilarmee, die von den Alliierten unterstützt wird, wird er kurz darauf in die britische Armee integriert, wo er rasch aufsteigt.

Nach Kriegsende 1945 sucht Maxwell nach seinen Verwandten. Da die Tschechoslowakei in der sowjetischen Besatzungszone liegt, wendet er sich an die sowjetischen Militärbehörden in Deutschland. Dadurch entsteht der Kontakt zur Regierungsbehörde der UdSSR und zu ihren Geheimdiensten. Die Nachricht über das Schicksal seiner Eltern ist tragisch: Sie sind in den Konzentrationslagern der Nazis ermordet wurden. Das trifft Maxwell schwer. Doch er nimmt sich wenig Zeit zum Trauern. Schon wenige Monate später heiratet er Elisabeth »Betty« Meynard. Das Paar bekommt in den folgenden sechzehn Jahren neun Kinder: Michael, Philip, Ann, Christine, Isabel, Karine, Ian, Kevin und Ghislaine. Ghislaine, die jüngste Tochter, wird später als Partnerin von Jeffrey Epstein berühmt.

Maxwell beherrscht inzwischen mehrere Sprachen. Er hat sich von Jan Hoch in Leslie du Maurier umbenannt, um weniger jüdisch zu klingen. John Loftus, ein ehemaliger US-Staatsanwalt und Geheimdienstoffizier der Armee, schreibt in seinem 1997 veröffentlichten Buch *The Secret War Against The Jews*, dass die Briten Maxwell für dessen Verdienste nicht nur zum Offizier, sondern auch zum Spion der Armee machen. In dieser Zeit sind die britischen Geheimdienste von sowjetischen Maulwürfen infiltriert. Es ist möglich, dass Epsteins Vorgesetzte wissen, dass Maxwell ein Doppelagent ist, dies jedoch entweder billigen oder zumindest ignorieren, weil es Großbritannien nutzt. Maxwell reist regelmäßig nach Moskau und trifft sich mit der kommunistischen Elite des Landes.

Maxwells erster Auftrag als Spion für die britische Armee: Er wird in Zivilkleidung nach Paris geschickt, um Nazis aufzuspüren, die dort nach der »Befreiung von Paris« im August 1944 aus

Angst vor den Alliierten und dem französischen Widerstand untergetaucht waren. Maxwell soll sich hier als tschechischer Schwarzmarkthändler ausgeben, der gefälschte Dokumente verkauft. Diese geschickte Täuschung und seine Fähigkeiten als Trickbetrüger bringen ihn erstmals in den Fokus des britischen *Secret Service*. Als Nächstes wird Maxwell als »Presseoffizier« ins britische Auslandsbüro nach Berlin geschickt. Dort soll er, getarnt als Übersetzer, bei Verhören deutscher Gefangener im Spandauer Gefängnis anwesend sein. Dort sind führende Nazis wie Rudolf Heß, Hitlers Stellvertreter, Hjalmar Schacht, der Finanzverwalter des Dritten Reichs, und Friedrich Flick, der berühmte Stahlbaron, untergebracht.

Während seiner Zeit im britischen Auslandsbüro in Deutschland erfüllt Maxwell einen alten Traum seiner Mutter, indem er sich 1946 in Großbritannien einbürgern lässt. Zwei Jahre später wird er erneut seinen Namen ändern und sich fortan Ian Robert Maxwell nennen – ein strategischer Schritt, um in der gehobenen britischen Geschäftswelt Fuß zu fassen.

In Berlin trifft Maxwell auf den jüdischen Verleger Ferdinand Springer, der das Dritte Reich überlebt hat, weil sich deutsche Wissenschaftler für sein Fachwissen verbürgt haben und ihn schützten. Maxwell operiert noch unter der Tarnung als Presseoffizier. Laut Loftus wird er vom britischen Geheimdienst MI6 beauftragt, mehrere Verlagsfirmen zu gründen, um deutsche Wissenschaftler für eine mögliche Rekrutierung zu identifizieren. Dies ist das britische Pendant zur amerikanischen *Operation Paperclip*, bei der deutsche Wissenschaftler für die USA angeworben werden.

Es ist kein Zufall, dass Maxwell 1946 als Vertriebspartner beim Wissenschaftsverlag *Springer* (nicht zu verwechseln mit dem Axel Springer Verlag) einsteigt und als Erster eine britische Lizenz zum Publizieren erhält. 1948 fusioniert das neu gegründete Unternehmen Maxwell-Springer mit Butterworth Press, einer weiteren Tarnfirma des MI6. 1951 wird sie in Pergamon Press umbenannt und steigt schnell zu einem der weltweit führenden akademischen Verlage auf.

John Loftus bezeichnet Maxwell in seinem Buch als »Ben-Gurions tschechischen Spion«. David Ben-Gurion, Gründer und erster Premierminister Israels, setzt den britischen Geheimagenten Maxwell schon 1948 während des arabisch-israelischen Kriegs für Lobbyarbeit ein. Maxwells enge Kontakte zur tschechoslowakischen kommunistischen Führung sind entscheidend dafür, dass Israel im Krieg mit Waffen aus der Tschechoslowakei beliefert wird. Seine verdeckte Hilfe beim Schmuggel von Flugzeugteilen verschafft Israel die Lufthoheit, was maßgeblich zur arabischen Niederlage und zur Festigung des israelischen Staates beiträgt. Loftus schreibt: »In dieser dunklen Stunde wurde er [Ben-Gurion] von einem außergewöhnlichen Geheimagenten unterstützt, einem unbekannten tschechischen Juden, der mehr als jeder andere die Waffen für Israels Überleben beschaffte.« Maxwell sei dadurch »zu einem der ersten und geheimsten Nationalhelden Israels« geworden.

Maxwell gehört zu den wenigen Geschäftsleuten, die ihren Sozialismus offen zeigen. Es gibt aber schon früh den Verdacht, er könnte als Dreifachagent für den MI6, den KGB und den Mossad tätig sein. 2003 wird *The Times of London* berichten, dass der britische Geheimdienst Robert Maxwell bereits 1959 als zwielichtige Figur identifiziert hat. In einem Papier aus dem britischen Nationalarchiv heißt es: »Da die Organisation *(Pergamon Press)* an der Kultivierung hervorragender Wissenschaftler und Technologen arbeitet, von denen einige im Verteidigungsbereich tätig sind, verfügt sie offensichtlich über ein beträchtliches nachrichtendienstliches Potenzial. Ich bin daher der Meinung, dass sie genauer unter die Lupe genommen werden sollte.« Über Maxwell heißt es: »Er ist ein durch und durch schlechter Charakter und wurde mit ziemlicher Sicherheit von Russland finanziert.«

1964 kandidiert Maxwell für die Labour Party in Buckinghamshire, einem Landkreis im Südosten von England, und wird als Abgeordneter ins britische Parlament gewählt. Dort macht er sich durch seine lautstarke und oft kontroverse Art einen Namen. Er versucht in dieser Zeit, Einfluss auf die britische Politik auszuüben, bleibt jedoch oft im Schatten seiner Geschäftstätigkeiten. Nachdem Maxwell 1974 nicht wiedergewählt wird, konzentriert er sich wieder auf seine geschäftliche Expansion.

1982 kauft er die *British Printing Corporation*, eines der größten Druck- und Verlagsunternehmen Großbritanniens. Zwei Jahre später erwirbt er die *Mirror Group*, einen der führenden Zeitungsverlage in Großbritannien, der mehrere auflagenstarke Boulevardzeitungen herausgibt, darunter den *Daily Mirror*. 1988 kauft er *Macmillan Publishers*, einen renommierten US-amerikanischen Verlag, der vor allem für wissenschaftliche, technische und medizinische Bücher bekannt ist.

Maxwell bleibt stets berüchtigt für seine undurchsichtigen Finanzgeschäfte. Es gibt Spekulationen, dass er in internationalen Waffenschmuggel und andere illegale Machenschaften verwickelt sein könnte. Damals wird Epstein durch Robert Maxwell in die Welt der internationalen Geheimdienste eingeführt, wie der ehemalige Mossad-Agent Ari Ben-Menashe der Journalistin Whitney Webb bei *MintPress* erzählt.

In den späten 1980er-Jahren wird Epstein auch in Maxwells Kontakte zum israelischen Verteidigungsministerium und zum militärischen Nachrichtendienst *Aman* eingebunden. Epstein agiert laut Ben-Menashe als »inoffizieller Agent«, der Informationen sammelt und strategisch einsetzt. Maxwell ist damals, ebenso wie Epstein, auch in die Iran-Contra-Affäre verwickelt, die den Verkauf von Waffen an den Iran ermöglicht. Er agiert als Vermittler und Finanzier für dieses geheime Waffengeschäft und unterstützt Israel in einer Schlüsselrolle.

Jahre später gibt Ari Ben-Menashe dem Hollywoodreporter Dylan Howard ein Interview für dessen 2020 erschienenes Buch *Dead Man Tell No Tales*. Darin beschreibt der israelische Ex-Spion, wie Robert Maxwell Epstein in die Gruppe israelischer Agenten einführen wollte. Ben-Menashe behauptet, dass Epstein und Ghislaine Maxwell bereits in den späten 1980er-Jahren miteinander ausgingen. Laut Ben-Menashe suchte Maxwell damals aktiv nach einem geeigneten Partner für Ghislaine, und Maxwell mochte Epstein und hielt ihn für geeignet. Als auch Ghislaine Interesse an Epstein zeigte, entschied sich Maxwell, ihn in seine Geschäfte einzubinden und ihm auf eine schützende, fast väterliche Weise zu helfen.

Der Befehl, Epstein auch in die laufenden Waffengeschäfte einzubeziehen, soll laut Ben-Menashe direkt von den Führungskräften des israelischen Geheimdienstes gekommen sein. Jahre später hätten Ghislaine und Epstein mit dem israelischen Geheimdienst eine Strategie entwickelt, um ihre Nische zu finden – die Erpressung internationaler Politiker. Diese Verbindung zum Geheimdienst hätte dazu geführt, dass beide eine Rolle in einer vielschichtigen Operation übernahmen.

In den 1980er-Jahren spielt Robert Maxwell eine Schlüsselrolle bei einer der erfolgreichsten Spionageoperationen Israels, bei der die PROMIS-Software, modifiziert mit einem Trojaner, weltweit an Regierungen und Organisationen verkauft wird. Die ursprünglich zur Verwaltung juristischer Daten entwickelte Software wird von israelischen Geheimdiensten so verändert, dass sie einen versteckten Zugang zu sensiblen Informationen ermöglicht. Maxwell nutzt seine internationalen Kontakte, um PROMIS an die USA zu verkaufen, wobei der Verkauf an Einrichtungen wie Los Alamos und *Sandia National Laboratories* Israel den Zugang zu hochsensiblen nuklearen Informationen verschafft.

Laut Berichten von Ben-Menashe wurde Maxwell von Rafi Eitan, einem legendären israelischen Spion, angeworben, um die Software zu vertreiben. Fabrizio Calvi und Thierry Pfister berichten in ihrem Buch *L'Oeil de Washington*, dass die PROMIS-Software auch von der NSA genutzt wurde, um internationale Datenströme zu überwachen. Dies geschah durch den Einsatz von speziellen Chips, die Informationen heimlich an US-Satelliten übermittelten. Diese Operation ermöglichte Israel und den USA den Zugang zu streng vertraulichen Daten. Sie gilt als eine der größten Spionageoperationen des 20. Jahrhunderts.

Anfang der 1990er-Jahre fokussiert sich Maxwell auf sein ultimatives Ziel, die Vereinigten Staaten zu erobern, insbesondere New York City als Zentrum der Massenmedien. Um Ghislaine im Blick zu behalten, nutzt er ihre Vorliebe für die Stadt und nimmt sie als Begleiterin zu wichtigen geschäftlichen Veranstaltungen mit.

Mit dem Kauf der *New York Daily News* 1991 erreicht er den Höhepunkt seines Medienimperiums, das Hunderte Zeitungen, Buchverlage und Druckereien umfasst. Ghislaine wird seine Handlangerin bei Dinnerpartys und Galas, die seine Geschäfte fördern sollen. Dabei lernt Ghislaine auch Donald Trump kennen. Maxwell empfängt Trump oft auf seiner 57 Meter langen Superjacht *Lady Ghislaine*, die er 1986 von Emad Khashoggi gekauft hat, dem Neffen des Waffenhändlers Adnan Khashoggi. Zwei Jahre später erwirbt Trump seine eigene, 86 Meter lange Superjacht von Adnan Khashoggi, dem Onkel von Emad. Er nennt das Schiff *Trump Princess*.

Trump versucht in den frühen 1990er-Jahren, Robert Maxwell für die Herausgabe eines Magazins mit dem Namen *Trump* zu gewinnen. Das Projekt wird jedoch nie umgesetzt, vermutlich aufgrund von Maxwells finanziellen Problemen, die kurz darauf zu seinem geschäftlichen Niedergang führen.

1991 veröffentlicht der Journalist Seymour Hersh sein Buch *The Samson Option,* das Israels geheimes Atomwaffenprogramm enthüllt. Hersh beleuchtet, wie Israel mithilfe der USA sein nukleares Arsenal aufbaute und absicherte, ohne dass die internationale Gemeinschaft offiziell davon Kenntnis nahm. Der Titel *The Samson Option* bezieht sich auf Israels Strategie der nuklearen Abschreckung, die im Extremfall das eigene Land zerstören könnte, um seine Feinde zu vernichten, ähnlich wie die gleichnamige biblische Figur. Hersh behauptet, dass der Medienmogul Robert Maxwell ein Informant des Mossad im Zusammenhang mit dem israelischen Atomprogramm gewesen sei. Maxwell reagiert mit einer Verleumdungsklage.

Die aber wurde nur zwei Wochen später, im Herbst 1991, gegenstandslos.

Maxwells Söhne Kevin und Ian kämpfen in diesen Tagen mit der *Bank of England.* Sie wollen die Rückforderung eines Kredits von 75 Millionen Dollar verzögern. Währenddessen befindet sich Maxwell auf seiner Jacht *Lady Ghislaine* vor den Kanarischen Inseln. Dort wird er am Morgen des 5. November, gegen 4:25 Uhr, zum letzten Mal lebend gesehen. Ermittler vermuten später, er sei an Deck gegangen, um ins Meer zu urinieren, und dabei über Bord gefallen.

Zwölf Stunden später finden spanische Fischer seine Leiche im Atlantik. Eine Autopsie zeigt keine Anzeichen für ein Verbrechen. Außer der Schiffscrew ist niemand an Bord. Drei Pathologen, die die Obduktion durchführten, kommen zu unterschiedlichen Ergebnissen, was die Todesumstände angeht. Einer schließt auf einen Herzinfarkt, der zweite meint, Maxwell habe einen Herzinfarkt erlitten und sei dann umgekippt und ertrunken. Der dritte lehnt den Herzinfarkt als Todesursache ab und erklärt, Maxwell sei einfach so ins Meer gefallen und ertrunken. Viele von Maxwells Gläubigern gehen von einem Selbstmord aus, als Flucht vor den riesigen Schulden und der Schande.

Der *Mirror*-Reporter John Jackson, der die Maxwell-Familie nach Spanien begleitet, um die Leiche zu identifizieren, wird berichten, dass die Familie zu einer Marina in Teneriffa reiste, wo die Jacht vor Anker liegt. Jackson schreibt: »Ghislaine eilte durch die Lounges und Kabinen der Jacht, durchsuchte Schubladen und Schränke hektisch und zog wahllos Dokumente heraus, die sie auf den Boden warf.« Sie habe der Crew zugerufen: »Ich befehle euch, sofort alles zu schreddern, was ich auf den Boden geworfen habe!« Ghislaine Maxwell weist diese Vorwürfe allerdings zurück. Der Reporter Jackson meint dazu: »Damals dachte ich mir nichts dabei. Wir hatten keine Ahnung von seiner Kriminalität. Für uns war er ein großer Held. Unsere Zeitung beschrieb ihn als ›den Mann, der den *Mirror* rettete‹.«

Erst nachdem Maxwell gestorben ist, wird bekannt, wie skrupellos und manipulativ seine Geschäftspraktiken waren. Selbst seine eigene Zeitung, der *Daily Mirror*, wird ihn daraufhin als »betrügerischen Tycoon« oder »Crooked Robert Maxwell« bezeichnen. Es wurde bekannt, dass er angeschlagene Unternehmen für einen Bruchteil ihres Werts aufkaufte und sie durch rigorose Sparmaßnahmen rentabel machte – oder zerschlug. Dabei scherte er sich wenig um die sozialen Folgen. Stellenstreichungen und gekürzte Leistungen waren für ihn Mittel zum Zweck. Auch sein aggressiver Umgang mit Gewerkschaften zeugte von seinem rücksichtslosen Streben nach Profit, ungeachtet der Auswirkungen auf die Belegschaft. Seine Kontrollsucht trieb ihn so weit, dass er sogar seine engsten Vertrauten einschließlich seiner eigenen Söhne heimlich elektronisch überwachte.

Doch das wohl Unheimlichste war die Basis seines finanziellen Erfolgs. Maxwells Expansion in die USA wie auch der Betrieb seiner britischen Firmen basierte nicht nur auf geschickten Übernahmen, sondern auch auf dreistem Betrug und Diebstahl. Er hatte den Maxwell Pension Fund gegründet, der Gelder für die Altersvorsorge seiner Mitarbeiter halten sollte. Nun wurde enthüllt, dass Maxwell mehr als 400 Millionen Pfund aus den Pensionsfonds seiner Unternehmen veruntreut hat. Er wollte seine eigenen finanziellen Verpflichtungen decken und sein Geschäftsimperium stützen.

Sechs amtierende und ehemalige Leiter israelischer Geheimdienste sowie der damalige Staatspräsident Chaim Herzog und Ministerpräsident Yitzhak Shamir nehmen an Maxwells Beerdigung teil, die auf dem Jüdischen Friedhof auf dem Ölberg in Jerusalem stattfand. Shamir selbst ehrt Maxwell in einer Rede. »Er hat mehr für Israel getan, als man heute sagen kann«, deklarierte er.

Der ehemalige Mossad-Agent Victor Ostrovsky allerdings behauptet in seinem Buch *Geheimakte Mossad* (1994), dass Maxwell auf persönlichen Befehl Shamirs von einem Kidon-Kommando, einer Spezialabteilung des Mossad, ermordet wurde. Shamir habe gefürchtet, dass Maxwell, der als Sayan (jüdischer Agent, der dem Mossad freiwillig dient) tätig war, Mossad-Kontakte zum KGB-Geheimdienstchef Wladimir Krjutschkow ausplaudern könnte. Dazu gehörte eine mögliche Verwicklung des Mossad in einen 1991 gescheiterten Staatsstreich gegen den sowjetischen Präsidenten Michail Gorbatschow.

Im Juli 1994 sendet die ARD den Dokumentarfilm *Mann über Bord,* gedreht von der Journalistin und späteren Privatermittlerin Christina Wilkening und der Reporterin Monika Kauffeld. Darin geht es um offene Fragen bei Maxwells mysteriösem Tod. Im Film äußert sich Jewgeni Solowjow, ein ehemaliger Oberst der Abteilung Aufklärung des KGB: »Ein Mann mit einem solchen Charakter, mit solch einem Lebenswillen, selbst wenn er irgendwelche Schwierigkeiten gehabt hätte, er würde niemals Selbstmord begehen.« Stanislaw Sorokin, ebenfalls ein ehemaliger Oberst des sowjetischen Geheimdienstes, sagt: »Ich denke, dass das ein sogenannter Auftragsmord war. Alles war professionell gemacht und als Selbstmord getarnt.«

Laut Wilkening und Kauffeld soll Maxwell zeitweise Berater Gorbatschows gewesen und in eine groß angelegte finanzielle Operation verwickelt gewesen sein, die bis heute vertuscht wurde. Als westliche Gläubiger begonnen hätten, ihre Forderungen an die UdSSR durchzusetzen, soll Maxwell den Auftrag erhalten haben, schnell Devisen zu beschaffen. Der Plan sei gewesen, Schulden anderer Länder, darunter ehemalige Verbündete wie Äthiopien, an Dritte zu verkaufen. Dafür sollte Maxwell saftige Provisionen bekommen, was ihm einen Gewinn von über zwei Milliarden Dollar eingebracht hätte. Allerdings soll er sich bei der komplizierten Operation derart verstrickt haben, dass er letztlich in die Pensionskasse seiner eigenen Angestellten griff und 400 Millionen Pfund – nach damaligem Wert mehr als eine Milliarde DM – veruntreute. Maxwell könnte dabei, so Wilkening und Kauffeld, zwischen verschiedenartige Interessen geraten sein.

Der ehemalige sowjetische Ministerpräsident Walentin Pawlow, der 1991 als Putschist gegen Gorbatschow verhaftet wurde, vergleicht Maxwell mit einem »Weichenwärter, der von zwei Zügen gleichzeitig erfasst worden« wäre. Pawlow schließt nicht aus, dass der Mossad, der KGB oder andere Geheimdienste an einem Tod von Maxwell interessiert oder beteiligt gewesen sein könnten. Die Filmemacherinnen verweisen auf eine Serie mysteriöser Todesfälle: Am 22. August 1991 soll sich Boris Pugo, der ehemalige sowjetische Innenminister, das Leben genommen haben, am 26. August 1991 folgte der Tod von Nikolai Krutschina, einem hochrangigen KPdSU-Funktionär, und am 24. August 1991 soll Sergej Achromejew, Gorbatschows Berater, Selbstmord begangen haben. Alle drei sollen in den geheimen Maxwell-Deal involviert gewesen sein. Zehn Wochen später, am 5. November 1991, sei Maxwell selbst gestorben.

Nach Maxwells Tod wollen seine Söhne Ian und Kevin das Familienimperium retten und müssen dazu alle finanziellen Probleme ausräumen. Für ihre nicht immer legalen Versuche werden sie später wegen Betrugs und Misswirtschaft verurteilt. Über die Maxwell-Söhne sagt Roy Greenslade, Autor bei *The Guardian* und *Daily Mirror*, den Filmemacherinnen: »Anfangs dachte ich, sie seien total bankrott und hätten überhaupt kein Geld mehr, aber dann brauchte plötzlich einer der Jungs Geld für eine Kaution. Und Robert Maxwells Witwe Betty trieb fast eine Million Pfund auf. Deshalb müssen wir annehmen, dass es irgendwo da draußen noch Geld gibt.«

Während die Brüder Ian und Kevin sich in juristische Kriege stürzen, flieht Ghislaine Maxwell mit einer erheblichen Summe Geldes nach New York. Sie kauft ein Haus und beginnt, sich in elitären Kreisen zu bewegen. Noch in den frühen 1990er-Jahren kommt sie wieder mit Jeffrey Epstein in Kontakt.

Später sagen Epsteins Hausangestellte vor Gericht aus, dass Ghislaine in dieser Zeit zu seiner »Hauptfreundin« wird und ab etwa 1992 die Verantwortung für das Einstellen, Überwachen und Entlassen des Personals übernimmt. Ihre Bedeutung in Epsteins Leben und Geschäften wird so groß, dass er 1995 eines seiner Unternehmen in Palm Beach, Florida, in *The Ghislaine Corporation* umbenennt.

Bis heute bleibt unklar, wohin genau die von Maxwell gestohlenen 400 Millionen Pfund geflossen sind, weil viele Gelder in einem Geflecht von Offshore-Konten und undurchsichtigen finanziellen Strukturen verschwanden. Könnte Ghislaine einen Teil dieser Gelder in die USA transferiert haben? Die Tatsache, dass sie kurz darauf in ein luxuriöses Leben eintaucht, finanziert durch einen Liechtensteiner Treuhandfonds, lässt Raum für Spekulationen. Besonders interessant wird es, wenn man ihre Verbindung zu Jeffrey Epstein mitdenkt. Denn der war als »Kopfgeldjäger« bekannt, der darauf spezialisiert war, Gelder aus Betrugssystemen »zurückzuholen«, wie etwa in dem in Kapitel 3 erwähnten Fall der Schauspielerin Ana Obregón.

Der französische Model-Scout Jean-Luc Brunel, ein enger Freund von Epstein, soll einmal mit Bekannten über Maxwell und Epsteins Finanzen gesprochen haben. Ein ehemaliger enger Mitarbeiter von Brunel sagt der britischen Zeitung *The Sun* im September 2020: »Er unterhielt sich um 2002 mit einigen Bekannten in New York City. Jean-Luc erzählte ihnen, dass Ghislaines Vater Robert Maxwell einer der Gründe war, warum Jeffrey Epstein Geld hatte. [...] Er sagte, Maxwell sei einer von Epsteins frühen Anlagekunden gewesen. Ich nahm an, dass Maxwell in Epstein investiert hatte, der dieses Geld dann nutzte, um sein eigenes zu machen.« Diese Vorwürfe werden unter Eid geäußert und an Anwälte weitergegeben werden, die gegen Epsteins mutmaßliche Mitverschwörer ermittelten.

Im Februar 1997 wird Ghislaine Maxwell in einem Interview der britischen Sonntagszeitung *The Observer* zu den Todesumständen ihres Vaters befragt. Sie antwortet: »Er hat keinen Selbstmord begangen. Das passte einfach nicht zu seinem Charakter. Ich glaube, er wurde ermordet.«

26 Jahre später wird Maxwell fast exakt dasselbe über ihren Partner Jeffrey Epstein wiederholen. In einem Interview mit der Reporterin Liz Hayes für *60 Minutes Australia* im Februar 2023 wird sie gefragt, ob sie glaube, dass Epstein sich selbst das Leben genommen habe. Ihre Antwort: »Nein, das glaube ich nicht. Ich glaube, er wurde umgebracht.«

Quellen:

Williamson, Chris: »This Jeffrey Epstein Story Will Send Chills Down Your Spine – Eric Weinstein«. In: YouTube, Video vom 29. August 2023, online unter: https://www.youtube.com/watch?v=VaoGl-soL1g, abgerufen am 10. September 2024.

The Portal Clips: »The Connection Between Robert Maxwell and Jeffrey Epstein«. In: YouTube, Video vom 20. August 2020, online unter: https://www.youtube.com/watch?v=Ph-lQq1KETc, abgerufen am 10. September 2024.

Lex Fridman: »Jeffrey Epstein may be a front for something much bigger«. In: YouTube, Video vom 26. Februar 2021, online unter: https://www.youtube.com/watch?v=tj1D9KAYV1E, abgerufen am 10. September 2024.

Beal, James: »Jeffrey Epstein was bankrolled by ›pimp‹ Ghislaine's father Robert Maxwell'«. In: The Sun, 13. September 2020, online unter: https://www.the-sun.com/news/1463227/jeffrey-epstein-bankrolled-by-ghislaine-father-robert-maxwell/, abgerufen am 10. September 2024.

Brown, Lee: »Jeffrey Epstein reportedly was bankrolled by Ghislaine Maxwell's conman dad«. In: New York Post, 13. September 2020, online unter: https://nypost.com/2020/09/13/jeffrey-epstein-bankrolled-by-ghislaine-maxwells-conman-dad-report/, abgerufen am 10. September 2024.

Webb, Whitney: »Former Spy Details Israel's Main Motive Behind Epstein's Sexual Blackmail Operation«. In: MintPress News, 13. Dezember 2019, online unter: https://mintpressnews.com/ari-ben-menashe-israel-relationship-jeffrey-epstein/263465/, abgerufen am 10. September 2024.

»Robert Maxwell: A profile«. In: BBC News, 29. März 2001, online unter: http://news.bbc.co.uk/2/hi/business/1249739.stm, abgerufen am 10. September 2024.

»The London Gazette, 19 July 1946«. In: The Gazette, online unter: https://www.thegazette.co.uk/London/issue/37658/page/3739, abgerufen am 10. September 2024.
»The London Gazette, 6. Oktober 1947«. In: The Gazette, online unter: https://www.thegazette.co.uk/London/issue/38352/page/4046, abgerufen am 10. September 2024.
Fearon, Peter: »How Ghislaine Rose From The Ashes«. In: New York Post, 23. März 2000, online unter: https://nypost.com/2000/03/23/how-ghislaine-rose-from-the-ashes-maxwells-heirs-building-a-new-business-empire/, abgerufen am 10. September 2024.
Maxwell, Elisabeth: *A Mind of My Own: My Life With Robert Maxwell.* New York: Harper Collins, 1994.
Cox, Brian: »The Pergamon phenomenon 1951–1991: Robert Maxwell and scientific publishing«. In: Online Library Wiley, 1. Oktober 2002, online unter: https://onlinelibrary.wiley.com/doi/abs/10.1087/095315102760319233, abgerufen am 10. September 2024.
Day, Peter: »›Spy‹ Maxwell was Berlin Harry Lime'«. In: The Times, 2. November 2003, online unter: https://www.thetimes.com/article/spy-maxwell-was-berlin-harry-lime-r2mb60vf6jr, abgerufen am 10. September 2024.
Hackard, Mark: »Robert Maxwell & the KGB«. In: Espionage History Archive, 20. Dezember 2019, online unter: https://espionagehistoryarchive.com/2019/12/20/robert-maxwell-the-kgb/, abgerufen am 10. September 2024.
Dillon, Martin, und Gordon Thomas: *Robert Maxwell, Israel's Superspy: The Life and Murder of a Media Mogul.* New York: Carroll & Graf Publishers, 2002.
Loftus, John, und Mark Aarons: *The Secret War Against the Jews: How Western Espionage Betrayed the Jewish People.* New York: St. Martin's Press, 1994.

Whitney, Craig R.: »Robert Maxwell: From Refugee to the Ruthless Builder of a Publishing Empire«. In: The New York Times, 6. November 1991, online unter: https://www.nytimes.com/1991/11/06/world/robert-maxwell-68-from-refugee-to-the-ruthless-builder-of-a-publishing-empire.html, abgerufen am 10. September 2024.

Davies, Caroline: »The Murky Life and Death of Robert Maxwell – and how it shaped his daughter Ghislaine«. In: The Guardian, 22. August 2019, online unter: https://www.theguardian.com/us-news/2019/aug/22/the-murky-life-and-death-of-robert-max well-and-how-it-shaped-his-daughter-ghislaine, abgerufen am 10. September 2024.

Brown, Mick: »How Ghislaine Maxwell Went from Daddy's Girl to Epstein's Right-Hand Woman«. In: The Telegraph, 13. Dezember 2019, online unter: https://www.telegraph.co.uk/news/2019/12/13/ghislaine-maxwell-went-daddys-girl-epsteins-right-hand-woman/, abgerufen am 10. September 2024.

Howard, Dylan: *Dead Man Tell No Tales: Spies, Lies and Blackmail.* New York: Skyhorse Publishing, 2020.

Calvi, Fabrizio, und Thierry Pfister: *L'Oeil De Washington.* Paris: Editions Stock, 1997.

Ditlea, Steve: »In New French Best-Seller, Software Meets Espionage«. In: The New York Times Archive, 20. Juni 1997, online un-ter: https://archive.nytimes.com/www.nytimes.com/library/cy ber/week/062097loeil.html, abgerufen am 10. September 2024.

Eichel, Larry: »Maxwell's Legacy Of Money Troubles Maxwell's Own Daily Mirror Newspaper Now Routinely Calls Him »The Cheating Tycoon«. In: The Independent, 14. Dezember 1991, online unter: https://web.archive.org/web/20160304062934/http://articles.philly.com/1991-12-14/news/25810731_1_lady-ghislaine-insurers-tycoon, abgerufen am 10. September 2024.

Bower, Tow: »Ghislaine Maxwell Fell Under the Spell of Rich and

Domineering Men«. In: The Times, 12. August 2019, online unter: https://www.thetimes.com/world/us-world/article/ghislaine-maxwell-daughter-of-robert-maxwell-fell-under-the-spell-of-rich-and-domineering-men-3pqqpxmnk, abgerufen am 10. September 2024.

WocomoDOCS: »Das Milliardengeschäft des Robert Maxwell (Dokumentation, 1994)«. In: YouTube, Video vom 28. März 2017, online unter: https://www.youtube.com/watch?v=4BNx1KnKijs, abgerufen am 10. September 2024.

Sommerlad, Nick: »Ghislaine Maxwell ›ordered shredding of crooked dad's paperwork hours after he drowned‹«. In: Mirror, 2. August 2020, online unter: https://www.mirror.co.uk/news/ghislaine-maxwell-ordered-shredding-crooked-22455837, abgerufen am 10. September 2024.

Verkaik, Robert: »The Mystery of Maxwell's Death«. In: The Independent (archived), 10. März 2006, online unter: https://web.archive.org/web/20090719130038/https://www.independent.co.uk/news/uk/crime/the-mystery-of-maxwells-death-469294.html, abgerufen am 10. September 2024.

»Soundbites«. In: The Observer, 23. Februar 1997.

Cartledge, Sarah: »Ghislaine Maxwell Exclusive Interview«. In: Hello! Magazine, 23. Februar 1997.

Hong, Nicole: »Following Epstein's Arrest, Spotlight Shifts to Financier's Longtime Associate«. In: The Wall Street Journal, 11. Juli 2019, online unter: https://www.wsj.com/articles/following-epsteins-arrest-spotlight-shifts-to-financiers-longtime-associate-11562881299, abgerufen am 10. September 2024.

Brown, Lee: »Jeffrey Epstein Bankrolled by Ghislaine Maxwell's Conman Dad: Report«. In: New York Post, 13. September 2020, online unter: https://nypost.com/2020/09/13/jeffrey-epstein-bankrolled-by-ghislaine-maxwells-conman-dad-report/, abgerufen am 10. September 2024.

10 Wexners Dämonen

Wenige Tage nach Epsteins Tod veröffentlicht die Finanznachrichtenagentur *Bloomberg* zum ersten Mal Aufnahmen eines Interviews aus dem Jahr 2003, das ein ehemaliger Bloomberg-Reporter mit Epstein geführt hat. Das Gespräch fand auf dessen Privatinsel Little Saint James statt, zu einer Zeit, als gegen Epstein bereits wegen sexuellen Missbrauchs ermittelt wurde. Damals spendete Epstein Millionenbeträge an mehrere Institutionen, darunter 6,5 Millionen Dollar an die *Harvard University*. Der Reporter entschied sich damals, keinen Artikel zu schreiben, bewahrte jedoch die Aufnahmen des Interviews auf. Im August 2019 übergibt er sie an *Bloomberg* zur Veröffentlichung. Als er Epstein fragt, warum das Interview draußen in einem Pavillon und nicht im Haus stattfand, sagt der: »Zu viele Mädchen.«

Im Interview spricht Epstein hauptsächlich darüber, was sein Schlüssel zum Erfolg ist, und erklärt, warum Geld für ihn von zentraler Bedeutung ist. Er sagt: »Geldverdienen ist meine Priorität, wenn es darum geht, wie ich über Dinge nachdenke. Es geht um Geld an sich, wie Menschen es verdienen und auf welche verschiedenen Weisen Geld gemacht wird. Übernahmen waren ein Weg, Geld zu verdienen. Der Handel mit Rohstoffen war eine weitere Möglichkeit. Der neue Weg für mich sind Währungen. [...] Für mich war es wie in der Physik, die auf festen Regeln basiert: Man führt Experimente durch, die diese Regeln nicht brechen dürfen, und wenn das Experiment funktioniert, erreicht man das Ziel. Im Finanzwesen ist es ähnlich, aber wenn man sein Ziel erreicht, kann man First Class nach Paris fliegen.«

Epstein verstand nicht nur die Kunst des Geldverdienens, sondern vor allem die der Geldbeschaffung. Er wusste genau, wer es besaß und, noch besser, wie er es geschickt in seine eigenen Hände lenken konnte. Alan Greenberg, Geschäftsführer von Bear Stearns und sein alter Mentor, hatte für die Bewerber, die er rekrutierte, ein spezielles Suchkriterium: P. S. D., was für »poor, smart, with a deep desire to become rich« steht. Das galt auch für Epstein.

War das genau diese tief verwurzelte Begierde, reich zu werden, die Epstein letztlich in den Kreis der Reichen und Mächtigen, gar in eine geheimdienstliche Operation führte, die ihm nahezu unbegrenzte finanzielle Mittel verschaffte?

Das wohl wichtigste Fundament von Epsteins Reichtum bildete Leslie Wexner, der Unternehmer aus dem US-Bundesstaat Ohio, der sein Vermögen durch den Verkauf von Reiz- und Unterwäsche an Generationen von Frauen und Mädchen gemacht hatte. Wexner ist Gründer und CEO von The Limited, der Konzern, der unter anderem das Dessous-Imperium Victoria's Secret, die Bekleidungsmarke Abercrombie & Fitch und die Körperpflegemarke Bath & Body Works umfasst, das zuvor als *L Brands* bekannt war. Mit einem geschätzten Nettovermögen von 1,4 Milliarden Dollar steht er auf Platz sechs der Forbes-400-Liste der reichsten Amerikaner.

Der sonst eher medienscheue Milliardär Leslie Wexner ist 1985 erstmals in den Fokus der Öffentlichkeit gerückt, als er auf dem Titelblatt des *New York Magazine* erscheint. Das Cover zeigt ihn, flankiert von zwei Models, mit der Schlagzeile »The Bachelor Billionaire«. In der Vorschau heißt es: »Er besitzt 2300 Geschäfte, zwei Flugzeuge, sechs Häuser und 33000 Mitarbeiter.« Das Porträt beginnt aber mit einem gruseligen Aspekt von Wexners Persönlichkeit. An dem Morgen, an dem er Milliardär wurde, sei Wexner unruhig aufgewacht, was aber nicht ungewöhnlich für ihn sei. Die Unruhe sei auf seinen *Dybbuk* zurückzuführen, einen Dämon.

Der *Dybbuk* gilt in der jüdischen Tradition, vor allem in den mystischen Überlieferungen der *Kabbala* und der jüdischen Folklore, als die Seele eines Verstorbenen, die aus verschiedenen Gründen nicht ins Jenseits übergehen könne und stattdessen in der Welt der Lebenden gefangen bleibe. In Form eines bösen Geistes nimmt sie den Körper einer lebenden Person in Besitz. So eine Besessenheit wird in der jüdischen Orthodoxie als bösartig betrachtet und durch Exorzismen behandelt.

Laut Wexner sei sein *Dybbuk* die Quelle eines dauerhaften Getriebenseins, eines »Kribbelns in seiner Seele«, das er als *Shpilkes* (Unruhe) bezeichnet. Er beschreibt, wie er immer wieder versuche, diesem inneren Dämon zu entkommen, indem er auf den Straßen von Columbus, Ohio, »davonrenne«, in einem seiner Porsches »davonfahre« oder in einem seiner Flugzeuge »davonfliege« – jedoch vergeblich. Schon als Kind habe sein Vater eine Aufgewühltheit in ihm erkannt – ein Gefühl, »geschmolzen und formlos« zu sein, als würde er »von seelischen Nadeln gestochen«. Im Alter von vierzig Jahren habe er seinen Dämon wiedergetroffen.

In dem Porträt heißt es, Wexner liebe seinen *Dybbuk* – den Dämon, der ungeduldig neben ihm sitze, ihn necke und stichele und zugleich ein unverzichtbarer »Teil seines Genies« sei. Dieser treibe ihn unermüdlich an, mehr Geld und Macht anzuhäufen, »von Haus zu Haus zu wandern«, »immer mehr zu wollen« und »größere Unternehmen zu schlucken als sein eigenes«. Auf die Frage der Reporterin, wie der Dämon aussehe, antwortet Wexner: »Wie ich.«

Könnte der *Dybbuk* für Wexner ein Mittel sein, sich von gesellschaftlichen Normen abzugrenzen, indem er sein Verhalten als übernatürlich oder spirituell darstellt, um dadurch besondere Beachtung oder eine Art von Überlegenheitsstatus zu erlangen?

In der psychologischen Fachliteratur wird dieses Phänomen ausführlich analysiert, etwa durch den israelischen Psychologieprofessor Benjamin Beit-Hallahmi. In seinem Papier *Dybbuk-possession as a hysterical symptom: psychodynamic and socio-cultural factors* untersucht er 63 dokumentierte *Dybbuk*-Fälle aus psychodynamischer und soziokultureller Perspektive. Beit-Hallahmi kommt zu dem Schluss, dass die Besessenheit als hysterisches Syndrom verstanden werden muss, das »durch unterdrückte Impulse – vor allem sexueller Natur – zum Ausdruck kommt«. Aus ethno-psychiatrischer Perspektive beschreibt Beit-Hallahmi den *Dybbuk* als einen Mechanismus, durch den eine Person abweichendes Verhalten und Erscheinungsbild als Besessenheit deutet, um sie in eine kulturell akzeptierte Form zu verpacken.

Die perverse Allianz zwischen Wexner und Epstein kommt Mitte der 1980er-Jahre durch einen gemeinsamen Freund zustande, den Risikomanager Robert Meister. Mit seinen Vermögensverwaltungen *Financial Trust Company* (1981) und *J. Epstein & Company* (seit 1988) hat sich Epstein auf Geldanlagen für Milliardäre spezialisiert. Epstein rät Wexner vor dem Börsencrash von 1987, nicht in den Aktienmarkt zu investieren, und bewahrt ihn so vor gigantischen Verlusten. Das führt dazu, dass die beiden schnell eine enge Beziehung entwickeln.

Epstein ist Anfang der 1990er-Jahre gerade erst einer Gefängnisstrafe wegen seiner Verwicklung in ein betrügerisches Ponzi-System entgangen, bei dem die Opfer mit dem Geld anderer Opfer bezahlt werden. Nun bindet er sich vollkommen an Wexner. 1991 räumt Wexner Epstein weitreichende Befugnisse über seine Finanzen ein, seine Wohltätigkeitsprojekte und sogar sein Privatleben. Epstein erhält eine umfassende Vollmacht, in Wexners Namen im eigenen Ermessen Kredite aufzunehmen, Steuererklärungen zu unterschreiben, Mitarbeiter einzustellen und Akquisitionen zu tätigen. Sowohl Epsteins als auch Wexners Einfluss und Bekanntheit wachsen fortan auf der internationalen Bühne. Epstein wird allmählich in die Kreise des Establishments aufgenommen. Er gehört seitdem der *Trilateralen Kommission*, dem *Council on Foreign Relations* und dem *Institute of International Education* an.

1992 wird Epstein zum Treuhänder der *Wexner Foundation* ernannt und ersetzt Wexners Mutter Bella im Vorstand der Stiftung. Die Stiftung »entwickelt und inspiriert Führungspersönlichkeiten in der nordamerikanischen jüdischen Gemeinschaft und im Staat Israel«, so heißt es auf ihrer Website. Ihre Programme sollen »die Fähigkeiten und Strategien« für einen »transformativen Wandel« entwickeln, aber auch neue Instrumente »für eine bessere Entscheidungsfindung«. Laut der jüdischen Zeitschrift *The Forward* spendet die *Wexner Foundation* mehrere zehn Millionen Dollar für jüdische und pro-israelische Zwecke.

Epstein beschreibt sich zu dieser Zeit selbst als »Architekt«, der viele Rollen vereint; die eines Immobilienmaklers, Buchhalters, Anwalts, Vermögensverwalters, Treuhänders und engen Vertrauten. Er verwaltet Wexners Vermögenswerte auf ähnliche Weise: Er verkauft unrentable Investitionen, strafft Wexners Budget, optimiert profitable Bereiche und entlässt ineffiziente Mitarbeiter. 2001 berichtet der *Evening Standard* aus London über Epsteins Einnahmequellen: »Er hat viele Millionen Dollar durch seine Geschäftsbeziehungen zu Bill Gates, Donald Trump und dem Milliardär Leslie Wexner aus Ohio verdient, dessen Trust er verwaltet.«

Zwei Jahre später erklärt Wexner im Gespräch mit *Vanity Fair*, dass Epstein »ausgezeichnetes Urteilsvermögen und außergewöhnlich hohe Standards« besitze. Epstein wiederum sagt dem Blatt: »Es ist, als hätten wir ein gemeinsames Gehirn, jeder von uns steuert eine Seite bei.« Wexner bezeichnet Epstein damals als »sehr loyalen Freund« und er lobt dessen Fähigkeit, den richtigen Moment für einen Konflikt zu erkennen und strategisch vorzugehen. »Ich glaube, wir haben beide die Fähigkeit, Muster zu erkennen. Jeffrey sieht Muster in der Politik und auf den Finanzmärkten und ich sehe Muster in Lifestyle- und Modetrends.«

Aber schon in dieser Zeit haben Wexner und Epstein Berührungen mit den amerikanischen Geheimdiensten. Sie sind maßgeblich an der Verlegung der früheren CIA-Tarnfirma und Frachtfluggesellschaft *Southern Air Transport* (SAT) von Miami, Florida, nach Columbus, Ohio, Wexners Heimat, beteiligt. Vom *Rickenbacker International Airport* soll die SAT weltweit Fracht für Wexners *L Brands* transportieren. Der Sprecher von SAT, David Sweet, erklärt die Entscheidung damit, dass »das Angebot zu gut war, um es abzulehnen«.

Southern Air Transports Geschichte reicht tief in Geheimdienstoperationen der CIA zurück. Die Firma war in den 1960er- und 1970er-Jahren in geheime militärische Operationen weltweit involviert. Im Auftrag der CIA lieferte sie Personal und Munition in Länder wie Kuba, Vietnam, Laos und Kambodscha. Bekannt wurde sie aber erst durch die Iran-Contra-Affäre, wo sie möglicherweise in den illegalen Waffenhandel und die Drogenoperationen der CIA verwickelt war. Besonders skandalös waren dabei Waffenlieferungen mithilfe von SAT von den USA über Israel an den Iran und auf dem Rückweg Waffenlieferungen aus Portugal für die nicaraguanischen Contras. Der Abschuss eines SAT-Flugzeugs in Nicaragua im Oktober 1986 trug entscheidend zur Aufdeckung der Affäre bei.

Aber bereits 1996 gerät SAT in eine finanzielle Schieflage. Dies verzögert den Bau einer geplanten Einrichtung auf dem Flughafen, obwohl das Unternehmen 500 000 Dollar an staatlichen Fördermitteln erhalten hat. 1997 kommt es zu umfangreichen Entlassungen. Eine zentrale Rolle spielen die seit den 1980er-Jahren bestehenden Vorwürfe des Drogenschmuggels, die den Ruf von SAT stark belasten.

Nachdem mehrere Versuche, mit anderen Luftfahrtunternehmen zu fusionieren, scheitern, meldet SAT im Oktober 1998 in

Columbus, Ohio, Insolvenz an – am selben Tag, an dem der Generalinspekteur der CIA einen Bericht veröffentlicht, der die Beteiligung von SAT an der Iran-Contra-Affäre detailliert darlegt.

Noch mehr aber sind Wexner und Epstein in geschäftliche Aktivitäten rund um Wexners Handelskonglomerat L Brands (später The Limited) involviert. Victoria's Secret, die Tochtermarke von L Brands, setzte damals seinen Fokus auf amerikanische Einkaufszentren und expandiert rasch. Es steigt mit 350 Filialen und einem Umsatz von einer Milliarde Dollar zum größten Unterwäsche-Einzelhändler in den USA auf. Ein zentraler Bestandteil des Markenimages ist die jährliche Victoria's Secret Fashion Show. Diese weltbekannte Laufstegveranstaltung wird von Models präsentiert, die vom Unternehmen als »Fantasy Angels« beworben werden.

Schon bevor Wexner sich auf eine Partnerschaft mit Epstein einlässt, ranken sich Gerüchte und Spekulationen um sein Privatleben. Laut dem Porträt im *New York Magazine* von 1985 sei Wexner ein »echter Junggeselle«. Er fühle sich nicht allein, sagte er. Er wolle dem Anschein nach auch keine Kinder. Wexner sagt dem Magazin: »Viele Leute denken, dass ich asexuell oder homosexuell sei, weil ich nicht verheiratet bin, aber ich genieße eine Beziehung mit einer Frau.«

In der Belegschaft von Victoria's Secret kursieren Gerüchte, dass Epstein eine »sexuelle Beziehung mit Leslie Wexner« habe. Das wird Epstein 2010 in einem Zivilprozess in Florida entschieden abstreiten. Auch Wexner wird über seinen Anwalt zurückweisen, eine homosexuelle Beziehung mit Epstein gehabt zu haben.

Allen Gerüchten zum Trotz heiratet Les Wexner 1996 die Anwältin Abigail Koppel. Zeitgleich lässt er seine siebenstöckige Stadtvilla in New York im Wert von 77 Millionen Dollar aufwendig renovieren und umbauen, um sie anschließend an Epstein zu verschenken. An dieser Geste wird deutlich, wie stark Epsteins Einfluss auf Wexners Leben gewachsen war, während er zunehmend in die Welt von Victoria's Secret, dem Herzstück von Wexners Imperium, vordringt.

Offenbar zu tief. 1997 erstattet ein aufstrebendes Model namens Alicia Arden eine Anzeige bei der Polizei gegen Epstein. Sie war ins *Shutters on the Beach Hotel* in Santa Monica gegangen, in dem Glauben, an einem Casting für einen Victoria's Secret-Katalog teilzunehmen. Stattdessen sei sie auf Epstein getroffen, der seine enge Beziehung zu den Führungskräften von Victoria's Secret nutzte, um sich als Model-Scout auszugeben. Arden berichtet, dass Epstein sie begrapscht und belästigt habe. Sie meldet den Vorfall bei der örtlichen Polizei, hört jedoch nie wieder von den Polizisten und es wird auch keine Anklage erhoben. Jahre später wird durch firmeninterne Untersuchungen öffentlich werden, dass Wexner bereits 1993 von einer Führungskraft darüber informiert wurde, dass Epstein sich fälschlicherweise als Model-Anwerber für die Marke ausgegeben hatte. Aber er hat nichts unternommen.

Im Jahr 2016 erhebt Virginia Giuffre, ein Opfer von Epstein, bei ihrer Zivilklage gegen Wexner den Vorwurf, dass er sie als minderjähriges Mädchen zwischen drei und zehn Mal missbraucht habe. Epstein und Ghislaine Maxwell hätten sie dazu gezwungen. Auf die Frage, warum sie dazu geäußert habe, Wexner würde nicht die Wahrheit sagen, erklärt Giuffre: »Weil er Dinge getan hat, die falsch waren [...] Er hat sich an Sex mit Minderjährigen beteiligt.« Wexner bestreitet diese Anschuldigungen und erklärt, dass er Giuffre nie getroffen habe.

Im Juli 2022 wird die Dokumentarfilm-Serie *Victoria's Secret: Angels and Demons* von dem renommierten Filmemacher Matt Tyrnauer gezeigt. Die Serie beleuchtet die Geschichte hinter dem Erfolg von Wexner und dessen Verbindung zu Epstein. Cindy Fields, die ehemalige Geschäftsführerin von Victoria's Secret sagt in dem Film: »Irgendetwas stimmte nicht«, was eine Anspielung auf Gerüchte über eine sexuelle Beziehung zwischen Wexner und

Epstein ist. »Jeder von ihnen erfüllte wohl das Bedürfnis des anderen«, erklärt Fields. »Wexner hatte das Geld, das Epstein suchte, und Epstein brachte Wexner das Charisma und die Raffinesse, nach denen er strebte.« Sie fügt hinzu: »Damit meine ich keineswegs, dass es sich um ein sexuelles Bedürfnis handelte ... aber da war definitiv etwas.« Fields ist nicht die Einzige, die das andeutet. »Ich glaube, dass sie eine komplexe Beziehung hatten«, sagt die Journalistin Conchita Sarnoff. »Finanziell, persönlich ... und in vielerlei anderer Hinsicht.«

Wenige Tage nach der Veröffentlichung spricht auch Maria Farmer, ein bereits erwähntes Opfer Epsteins, in einem Interview mit der *Daily Mail* über eine sexuelle Beziehung zwischen Epstein und Wexner. Als sie in Epsteins New Yorker Stadtvilla arbeitete, habe der ihr gegenüber geprahlt: »Maria, ich habe all das für einen Dollar bekommen.« Epstein zeigt dabei auf die luxuriöse Ausstattung und erklärt: »Wexner wird alles für mich tun, Maria. Und ich meine alles.« Anschließend habe er gezwinkert. Laut Farmer deutete Epstein damit auf eine intime Beziehung zu Wexner hin. »Ich glaube, sie waren Liebhaber. Das ist meine Meinung. Er hatte eine besondere Schwäche für Epstein«, so Farmer.

Inzwischen hat Epstein drei gemeinnützige Organisationen – *Epstein Interests*, die *C. O. U. Q. Foundation* und *Gratitude America Ltd.* – gegründet und die leisten großzügige Spenden an verschiedene jüdische und pro-israelische Organisationen.

Die veröffentlichten Spenden, basierend auf Daten der US-Steuerbehörde aus dem Zeitraum 1998 bis 2017, umfassen unter anderem: 500 000 Dollar im Jahr 2008 an die *Ramaz School*, eine angesehene orthodoxe Schule in Manhattan; 100 000 Dollar im Jahr 2003 an die *Columbus Jewish Foundation* (Wexner lebte größtenteils in der Region Columbus, Ohio); 100 000 Dollar im Jahr 2002 an die *United Jewish Appeal-Federation of New York*, die größte

Wohltätigkeitsorganisation weltweit, die Israel unterstützt; 25 000 Dollar im Jahr 2003 an das *American Jewish Committee*, die größte und älteste pro-israelische Lobby, laut *New York Times* ein »Dekan der amerikanisch-jüdischen Organisationen«; 25 000 Dollar im Jahr 2005 an die *Friends of the Israel Defense Forces*, die einzige Organisation, die berechtigt ist, Spenden im Namen von IDF-Soldaten zu sammeln; und 15 000 Dollar im gleichen Jahr an den *Jewish National Fund*, den größten Landbesitzer in Israel, der im Auftrag des *World Zionist Congress* Land für das künftige Israel schon vor der Staatsgründung erwarb. Diese Großspenden weisen deutlich auf Epsteins zionistische und pro-israelische Gesinnung hin, die er auch unabhängig von seiner Beziehung zu Wexner pflegt.

Wexner und Epstein verbinden sich mittels des *Wexner Foundation Leadership Program*, das Führungskräfte ausbildet, mit der mächtigen pro-israelischen Lobbyorganisation *American Israel Public Affairs Committee* (AIPAC). Die Absolventen des Programms, die sogenannten »Wexnerim«, nehmen regelmäßig an den *AIPAC*-Jahrestreffen in Washington, D. C., teil.

Stolz verkündet die Website der *Wexner Foundation*: »Das Wexner-Netzwerk in voller Stärke bei AIPAC.« Jonathan Berkowitz, Dozent an der kanadischen *Sauder Business School*, schreibt über die Wexnerim: »Während der Konferenz waren unsere Stipendiaten, Mitglieder und Alumni überall zu sehen: als Experten, die Sitzungen leiteten, als Fachleute innerhalb des AIPAC [...] Bei einer Konferenz, die 18 000 Menschen zusammenbringt, war es eine Freude, so viele bekannte Gesichter zu sehen und das Engagement, die Strategie und die Liebe zu Israel zu erkennen, die so viele aus unserem Wexner-Netzwerk an den Tag legen.«

AIPAC gilt laut der *New York Times* als »die wichtigste Organisation, die Amerikas Beziehungen zu Israel beeinflusst«. Das Komitee umfasst Demokraten, Republikaner und Unabhängige zugleich. Laut Thomas Massie, einem langjährigen US-Kongressabgeordneten für die Republikaner, agiert AIPAC als eine Art »Babysitter« für die von der Organisation unterstützten Abgeordneten.

In einem Interview mit dem Journalisten Tucker Carlson auf dessen Streamingdienst *TCN* erklärt Massie: »Jeder außer mir hat eine AIPAC-Person an seiner Seite. Es ist wie dein Babysitter, dein AIPAC-Babysitter, der immer im Namen von AIPAC mit dir spricht.« Diese »Babysitter« stammten in der Regel aus dem Wahlkreis des jeweiligen Abgeordneten, seien jedoch im Auftrag von AIPAC als »Handler« tätig, um pro-israelische Positionen durchzusetzen und sicherzustellen, dass der Abgeordnete im Sinne der Interessen der Lobby handelt, erzählt Massie.

Unter der Trump-Regierung von 2017 bis 2021 erzielt die pro-israelische Lobby mit dem Umzug der US-Botschaft nach Jerusalem ihren vielleicht größten Erfolg. Dafür lobt Israels Premierminister Benjamin Netanyahu den amerikanischen Präsidenten mit den Worten: »Sie haben Geschichte geschrieben, genauso wie König Kyros es für das jüdische Volk getan hat.« Damit verglich Netanyahu Trump mit dem biblischen König Kyros, der den Juden nach dem babylonischen Exil erlaubte, den Tempel wiederaufzubauen. Einige Rabbiner, wie etwa der angesehene Rabbi Yosef Berger aus Jerusalem, verkündeten daraufhin, dass Trump Teil eines wundersamen Prozesses sein könnte, »der den Messias bringt«. »Donald Trump entspricht in der Gematrie (hebräische Numerologie) der Zahl 424, die mit Moshiach ben David (Messias aus dem Hause David) identisch ist«, meint Berger.

Hinter diesem »Wunder« stehen vor allem drei Milliardäre, drei pro-israelische Top-Spender von Trumps Wahlkampagne 2016. Der Casino-Magnat Sheldon Adelson (verstorben 2021, an seine Stelle tritt seine Witwe Miriam), der Mitbegründer von *Home Depot,* Bernard Marcus, und der Hedgefonds-Manager Paul Singer. Sie bekamen von Trump nach dessen Wahlsieg alles, wofür sie gezahlt hatten: Die Trump-Regierung nahm eine harte Haltung in den Friedensgesprächen ein, brach den Kontakt zu den Palästinensern ab und stoppte Hilfen für das Westjordanland und Gaza. Darüber hinaus zog sie sich aus dem Iran-Atomabkommen zurück. Adelson, Marcus und Singer gehören in dieser Zeit zu den größten Spendern hinter AIPAC.

Im Wahlkampf von 2024 spendet Sheldon Adelsons Witwe Miriam 100 Millionen Dollar an die Kampagne von Trump. In einem Porträt im *New York Magazine* vom Mai 2024 deutet Adelson an, dass sie Trump dazu drängen könnte, im Falle einer zweiten Amtszeit die Annexion des besetzten Westjordanlands voranzutreiben und Israels dortige Souveränität anzuerkennen – ein Vorhaben, das von ihr als »unerledigtes Israel-Geschäft aus Trumps Präsidentschaft« beschrieben wird.

Der Einfluss der pro-israelischen Lobby beschränkt sich aber nicht auf die Republikaner, sondern prägt ebenso die Demokraten, wie die großzügigen Spenden prominenter Unterstützer belegen. Zu den wichtigsten pro-israelischen Großspendern für Kamala Harris' Wahlkampf 2024 gehörten: Michael Bloomberg, Gründer von *Bloomberg Television* und ehemaliger Bürgermeister von New York City (er wird in Epsteins Adressbuch, dem *Black Book*, aufgeführt), Reid Hoffman, Mitbegründer von *LinkedIn* (ein ehemaliger Freund Epsteins), Jim Simons, der Gründer des Hedgefonds *Renaissance Technologies*, Michael Moritz, Risikokapitalgeber bei *Sequoia Capital*, und Haim Saban, Medienmogul und Schöpfer der Kult-TV-Serie *Power Rangers*. Sie sind allesamt enge Unterstützer und finanzielle Förderer von AIPAC.

Im Jahr 2021 nimmt AIPAC eine strategische Änderung vor und beschließt, sich stärker in die direkte Wahlkampffinanzierung einzubringen. Zuvor hat sich die Organisation hauptsächlich auf Lobbyarbeit konzentriert und nicht so sehr Kandidaten direkt finanziell unterstützt. Mit der Einführung eines Super PACs – ein Political Action Committee zum Zweck der Eintreibung von Wahlkampfspenden — und eines bundesweiten PACs begann AIPAC jedoch, sowohl pro-israelische Demokraten als auch Republikaner mit hohen Summen zu unterstützen.

Allein in den US-Wahlkampf von 2024 steckte AIPAC 100 Millionen Dollar. Die Lobbyorganisation verteilt Gelder bevorzugt über die ihm verbundene, überparteiliche Aktionsgruppe *United Democracy Project (UDP)*. Diese Mittel fließen in Werbekampagnen zur Unterstützung von Abgeordneten und Senatoren, die sich für Waffenlieferungen nach Israel oder für Wirtschaftssanktionen gegen den Iran aussprechen. Das *UDP* finanziert außerdem massiv negative Kampagnen gegen Politiker, die die israelische Siedlungspolitik im Westjordanland kritisieren oder ein Waffenembargo fordern. Außerdem finanziert die Gruppe Reisen für ihre Sympathisanten im Kongress, wobei Israel oft ein bevorzugtes Reiseziel ist.

Wexner und Epstein werden selbst über mehr als zwei Jahrzehnte hinweg an politische Kandidaten und ihre Parteien spenden. Wexner ist ein langjähriger Unterstützer der Republikaner. Von 1989 bis 2024 lassen sich bei *OpenSecrets* mehr als 1 000 drei- bis sechsstellige Spenden in Millionenhöhe an republikanische Kandidaten und SuperPACs nachweisen. Wexner spendete unter anderem an den ehemaligen US-Präsidenten George H. W. Bush, den damaligen Vorsitzenden des Justizausschusses des US-Senats, Lindsey Graham, den damaligen Gouverneur von Kalifornien, Arnold Schwarzenegger, den damaligen Senator von Ohio, John Glenn, den damaligen Gouverneur von Florida, Rick Scott, und die damalige Generalstaatsanwältin von Ohio, Betty Montgomery.

Auch Epstein knüpft enge Verbindungen zu den Republikanern, doch der Großteil seiner Spenden fließt an die Demokraten. Darunter sind die ehemalige Außenministerin Hillary Clinton, der frühere US-Präsident Bill Clinton, der ehemalige Energieminister

Bill Richardson, der ehemalige US-Außenminister John Kerry oder auch den geschassten Gouverneur des Staates New York, Eliot Spitzer.

Im Jahr 1991 gründet Wexner zusammen mit Charles und Edgar Bronfman senior, den Vorsitzenden des Spirituosen-Imperiums Seagram, die *Mega Group*. Mega inspiriert mehrere bedeutende philanthropische Initiativen, etwa die *Partnership for Excellence in Jewish Education* (die Förderung jüdischer Tagesschulen für weltliche Bildung und religiöse Erziehung), *Birthright Israel* (ein kostenloses Reiseprogramm nach Israel zur Stärkung der Identität junger Juden) oder die Erneuerung von *Hillel International* (die Fördesrung jüdischer Studenten auf College-Campussen weltweit). Die Initiativen werden jedes Jahr mit Hunderttausenden von Dollars aus dem Stiftungsvermögen der *Wexner Foundation* unterstützt, das von Epstein verwaltet wird. Die Jahresberichte von 2001 bis 2007 sind bei *InfluenceWatch* online abzurufen.

John Schindler, ein ehemaliger Abwehrspion der *National Security Agency*, sagt der *Washington Times* im Januar 2024, dass die *Mega Group* dem israelischen Geheimdienst »als Instrument für Spionage- und Beeinflussungsoperationen in den Vereinigten Staaten« dient. Schindler fügt hinzu: »Wir wissen, dass sie [*Mega Group*] von Jeffrey Epsteins milliardenschwerem Gönner mitbegründet wurde.«

Die amerikanische Öffentlichkeit erfährt im Mai 1997 erstmals von Mega. Damals berichtet *Time Magazine* über den ehemaligen Marineanalysten Jonathan Pollard, der US-Militärgeheimnisse an Israel verkauft hat. Die USA und Israel würden sich in den elf Jahren seit Pollards Verurteilung zwar »um die Heilung der Wunden« des Spionageskandals bemühen, jedoch »offenbar weiterhin einander Geheimnisse stehlen«, so *Time*. Es gebe den Verdacht, dass Israel einen Spion in den höchsten Kreisen der Sicherheitsbehörden der Clinton-Regierung habe, nach dem die CIA, das FBI und die *National Security Agency* (NSA) schon seit Anfang des Jahres suchten.

Auch die *Washington Post* schreibt darüber. Der *Post* zufolge hat die NSA, die das Telefongespräch zwischen einem israelischen Geheimdienstoffizier in Washington und einem Spionage-Koordinator in Tel Aviv abhörte, Hinweise darauf gefunden, dass Israel möglicherweise einen »Maulwurf« auf noch höherer Ebene als Pollard besitzen soll: einen hochrangigen US-Beamten mit dem Codenamen »Mega«, der möglicherweise diplomatische Geheimnisse der USA weitergebe.

Laut *Washington Post* habe der Spion vom israelischen Botschafter den Auftrag erhalten, eine Kopie eines geheimen Briefs, den der damalige US-Außenminister Warren Christopher an Yasser Arafat übergeben hat, zu besorgen, und zwar für eine Quelle namens »Mega«. Israel versuche, die Identität von »Mega« zu verschleiern, indem behauptet werde, der Name beziehe sich auf einen CIA-Agenten. Der Enthüllungsartikel der *Post* löste eine groß angelegte, aber erfolglose Suche nach einem mutmaßlichen israelischen Maulwurf im US-Außenministerium aus.

Im Jahr darauf stellt das *Wall Street Journal* »Mega« dann im Detail vor. Das Journal nennt die Gruppe einen »lose organisierten Club von zwanzig der reichsten und einflussreichsten jüdischen Geschäftsleute des Landes«. War der Maulwurf ein Handlanger dieses Clubs? »Mega« treffe sich laut WSJ zweimal im Jahr hinter verschlossenen Türen und bespricht seine »philanthropischen Ziele«. Fast alle Mitglieder der *Mega Group* gehören zu den Geldgebern von AIPAC.

Laut dem *Wall Street Journal* gehören neben den Bronfmans und Wexner folgende Männer zu den Gründungsmitgliedern der *Mega Group*:

Michael Steinhardt. Gründer des Hedgefonds *Steinhardt Partners* (laut *Forbes* der »größte Trader der Wall Street«), Mitbegründer von

Birthright Israel und Vorsitzender von *WisdomTree*, einem Fonds, der ein Vermögen von rund 99,5 Milliarden Dollar verwaltet.

Charles Schusterman, Gründer der *Samson Investment Company*, einer Öl- und Gasgesellschaft mit Ölfeldern in USA, Kanada, Venezuela und Russland und Mitbegründer von *Synagogues: Transformation and Renewal*, einem nationalen Programm zur Erneuerung von Synagogen in den USA.

Leonard Abramson, Gründer von *U. S. Healthcare Inc.*, einem führenden Krankenversicherer der USA, der heute unter dem Namen Aetna firmiert, und Präsident der neokonservativen Lobby *The Foundation for Defense of Democracies*.

Lester Crown, Sohn von Henry Crown, dem Gründer des Baumaterial-Lieferanten *Material Service Corporation*, Anteilseigner der Basketball-Mannschaft *Chicago Bulls* und Anteilseigner des führenden Rüstungs- und Luftfahrtunternehmens *General Dynamics*.

Laurence Tisch, CEO des Medienkonzerns *CBS* und Mitinhaber des Investmentunternehmens *Loews Corporation*, das in den Bereichen Versicherung, Energie, Hotels und Tabak tätig ist.

Max Fisher, Finanzier aus Detroit, Gründer des führenden Ölunternehmens Aurora Gasoline, Vorsitzender von United Brands (früher United Fruit Company und danach Chiquita Brands International), Berater von zahlreichen US-Präsidenten und israelischen Premierministern, Gründer der pro-israelischen neokonservativen *Republican Jewish Coalition*, Vorsitzender des *Jewish Agency for Israel* und des *United Jewish Appeal*, die eine bedeutende Rolle bei der Entstehung des Staates Israel spielten.

Marvin Lender, Präsident von *Lenders Bagels*, dem größten Bagel-Unternehmen in den USA (inzwischen von Kraft Foods übernommen).

Harvey »Bud« Meyerhoff, pensionierter Immobilienentwickler, ehemaliger Vize-Vorsitzende des *Johns Hopkins Hospital* und Präsident des *United States Holocaust Memorial Council*.

Ronald Lauder, Sohn von Estée Lauder, der Mitbegründerin des gleichnamigen Kosmetik-Imperiums, Erbe der Estée Lauder Companies, ehemaliger US-Botschafter in Österreich und Präsident des *World Jewish Congress* (WJC).

Steven Spielberg, vielfach oscarprämierter Filmregisseur und Produzent, bekannt für *Jurassic Park, Indiana Jones* oder *Schindlers Liste,* und Gründer der *Shoah Foundation* für die Bewahrung der Erinnerungen von Holocaust-Überlebenden.

Die Mega Group nutzt einen Teil ihrer umfangreichen Ressourcen, um die US-amerikanische Nahostpolitik mitzugestalten.

Im Jahr 2003 engagiert die *Wexner Foundation* den republikanischen Politikberater Frank Luntz, um die *Mega Group* in der Gewinnung von Unterstützung für Israel zu beraten. Luntz empfiehlt pro-israelischen Fürsprechern in einem Dokument mit dem Titel *Wexner Analysis: Israeli Communication Priorities 2003*: »Ein ganzes Jahr lang – ein volles Jahr – sollten Sie den Namen Saddam Hussein ins Gespräch bringen und betonen, wie Israel stets hinter den amerikanischen Bemühungen stand, die Welt von diesem skrupellosen Diktator zu befreien und sein Volk zu befreien.«

Trotz Israels starker Unterstützung für Präsident Bush warnt Luntz davor, Bush direkt zu loben. Arafat, der Präsident der Palästinensischen Autonomiebehörde, sei für Israel von Vorteil gewesen, da er das Bild eines »Terroristen« verkörperte. Die Ernennung von Mahmoud Abbas zum palästinensischen Premierminister und möglichen Nachfolger Arafats sei dagegen ungünstig, da er das Image der Palästinenser verbessern könnte. Dies könnte den Druck auf Israel erhöhen, wieder in Verhandlungen einzutreten.

Danach wird Luntz von der pro-israelischen Lobbygruppe *The Israel Project* beauftragt, Medienvertretern klare Empfehlungen zu geben, welche Formulierungen sie verwenden sollten, um Israel in den USA und weltweit besser darzustellen. Luntz empfiehlt beispielsweise, bei der Diskussion über eine Zwei-Staaten-Lösung die palästinensischen Verhandlungspositionen als »Forderungen« zu bezeichnen, da Amerikaner Menschen, die Forderungen stellen, eher ablehnen.

Die als »vertraulich« gekennzeichnete Studie von Luntz, die an *Newsweek* geleakt wurde, empfiehlt überdies, das Thema als Friedensfrage darzustellen und Argumente zur Religion oder zu Besitzansprüchen zu vermeiden. Zudem soll stets betont werden, dass der Abriss von Häusern in arabischem Besitz in Ost-Jerusalem aufgrund von Verstößen gegen Bauvorschriften erfolge. Eine der markantesten Aussagen lautet: »Israel ist so reich und stark, dass viele nicht verstehen, warum gepanzerte Panzer auf unbewaffnete Kinder schießen müssen.«

Während sich Wexner um Einflussnahme bei den Republikanern kümmert, tummelt sich Epstein bei den Demokraten. 1998 erschüttert der Lewinsky-Skandal die US-Regierung unter Bill Clinton, als der Präsident in einer Fernsehansprache die berühmten, aber nicht wahrheitsgemäßen Worte sagte: »Ich hatte keine sexuellen Beziehungen mit dieser Frau, Ms. Lewinsky.« Die Affäre zwischen dem Präsidenten und der 22-jährigen Praktikantin Monica Lewinsky hat 1995 begonnen und 18 Monate gedauert. Ermittlungen gegen Clinton führen zu Anklagen wegen Meineids und einem Amtsenthebungsverfahren. In einer 21-tägigen Anhörung vor dem US-Senat wird der Präsident jedoch von allen Anklagepunkten freigesprochen.

Bei der Anhörung werden aber Clintons Verbindungen zu Epstein offenbar. Laut den Besucherprotokollen des Weißen Hauses besuchte Epstein das Präsidentendomizil mindestens 17-mal, beginnend kurz nach dem Amtsantritt von Clinton 1993 bis 1995. Diese Besuche fielen in die Zeit, als Clintons Affäre mit Lewinsky begann.

Eine hochrangige Quelle sagt der *New York Post*, dass die Investorin Lynn Forester de Rothschild – eine Fundraiserin für Hillary Clinton – Epstein Bill Clinton vorgestellt habe. De Rothschild bestreitet dies. Es sei »allgemein bekannt«, dass »Ghislaine Maxwell Epstein den Clintons bei einer Spendenaktion für die Ausstattung des Weißen Hauses vorgestellt« habe, sagt sie. Rothschild taucht sowohl in Epsteins Adressbuch *Black Book* auf als auch in den Flugbüchern von Epsteins Privatjet.

Ein Jahr später veröffentlicht der britische Investigativjournalist Gordon Thomas das Buch *Gideon's Spies: The Secret History of the Mossad*. Darin behauptet er, dass der israelische Geheimdienst bereits lange vor Ermittlungen des Sonderermittlers Kenneth Starr über Lewinsky im Besitz von Aufnahmen war, die intime Gespräche zwischen Präsident Clinton und seiner jungen Praktikantin enthielten. Starr wird 2007 Teil des Anwaltsteams, das Epstein in diesem Jahr helfen wird, den umstrittenen »Sweetheart-Deal« mit Bundesstaatsanwalt Alexander Acosta auszuhandeln. Laut Thomas, der sich auf hochrangige Geheimdienstquellen beruft, hat der israelische Geheimdienst die brisanten Lewinsky-Tonaufnahmen für eine mögliche Erpressung des Präsidenten oder aber zum Schutz seines Maulwurfs im Weißen Haus, der den Codenamen »Mega« trug, aufbewahrt.

Der Sprecher von Benjamin Netanjahu, David Bar-Illan, nennt die Anschuldigungen von Gordon Thomas »jenseits von Gut und Böse« und fragt, wie jemand »solch einen unausgegorenen Unsinn ernst nehmen« könne.

2014 beschreibt auch der Journalist Daniel Halper in seinem Buch *Clinton Inc: The Audacious Rebuilding of a Political Machine«*, wie Israel versucht hat, Tonbandaufnahmen von intimen Gesprächen zwischen Clinton und Lewinsky zu nutzen, um die Freilassung des israelischen Spions Jonathan Pollard zu erwirken. Dabei beruft sich Halper auf Interviews mit ehemaligen Regierungsmitarbeitern sowie auf eine detaillierte Analyse der sogenannten »Monica Files«. Diese Hunderte Seiten umfassenden Dokumente waren seitens Lewinskys Anwälten für den Fall erstellt worden, sollte Lewinsky jemals rechtliche Schritte gegen Clinton einleiten.

Laut Halper zeigen die Dokumente, dass Netanjahu 1998 während der Wye-Plantage-Gespräche – Friedensverhandlungen zwischen Israel und Palästina – Clinton mit Verweis auf die Tonbandaufnahmen beiseite genommen hatte, um die Freilassung Pollards zu fordern. Netanyahu habe Clinton nicht direkt bedrohen wollen und deshalb mitgeteilt, dass die israelische Regierung die Bänder vernichtet hätte. Doch allein die Erwähnung dieser Aufnahmen dürfte eine »subtile Form der Erpressung« sein, schreibt Halper. Er fügt hinzu, dass laut einem CIA-Insider Clinton erschüttert wirkte und »nachzugeben schien«. Laut Halper gibt es zahlreiche Beweise, die Lewinskys Behauptung über eine Konfrontation zwischen Israel und den USA unterstützen. Im November 1998 berichtete die *New York Times*, dass Netanyahu und Clinton tatsächlich über Pollards Freilassung gesprochen hatten. Obwohl Clinton dies jahrelang ausgeschlossen hatte, wurde er von Netanjahus Argumenten beeindruckt. CIA-Direktor George Tenet drohte jedoch mit Rücktritt, sollte die Freilassung erfolgen, und Clinton ließ den Plan fallen, erwog ihn aber erneut vor seinem Amtsende. Letztendlich wurde Pollard erst am 20. November 2015 nach 30 Jahren Haft auf Bewährung freigelassen.

Clinton nutzt auch Epsteins Privatjet für Projekte der *Clinton Foundation* in den frühen 2000er-Jahren. 2002 ließ Clinton für einen Artikel im *New York Magazine* über einen Sprecher ausrichten: »Jeffrey ist sowohl ein äußerst erfolgreicher Finanzier als auch ein engagierter Philanthrop mit einem ausgeprägten Gespür für globale Märkte und einem tiefgreifenden Wissen über die Wissenschaft des 21. Jahrhunderts.« Außerdem schätze Clinton Epsteins »Einsicht und Großzügigkeit.« Laut Epsteins Anwalt Gerald B. Lefcourt gehörte Epstein auch zur ursprünglichen Gruppe, die die *Clinton Global Initiative*, die seit 2005 weltweit Führungskräfte zur Lösung globaler Probleme zusammenbringt, ins Leben rief.

Es sind nicht die letzten diesbezüglichen Vorwürfe gegen Clinton. Es gibt viele Anschuldigungen, von sexueller Belästigung bis hin zu Vergewaltigung, und sie betreffen mehrere Frauen über einen Zeitraum von Jahrzehnten. Dazu zählen unter anderem: die Flugbegleiterin Christy Zercher (bekannt geworden 1992), die Regierungsangestellte Paula Jones (1994), die Weiße-Haus-Freiwillige Kathleen Willey (1998), die Wahlhelferin Juanita Broaddrick (1998), die Pressesprecherin Karen Hilton (1999), die Studentin Eileen Wellstone (1999), die Wahlkampfhelferin Sandra James (1999) und die TV-Reporterin Leslie Millwee (2016). Clinton wurde nie für die ihm vorgeworfenen Verbrechen verurteilt.

Bei der Razzia vom Juli 2019 entdecken Ermittler in Epsteins New Yorker Stadtvilla ein skurriles Ölgemälde, das Clinton in einem Kleid und High Heels zeigt, wie er auf den Betrachter deutet. Kurz nach Epsteins Tod bestätigt die australische Künstlerin Petrina Ryan-Kleid gegenüber *Artnet*, dass das Gemälde »Parsing Bill«, was etwa »Bill, analysierend« bedeutet, von ihr stammt. Sie fügt hinzu, dass das blaue Kleid eine bewusste Anspielung auf Monica Lewinskys berühmtes Kleid sei.

Der enge Kontakt zwischen Clinton und Epstein sorgt nun für massive Kritik. Clinton distanziert sich von Epstein. In einer Stellungnahme heißt es: »Präsident Clinton weiß nichts von den schrecklichen Verbrechen, derer sich Jeffrey Epstein vor einigen Jahren in Florida schuldig bekannt hat, und auch nichts von denen, derer er kürzlich in New York angeklagt wurde.« Später wird jedoch die *New York Times* berichten, dass Clinton 26-mal mit dem »Lolita Express« geflogen ist. Im Januar 2024 taucht sein Name mindestens 73-mal in entsiegelten Gerichtsdokumenten im Zusammenhang mit der Verleumdungsklage von Virginia Giuffre auf.

Auch Wexner trennt sich erst von Epstein, als der wegen mehrerer Fälle von Missbrauch und illegaler sexueller Aktivitäten mit Minderjährigen angeklagt wird. 2007 distanziert sich Wexner öffentlich von ihm, angeblich nachdem er entdeckt hatte, dass Epstein ihn um Millionen betrogen habe.

Nachdem Epstein Wexner als seinen einzig nachweisbaren Kunden verliert, verzeichnet seine Firma *Financial Trust* einen drastischen Rückgang der Einnahmen – von 66 Millionen Dollar im Jahr 2006 auf nur vier Millionen Dollar im Jahr 2007, bis diese 2012 komplett versiegen. Trotz dieser Einbußen gründet Epstein 2012 die Firma *Southern Trust* auf den Amerikanischen Jungferninseln, die im Bereich DNA-Datenanalyse tätig ist. Deren Ziel ist, eine Gen-Datenbank mit einer Suchmaschine zu erstellen, die genetische Verbindungen zu schweren Krankheiten wie Krebs aufspüren kann. Aus einem 2012 veröffentlichten Transkript, das *Business Insider* erhielt, geht hervor, dass Epstein beim Gespräch mit der Wirtschaftsentwicklungsbehörde der Amerikanischen Jungferninseln bewusst ist, dass seine Ideen ungewöhnlich klingen. »Ich bin kein Verrückter«, sagt Epstein. Als er gefragt wird, wie diese Idee funktionieren könnte, antwortet er: »Es klingt nach der Frankenstein-Version, aber es ist wahr. Tatsächlich wird es herauskommen, dass gewisse Menschen bestimmte Dinge lernen können. Manche können sich anders durch den Raum bewegen.«

Überraschenderweise erzielt *Southern Trust* in den folgenden fünf Jahren über 200 Millionen Dollar an Einnahmen, obwohl unklar bleibt, wer diese Summen zahlt und warum. Laut dem *Wall Street Journal* zeigen Steuerunterlagen, dass Jeffrey Epstein im Januar 2008 Investitionen im Wert von 46 Millionen Dollar an einen wohltätigen Fonds von Wexner überträgt.

Im April dieses Jahres, nur wenige Wochen bevor Epstein von Bundesstaatsanwalt Alexander Acosta mit einem umstrittenen »Sweetheart Deal« begünstigt wird – den Acosta später mit Epsteins Zugehörigkeit zu einem Geheimdienst rechtfertigen wird, wird Epstein in Israel gesichtet. Die *Palm Beach Daily News* schreibt in einer Gesellschaftskolumne unter dem Abschnitt »Gesehen«: »Der angeschlagene Milliardär Jeffrey Epstein im *Tel Aviv Hilton* in Israel, wo er laut einem Sprecher das Passahfest verbracht hat, sich mit israelischen Wissenschaftlern traf und eine Besichtigung von Militärbasen machte. Keine Massagen.«

Nutzte Epstein die Kontakte seines Freundes Ehud Barak, des ehemaligen Ministerpräsidenten Israels, Verteidigungsministers und Leiters des militärischen Geheimdienstes Israels *Aman*, um mit hochrangigen Israelis zu sprechen? Hat Epstein auf Unterstützung bei seinen rechtlichen Problemen in den USA gehofft? Schließlich war Barak ein entscheidender Faktor hinter der umstrittenen Begnadigung von Marc Rich durch Bill Clinton. Rich war ein milliardenschwerer Investor, der wegen Steuerhinterziehung und illegaler Ölgeschäfte mit dem Iran angeklagt wurde und sich in die Schweiz abgesetzt hatte. Seine Begnadigung durch Clinton im Jahr 2001 hat erhebliche Kontroversen ausgelöst. Epstein könnte gedacht haben, dass er auf dieser Israel-Reise um eine ähnliche Intervention in seinem Fall werben könnte.

Um diesen Reisezeitraum herum ist auch sein ehemaliger Kunde Leslie Wexner in Israel. Als Teil einer Ehrendelegation begleitet er US-Präsident George W. Bush nach Jerusalem, um das 60-jährige Jubiläum des Staates Israel zu feiern. Anwesend sind unter anderem Epsteins Anwalt Jay Lefkowitz von der *Kanzlei Kirkland & Ellis*, die mit Acosta den Deal verhandelt hat, Medienmogul Mortimer Zuckerman (Epstein investierte mit ihm zusammen in das *Radar Magazine*), Sheldon und Miriam Adelson (sie finanzierten zusammen mit Epstein und Wexner philanthropische Projekte), der ehemalige US-Außenminister Henry Kissinger und der Schriftsteller Elie Wiesel. Beide werden in Epsteins Adressbuch *Black Book* erwähnt.

Wexner wird nach Epsteins Festnahme im Juli 2019 vorgeworfen, nichts getan zu haben, als mehr als zwanzig Jahre zuvor Beschwerden gegen Epstein aufgekommen sind. Führungskräfte von *L Brands* hatten damals berichtetet, dass Epstein seine Macht und seine Verbindung zu Wexner ausnutze, indem er sich als Anwerber für Victoria's-Secret-Models ausgebe, um Zugang zu jungen Frauen und Mädchen zu erlangen. Trotzdem soll Wexner nichts unternommen haben, um Epstein zu stoppen oder sich von ihm zu distanzieren.

Im August, nach Epsteins erneuter Inhaftierung wendet sich Wexner schriftlich an die *Wexner Foundation*. In der Erklärung gibt er an, dass Epstein als sein Vermögensverwalter »große Geldsummen« von ihm und seiner Familie unterschlagen habe. »All dieses Geld – jeder einzelne Dollar davon – war ursprünglich Geld der Familie Wexner.« Zwei Tage vor Epsteins Tod am 10. August äußert sich Wexner in einem Brief an seine Stiftung so offen wie nie zuvor: »Es ist mir äußerst peinlich, wie so viele andere von Herrn Epstein getäuscht worden zu sein. Ich weiß nun, dass mein Vertrauen in ihn völlig fehl am Platz war, und ich bedauere zutiefst, jemals in Kontakt mit ihm gekommen zu sein.«

Im Januar 2021 reichen Aktionäre von *L Brands* eine Klage gegen Wexner und andere Führungskräfte ein. Darin beschuldigen sie die Führungsspitze, eine »tief verwurzelte Kultur von Frauenfeindlichkeit, Mobbing und Belästigung« geschaffen zu haben. Zudem behaupten sie, Wexner sei über den Missbrauch durch den angeklagten Sexualstraftäter Jeffrey Epstein informiert gewesen, was eine Verletzung seiner Treuepflicht gegenüber dem Unternehmen darstelle und den Markenwert geschädigt habe. Die Klage nennt außerdem Wexners Ehefrau Abigail, die aktuelle Vorsitzende Sarah E. Nash und den ehemaligen Marketingchef Ed Razek, dessen »allgemein bekanntes Fehlverhalten« im Unternehmen lange toleriert worden sein soll.

Im Mai 2022 erzählt das Epstein-Opfer Maria Farmer in einem Interview mit George Galloway, einem ehemaligen britischen Parlamentsabgeordneten, von ihren Erfahrungen. Sie berichtete, dass sie seit Jahren versucht habe, ihre wichtigste Erkenntnis über Epstein und Maxwell öffentlich zu machen. Diese hatte sie während ihrer Arbeit als Artist-in-Residence in einer von Wexners Villen gewonnen. Farmer beklagte, dass große US-Medienhäuser ihre Aussagen jedoch nicht aufnehmen wollten. »Wexner war der Boss von Epstein und Wexner war der Boss von Ghislaine«, so Farmer. Jedes Mal, wenn sie diese Aussage machte, hätten Redakteure die Vorgespräche abgebrochen oder die Beiträge vor der Ausstrahlung gestrichen.

Quellen:

Parker, Terri: »911 calls released of 80-year-old Palm Beacher threatening to shoot beachgoers«. In: WPBF, 23. September 2022, online unter: https://www.wpbf.com/article/911-calls-80-year-old-palm-beach-shoot-jeffrey-epstein-gun/41356961, abgerufen am 17. September 2024.

Schwartz, Nelson D.: »What ›the Bear‹ Meant for the Street«. In: The New York Times, 30. März 2008, online unter: http://www.nytimes.com/2008/03/30/business/30maker.html?_r=1, abgerufen am 17. September 2024.

Sherman, Gabriel: »The Mogul and the Monster – Inside Jeffrey Epstein's Decades-Long Relationship With His Biggest Client«. In: Vanity Fair, 8. Juni 2021, online unter: https://www.vanityfair.com/news/2021/06/inside-jeffrey-epsteins-decades-long-relationship-with-his-biggest-client, abgerufen am 17. September 2024.

Thomas Jr., Landon: »Jeffrey Epstein – International Moneyman of Mystery«. In: New York Magazine, 28. Oktober 2002, online unter: https://nymag.com/nymetro/news/people/n_7912/index.html, abgerufen am 17. September 2024.

Ward, Vicky: »The Talented Mr. Epstein«. In: Vanity Fair, 1. März 2003, online unter: https://www.vanityfair.com/news/2003/03/jeffrey-epstein-200303, abgerufen am 17. September 2024.

Goldstein, Matthew: »How Jeffrey Epstein Used the Billionaire Behind Victoria's Secret for Wealth and Women«. In: The New York Times, 25. Juli 2019, online unter: https://www.nytimes.com/2019/07/25/business/jeffrey-epstein-wexner-victorias-secret.html, abgerufen am 17. September 2024.

Rosser, Nigel: »ANDREW'S FIXER; SHE'S THE DAUGHTER OF ROBERT MAXWELL AND SHE'S MANIPULATING HIS JETSET LIFESTYLE«. In: MintPress News, 22. Januar 2001, online unter:

https://www.mintpressnews.com/wp-content/uploads/2019/10/ANDREW_S-FIXER_SHE_S-THE-DAUGHTER-OF-ROBERT-MAXWELL-AND.pdf, abgerufen am 17. September 2024.

Stein, Michelle: »Les Wexner and Jeffrey Epstein's Relationship Is Explored in ›Victoria's Secret‹ Docuseries«. In: Distractify, 14. Juli 2022, online unter: https://www.distractify.com/p/les-wexner-jeffrey-epstein-relationship, abgerufen am 17. September 2024.

Delloye, Tate: »›Wexner had the money, and he got from Epstein the glamour and smoothness he was seeking‹«. In: Daily Mail, 14. Juli 2022, online unter: https://www.dailymail.co.uk/news/article-11006553/The-shadowy-connection-Jeffrey-Epstein-Victorias-Secret-billionaire-Les-Wexner.html, abgerufen am 17. September 2024.

Cloyar, Brock: »Epstein's High Society Contacts«. In: New York Magazine, 22. Juli 2019, online unter: https://nymag.com/intelligencer/article/jeffrey-epstein-high-society-contacts.html, abgerufen am 17. September 2024.

Safdar, Khadeeja: »Retail Billionaire Behind Victoria's Secret Says Jeffrey Epstein ›Misappropriated Vast Sums of Money‹ From Him«. In: The Wall Street Journal, 7. August 2019, online unter: https://www.wsj.com/articles/leslie-wexner-says-jeffrey-epstein-misappropriated-vast-sums-of-money-from-me-11565219336, abgerufen am 17. September 2024.

Parker, Terrie: »911 calls released of 80-year-old Palm Beacher threatening to shoot beachgoers«. In: WPBF, 23. September 2022, online unter: https://www.wpbf.com/article/911-calls-80-year-old-palm-beach-shoot-jeffrey-epstein-gun/41356961, abgerufen am 17. September 2024.

Schwartz, Nelson D.: »What ›the Bear‹ Meant for the Street«. In: The New York Times, 30. März 2008, online unter: http://www.nytimes.com/2008/03/30/business/30maker.html?_r=1, abgerufen am 17. September 2024.

Sherman, Gabriel: »The Mogul and the Monster: Inside Jeffrey Epstein's Decades-Long Relationship With His Biggest Client«. In: Vanity Fair, 8. Juni 2021, online unter: https://www.vanityfair.com/news/2021/06/inside-jeffrey-epsteins-decades-long-relationship-with-his-biggest-client, abgerufen am 17. September 2024.

Ward, Vicky: »The Talented Mr. Epstein«. In: Vanity Fair, 1. März 2003, online unter: https://www.vanityfair.com/news/2003/03/jeffrey-epstein-200303, abgerufen am 17. September 2024.

Goldstein, Matthew: »How Jeffrey Epstein Used the Billionaire Behind Victoria's Secret for Wealth and Women«. In: The New York Times, 25. Juli 2019, online unter: https://www.nytimes.com/2019/07/25/business/jeffrey-epstein-wexner-victorias-secret.html, abgerufen am 17. September 2024.

Stein, Michelle: »Les Wexner and Jeffrey Epstein's Relationship Is Explored in ›Victoria's Secret‹ Docuseries«. In: Distractify, 14. Juli 2022, online unter: https://www.distractify.com/p/les-wexner-jeffrey-epstein-relationship, abgerufen am 17. September 2024.

White, Christopher: »Jeffrey Epstein Boasted That Lingerie Mogul Les Wexner Gave Him Manhattan Townhouse«. In: Daily Mail, 21. Juli 2022, online unter: https://www.dailymail.co.uk/news/article-11029425/Jeffrey-Epstein-boasted-lingerie-mogul-Les-Wexner-gave-Manhattan-townhouse-1.html, abgerufen am 17. September 2024.

Colyar, Brock: »Who Was Jeffrey Epstein Calling?«. In: New York Magazine, 22. Juli 2019, online unter: https://nymag.com/intelligencer/article/jeffrey-epstein-high-society-contacts.html, abgerufen am 17. September 2024.

Thomas Jr., Landon: »International Moneyman of Mystery«. In: New York Magazine, 28. Oktober 2002, online unter: https://nymag.com/nymetro/news/people/n_7912/, abgerufen am 17. September 2024.

Bennett, John T.: »Bill Clinton Flew on Disgraced Donor's Jet 26 Times«. In: Roll Call, 13. Mai 2016, online unter: https://rollcall.com/2016/05/13/report-bill-clinton-flew-on-disgraced-donors-jet-26-times/, abgerufen am 17. September 2024.

Halper, Daniel: *Clinton, Inc.: The Audacious Rebuilding of a Political Machine*. New York: Harper, 2014.

Rin Kim, Soo: »Jeffrey Epstein donated to several Democrats throughout 1990s and early 2000s«. In: ABC News, 12. Juli 2019, online unter: https://abcnews.go.com/Politics/jeffrey-epstein-donated-democrats-1990s-early-2000s/story?id=64255485, abgerufen am 17. September 2024.

Spiro, Amy: »Jeffrey Epstein's history of Jewish giving«. In: Jewish Insider, 26. Juli 2019, online unter: https://jewishinsider.com/2019/07/jeffrey-epsteins-history-of-jewish-giving/, abgerufen am 17. September 2024.

Thomas, Gordon: *Gideon's Spies: The Secret History of the Mossad*. New York: St. Martin's Press, 1999.

Pipes, Daniel: »Gideon's Spies: The Secret History of the Mossad«. In: DanielPipes.org, Juni 1999, online unter: https://www.danielpipes.org/805/gideons-spies-the-secret-history-of-the-mossad, abgerufen am 17. September 2024.

Fitrakis, Bob: »Spook Air«. In: Free Press, 25. Oktober 2018, online unter: https://freepress.org/article/spook-air, abgerufen am 17. September 2024.

Grace, Asia: »Victoria's Secret boss was ›pimple on New York's backside‹ until Jeffrey Epstein: new doc«. In: New York Post, 14. Juli 2022, online unter: https://nypost.com/2022/07/14/victorias-secret-owner-enchanted-by-jeffrey-epstein-hulu-doc/, abgerufen am 17. September 2024.

White, Christopher: »EXCLUSIVE: ›Wexner will do anything for me!‹«. In: Daily Mail, 21. Juli 2022, online unter: https://www.dailymail.co.uk/news/article-11029425/Jeffrey-Epstein-boasted-lingerie-mogul-Les-Wexner-gave-Manhattan-townhouse-1.html, abgerufen am 17. September 2024.

Bearak, Barry: »Intrigue Trails Airline Linked to Iran, Contras«. In: Los Angeles Times, 26. Dezember 1986, online unter: https://www.latimes.com/archives/la-xpm-1986-12-26-mn-454-story.html, abgerufen am 17. September 2024.

Goldstein, Matthew: »Jeffrey Epstein Raked In $200 Million After Legal and Financial Crises«. In: The New York Times, 3. Oktober 2019, online unter: https://www.nytimes.com/2019/10/03/business/jeffrey-epstein-southern-trust.html, abgerufen am 17. September 2024.

Brodwin, Erin: »Jeffrey Epstein had a ›Frankenstein‹-like plan to analyze human DNA in the US Virgin Islands, and it reportedly pulled in $200 million«. In: Business Insider, 4. Oktober 2019, online unter: https://www.businessinsider.com/jeffrey-epstein-dna-genetics-research-drug-companies-2019-8, abgerufen am 17. September 2024.

Donnelly, S.: »Epstein went to Israel and visited several military bases«. In: Palm Beach Daily News, 27. April 2008, online unter: https://www.newspapers.com/article/palm-beach-daily-news-epstein-went-to-is/90641483/, abgerufen am 17. September 2024.

Donnelly, S.: »Jeffrey Epstein – Military Base Tel Aviv Hilton 2008«. In: Palm Beach Daily News, 27. April 2008, online unter: https://www.newspapers.com/article/palm-beach-daily-news-jeffrey-epstein/34643753/, abgerufen am 17. September 2024.

»President Bush Honors Ohio State Champion Jeffrey Epstein«. In: White House Archives, 12. Mai 2008, online unter: https://georgewbush-whitehouse.archives.gov/news/releases/2008/05/20080512.html, abgerufen am 17. September 2024.

Safdar, Khadeeja: »Leslie Wexner Says Jeffrey Epstein Misappropriated Vast Sums of Money from Him«. In: The Wall Street Journal, 7. August 2019, online unter: https://www.wsj.com/

articles/leslie-wexner-says-jeffrey-epstein-misappropriated-vast-sums-of-money-from-me-11565219336, abgerufen am 17. September 2024.

Ell, Kellie: »L Brands Founder Leslie Wexner Faces New Complaints About ›Culture of Misogyny‹ at Victoria's Secret«. In: WWD, 15. Januar 2021, online unter: https://wwd.com/feature/leslie-wexner-victorias-secret-complaints-1234697900/, abgerufen am 17. September 2024.

George Galloway: »FULL INTERVIEW: Maria Farmer was the first Epstein victim to report him. NYPD and FBI did nothing«. In: YouTube, 16. Mai 2022, online unter: https://www.youtube.com/watch?v=u7I-wGglktc, abgerufen am 17. September 2024.

11 Freunde, Komplizen und Mitwisser

Es folgen Kurzporträts der wichtigsten Akteure aus dem Netzwerk von Jeffrey Epstein:

Donald Trump – der 45. US-Präsident

Donald J. Trump, Jahrgang 1946, ist der 45. Präsident der Vereinigten Staaten (2017–2021). Er wurde als Star der Reality-TV-Serie *The Apprentice* bekannt. Bevor er in die Politik ging, baute er Wolkenkratzer, Hotels und Casinos, bis er Anfang der 1990er-Jahre Konkurs anmelden musste. Er pflegte über Jahre hinweg ein Playboy-Image.

Im Jahr 2002 sagte Donald Trump dem *New York Magazine* zu einem Profil über Jeffrey Epstein: »Ich kenne Jeff seit fünfzehn Jahren. Ein toller Kerl. Es macht viel Spaß, mit ihm zusammen zu sein. Es heißt sogar, dass er schöne Frauen genauso mag wie ich, und viele von ihnen sind von der jüngeren Sorte.« Nachdem Epstein 2019 verhaftet wurde, distanzierte sich Trump jedoch und erklärte: »Ich hatte vor langer Zeit einen Streit mit ihm. [...] Ich war kein Fan von ihm, das kann ich Ihnen sagen.«

In der *Howard-Stern-Show* von 2003 machte Trump wiederholt anzügliche Bemerkungen, darunter über seine Tochter Ivanka, die er als eine der schönsten Frauen der Welt mit »dem besten Körper« beschrieb. 2006 erklärte er in *The View* über Ivanka: »Sie hat eine sehr schöne Figur. Ich habe gesagt, wenn Ivanka nicht meine Tochter wäre, würde ich vielleicht mit ihr ausgehen.« In einem Interview mit dem *Rolling Stone* im September 2015 sagte Trump, nachdem er auf Ivanka angesprochen wurde: »Ja, sie ist wirklich etwas Besonderes, und was für eine Schönheit. Wenn ich nicht glücklich verheiratet wäre und, na ja, ihr Vater ...«

In einer Klage von 2016 vor dem *Southern District Court of New York* wurde Trump und Epstein vorgeworfen, ein damals 13-jähriges Mädchen mehrfach vergewaltigt zu haben. Laut der Klage sollen sie das Mädchen in Epsteins New Yorker Residenz mit Versprechungen einer Modelkarriere angelockt haben. Es wird behauptet, dass Trump und Epstein sich darüber gestritten hätten, dass Trump keinen Sex mit Jungfrauen wolle, da dies »Epsteins Job« sei. Beide wurden zur Gerichtsverhandlung geladen, erschienen jedoch nicht. Der Fall wurde fünf Tage vor den US-Wahlen 2016 von den Anwälten des Mädchens durch eine »freiwillige Einstellung« abgewiesen. Dies geschah praktisch ohne Beachtung in den Medien.

Dunleavy, Jerry: »Trump Claims He Was Not a Fan of Jeffrey Epstein«. In: Washington Examiner, 9. Juli 2019, online unter: http://web.archive.org/web/20190718110100/https://www.washingtonexaminer.com/news/trump-claims-he-was-not-a-fan-of-jeffrey-epstein, abgerufen am 29. September 2024.

»Doe v. Trump«. In: CourtListener, 30. September 2016, online unter: https://www.courtlistener.com/docket/4524664/doe-v-trump/, abgerufen am 29. September 2024.

»Complaint Document – Doe v. Trump«. In: CourtListener, 30. September 2016, online unter: https://storage.courtlistener.com/recap/gov.uscourts.nysd.463432/gov.uscourts.nysd.463432.1.0_1.pdf, abgerufen am 29. September 2024.

»Court Document – Doe v. Trump Dismissal«. In: CourtListener, 4. November 2016, online unter: https://storage.courtlistener.com/recap/gov.uscourts.nysd.463432.15.0.pdf, abgerufen am 29. September 2024.

Ewe, Koh: »Jeffrey Epstein's Unsealed Court Documents«. In: Time, 4. Januar 2024, online unter: https://time.com/6552063/

jeffrey-epsteins-unsealed-court-documents/, abgerufen am 29. September 2024.

Shamim, Sarah: »Jeffrey Epstein List: Whose Names Are on the Newly Unsealed Documents?«. In: Al Jazeera, 4. Januar 2024, online unter: https://www.aljazeera.com/news/2024/1/4/jeffrey-epstein-list-whose-names-are-on-the-newly-unsealed-documents, abgerufen am 29. September 2024.

Fieldstadt, Elisha: »Donald Trump Consistently Made Lewd Comments on Howard Stern Show«. In: NBC News, 9. Oktober 2016, online unter: https://www.nbcnews.com/politics/2016-election/donald-trump-consistently-made-lewd-comments-howard-stern-show-n662581, abgerufen am 29. September 2024.

Mahdawi, Arwa: »Donald Trump's Inappropriate Comments About Ivanka, Miles Taylor Book Claims«. In: The Guardian, 1. Juli 2023, online unter: https://www.theguardian.com/commentisfree/2023/jul/01/donald-trump-ivanka-miles-taylor-book-claims, abgerufen am 29. September 2024.

Ross, Martha: »Trump's Lewd Talk About Daughter Ivanka Recalled in New Book«. In: The Seattle Times, 28. Juni 2023, online unter: https://www.seattletimes.com/nation-world/trumps-lewd-talk-about-daughter-ivanka-in-front-of-white-house-staff-recalled-in-new-book/, abgerufen am 29. September 2024.

Natalie Colarossi: »20 People Trump Said He Didn't Know But Did – in Photos«. In: Business Insider, 28. Januar 2020, online unter: https://www.businessinsider.com/people-trump-said-he-didnt-know-but-did-photos?international=true&r=US&IR=T#george-conway-5, abgerufen am 29. September 2024.

Tenbarge, Kat: »Everything We Know About Jeffrey Epstein's Relationship with Trump«. In: Business Insider, 2. Dezember 2021, online unter: https://www.businessinsider.com/jeffrey-epstein-everything-we-know-about-his-relationship-with-trump-2019-7, abgerufen am 29. September 2024.

»Trump Campaign Sues New York Times«. In: CBS News, 12. Oktober 2016, online unter: https://www.cbsnews.com/newyork/news/trump-campaign-new-york-times/, abgerufen am 29. September 2024.

Bill Clinton – der 42. US-Präsident

William Jefferson »Bill« Clinton, Jahrgang 1946, ist ein Politiker der Demokratischen Partei und war von 1993 bis 2001 der 42. Präsident der Vereinigten Staaten. Zuvor diente er als Gouverneur von Arkansas.

Clinton pflegte eine enge Beziehung zu Epstein. Er besuchte ihn während seiner Präsidentschaft mindestens 17-mal im Oval Office und flog mindestens 26-mal mit Epsteins Privatjet, oft ohne seine Secret-Service-Begleitung.

In ihrem Buch *Perversion of Justice* schreibt Julie K. Brown, dass Bill und Hillary Clinton an Neujahr 1998 auf den Amerikanischen Jungferninseln einen »privaten Wohnsitz« aufsuchten, der nicht im Terminplan stand. Kurz nach ihrer Ankunft ereignete sich bei Little St. James ein Bootsunfall, bei dem drei Secret-Service-Agenten, darunter Manuel Zurita, verletzt wurden; Zurita starb fünf Tage später. Epstein, der laut Brown regelmäßiger Besucher der nahe gelegenen Insel Little St. James war, kaufte die Insel wenige Monate nach dem Unfall offiziell von Arch Cummin.

Clintons Name taucht mehr als 70-mal in den Gerichtsdokumenten auf, die im Januar 2024 freigegeben wurden. Laut dem Guardian hat Johanna Sjoberg, ein Opfer Epsteins, ausgesagt, Epstein habe zu ihr gesagt: »Clinton mag sie jung.« Clinton bestreitet jegliche Kenntnis von Epsteins Verbrechen. Ein anderes Epstein-Opfer, Virginia Giuffre, behauptet in einer E-Mail von 2011, Clinton habe das Magazin *Vanity Fair* bedroht, keine Berichte über Epsteins Sexhandel zu veröffentlichen.

2019 erklärte Clintons Büro, dass der Präsident nichts von Epsteins »schrecklichen Verbrechen« wusste und dass er seit »weit über einem Jahrzehnt« nicht mehr mit Epstein gesprochen habe. Ein Sprecher von Clinton sagte zu CNN, dass es »fast 20 Jahre her ist, dass Präsident Clinton das letzte Mal Kontakt mit Epstein hatte«.

Die Rolle von Clinton im Fall Epstein wird in Kapitel 11 ausführlich behandelt.

Ewe, Koh: »Jeffrey Epstein's Unsealed Court Documents«. In: Time, 4. Januar 2024, online unter: https://time.com/6552063/jeffrey-epsteins-unsealed-court-documents/, abgerufen am 29. September 2024.

Shamim, Sarah: »Jeffrey Epstein List: Whose Names Are on the Newly Unsealed Documents?«. In: Al Jazeera, 4. Januar 2024, online unter: https://www.aljazeera.com/news/2024/1/4/jeffrey-epstein-list-whose-names-are-on-the-newly-unsealed-documents, abgerufen am 29. September 2024.

Booth Robert: »Prince Andrew, Clinton, Hawking: What Do the Epstein Documents Say About Key People?«. In: The Guardian, 5. Januar 2024, online unter: https://www.theguardian.com/us-news/2024/jan/05/prince-andrew-clinton-hawking-what-do-the-epstein-documents-say-about-key-people, abgerufen am 29. September 2024.

Colyar, Brock: »Jeffrey Epstein's High Society Contacts«. In: New York Magazine, 29. Juli 2019, online unter: https://nymag.com/intelligencer/article/jeffrey-epstein-high-society-contacts.html, abgerufen am 29. September 2024.

Mohammed bin Salman – der Kronprinz

Mohammed bin Salman Al Saud (MBS), Jahrgang 1985, ist der designierte Thronfolger von Saudi-Arabien. Derzeit bekleidet er die Ämter des Kronprinzen und Premierministers des Königreichs. Er ist der siebte Sohn von König Salman und Enkel von König Abdulaziz, dem Gründer Saudi-Arabiens. Er will Saudi-Arabien im Rahmen seiner »Vision 2030« sozial und wirtschaftlich reformieren und das Land zum Vorreiter in Bereichen wie Smart Cities und E-Sports machen und strebt an, das Land zu einem modernen »Europa 2.0« zu entwickeln.

In einem Interview mit der *New York Times* im August 2018 prahlte Epstein mit seinen Verbindungen zu mächtigen Persönlichkeiten, darunter bin Salman. Epstein präsentierte dem Journalisten James B. Stewart ein Foto von MBS und behauptete, der Kronprinz habe ihn »mehrfach besucht« und sie stünden in regelmäßigem Kontakt.

Bei einer Razzia in Epsteins New Yorker Residenz entdeckten Ermittler einen österreichischen Pass mit einem saudi-arabischen Wohnsitz, was auf mögliche Reisen nach Saudi-Arabien in den 1980er-Jahren hindeutet. Es gibt Hinweise, dass Epstein auch in den 2000er-Jahren Kontakt zu Mitgliedern der saudischen Königsfamilie hatte, belegt durch Einträge in seinem Adressbuch und Flugprotokolle.

Stewart, James B.: »The Day Jeffrey Epstein Told Me He Had Dirt on Powerful People«. In: The New York Times, 12. August 2019, online unter: https://www.nytimes.com/2019/08/12/business/jeffrey-epstein-interview.html, abgerufen am 29. September 2024.

»Mohammed bin Salman Named as Saudi Arabia's Crown Prince«. In: BBC News, 6. Oktober 2020, online unter: https://www.bbc.co.uk/news/world-middle-east-40354415, abgerufen am 29. September 2024.

Kirkpatrick, David D.: »Surprising Saudi Rises as a Prince Among Princes«. In: The New York Times, 6. Juni 2015, online unter: https://www.nytimes.com/2015/06/07/world/middleeast/surprising-saudi-rises-as-a-prince-among-princes.html, abgerufen am 29. September 2024.

Bligh, Alexander: »Changes in the Domestic-Foreign Policies Relationship in the Saudi Context in the Wake of the Change of the Guard«. In: *The Journal of the Middle East and Africa*, 2018, Vol. 9, No. 2, S. 117–134, DOI: https://doi.org/10.1080/21520844.2018.1450015, abgerufen am 29. September 2024.

Mohamed bin Zayed – der Emirate-Präsident

Sheikh Mohamed bin Zayed Al Nahyan, Jahrgang 1961, ist der Präsident der Vereinigten Arabischen Emirate (VAE) und Herrscher des Emirats Abu Dhabi. Bekannt als einer der mächtigsten Führer der arabischen Welt, war er vor seiner Präsidentschaft Kronprinz von Abu Dhabi und hatte als stellvertretender Oberbefehlshaber der Streitkräfte der VAE entscheidenden Einfluss auf die militärische und außenpolitische Ausrichtung des Landes. Nahyan gilt als der eigentliche Architekt der Außen- und Sicherheitspolitik der VAE und hat das Land zu einem bedeutenden Akteur im Nahen Osten und darüber hinaus gemacht.

Der Journalist Edward Jay Epstein berichtete über einen Besuch in Epsteins Villa in New York im April 2013: »Im Vorzimmer sah ich Fotos von Epstein zusammen mit dem saudischen Kronprinzen Mohammed bin Salman und dem Kronprinzen der Vereinigten Arabischen Emirate, Mohammed bin Zayed. Einige der Bilder zeigten sie in Strandkleidung und mit Schnorchelausrüstung.« Als der Journalist Epstein gefragte habe, ob es sich bei diesen Personen um Kunden aus dem Nahen Osten handelte, habe Epstein geantwortet, dass einige von ihnen aus dieser Region kämen und dass er plane, ein Haus in Riad zu kaufen, da dies das neue Zentrum der internationalen Finanzwelt sei.

Mehrere emiratische Behörden, darunter die Botschaft der VAE in Washington, wurden daraufhin um eine Stellungnahme gebeten, ob Mohammed bin Zayed, der Kronprinz von Abu Dhabi, eine Beziehung oder Freundschaft zu Jeffrey Epstein unterhielt. Keine der angefragten Stellen reagierte jedoch.

Trotter, J. K.: »Jeffrey Epstein Flew to Riyadh on Private Jet for Mysterious Visit to Saudi Arabia«. In: Business Insider, 19. September 2019, online unter: https://www.businessinsider.com/epstein-riyadh-saudi-arabia-private-jet-2019-9, abgerufen am 29. September 2024.

Cafiero, Giorgio: »President Mohammed bin Zayed Will Rule with Confidence«. In: Al Jazeera, 25. Mai 2022, online unter: https://www.aljazeera.com/news/2022/5/25/president-mohammed-bin-zayed-will-rule-with-confidence, abgerufen am 25. Mai 2022.

»Top Unknown Facts About HH Sheikh Mohamed Bin Zayed Al Nahyan«. In: UAE Moments, 7. März 2023, online unter: https://www.uaemoments.com/top-unknown-facts-about-hh-sheikh-mohamed-bin-zayed-al-nahyan-566386.html, abgerufen am 29. September 2024.

Prince Andrew – der britische Prinz

Andrew Albert Christian Edward, Herzog von York, Jahrgang 1960, ist ein Mitglied der britischen Königsfamilie, das dritte Kind und der zweite Sohn von Königin Elizabeth II. und Prinz Philip. Er ist der jüngere Bruder von König Charles III. Er lernte Epstein vermutlich in den frühen 1990er-Jahren über Ghislaine Maxwell kennen. Andrew traf Epstein bis 2010 regelmäßig und mehrere Opfer bestätigten seine Anwesenheit in Epsteins Stadtvilla. Zudem lud er Epstein und Maxwell häufig zu Jagdpartys nach Sandringham House ein.

Epsteins ehemaliger Geschäftspartner Steven Hoffenberg sagte gegenüber *Vanity Fair* im Dezember 2021 : »In Andrew hatte Epstein seine ›Superbowl-Trophäe‹ gefunden, weil Prinz Andrew für Epstein verwundbar war.« Hoffenberg fügte hinzu: »Um seinem monströsen Fehlverhalten voraus zu sein, brauchte Epstein einen nationalen Sicherheitsplan, der Länder und ihre nationale Sicherheit in Verlegenheit bringen würde.« Die Beziehung des Prinzen zu Epstein wird ausführlich in Kapitel 8 behandelt.

Ewe, Koh: »Jeffrey Epstein's Unsealed Court Documents«. In: Time, 4. Januar 2024, online unter: https://time.com/6552063/jeffrey-epsteins-unsealed-court-documents/, abgerufen am 29. September 2024.

Shamim, Sarah: »Jeffrey Epstein List: Whose Names Are on the Newly Unsealed Documents?«. In: Al Jazeera, 4. Januar 2024, online unter: https://www.aljazeera.com/news/2024/1/4/jeffrey-epstein-list-whose-names-are-on-the-newly-unsealed-documents, abgerufen am 29. September 2024.

Colyar, Brock: »Jeffrey Epstein's High Society Contacts«. In: New York Magazine, 22. Juli 2019, online unter: https://nymag.com/intelligencer/article/jeffrey-epstein-high-society-contacts.html, abgerufen am 29. September 2024.

Ehud Barak – der israelische Präsident

Ehud Barak, Jahrgang 1942, war Israels 10. Ministerpräsident, Verteidigungsminister, Stabschef der israelischen Verteidigungskräfte und Leiter des militärischen Geheimdienstes *Aman*. Shimon Peres stellte Barak Epstein vor und sie trafen sich mindestens 36-mal zwischen 2013 und 2017. Epstein plante Reisen mit Barak nach Florida, unter anderem in seine Villa in Palm Beach und zu einem US-Militärlager in Tampa. Barak besuchte auch Epsteins berüchtigte Insel und engagierte Epstein zur Finanzierung von Carbyne911, einem israelischen Unternehmen, an dem auch Peter Thiel beteiligt war. Barak erhielt zudem 2,3 Millionen Dollar über Epsteins Wexner-Stiftung für ein Forschungsprojekt.

Liebermann, Oren: »Jeffrey Epstein, Ehud Barak, and Netanyahu: Israel Elections Controversy«. In: CNN, 12. Juli 2019, online unter: https://edition.cnn.com/2019/07/11/middleeast/jeffrey-epstein-barak-netanyahu-israel-elections-intl/index.html, abgerufen am 29. September 2024.

»Ehud Barak – Biography«. In: Israel Ministry of Foreign Affairs, online unter: http://www.mfa.gov.il/MFA/MFAArchive/2000_2009/2001/3/Ehud%20Barak, abgerufen am 29. September 2024.

Safder, Khadeeja: »Jeffrey Epstein's Calendar and Names«. In: The Wall Street Journal, 19. Dezember 2023, online unter: https://www.wsj.com/us-news/jeffrey-epstein-calendar-names-ec88e7a0, abgerufen am 29. September 2024.

Staff, Toi: »Ehud Barak Met with Jeffrey Epstein Dozens of Times, Flew on Private Plane – Report«. In: The Times of Israel, 4. Mai 2023, online unter: https://www.timesofisrael.com/ehud-barak-met-with-jeffrey-epstein-dozens-of-times-flew-on-private-plane-report/, abgerufen am 29. September 2024.

Staff, Toi: »Jeffrey Epstein Was Ehud Barak's Business Partner as Late as 2015 – Report«. In: The Times of Israel, 11. Juli 2019, online unter: https://www.timesofisrael.com/jeffrey-epstein-was-ehud-baraks-business-partner-as-late-as-2015-report/, abgerufen am 29. September 2024.

Benjamin Netanyahu – der israelische Premierminister

Benjamin Netanyahu, Jahrgang 1949, ist ein führender Politiker des konservativen Lagers in Israel und gehört der rechtsgerichteten Likud-Partei an. Als Premierminister (1996–1999 und 2009–2021) hat er Israels Politik entscheidend geprägt. Er ist bekannt für seine harte Haltung in Sicherheitsfragen, seine wirtschaftlichen Reformen und seine umstrittene Politik gegenüber den Palästinensern.

Benjamin Netanyahu hatte über seine Beziehungen zu Führungskräften von JPMorgan Chase auch Verbindungen zu Jeffrey Epstein. Im Jahr 2011 soll Epstein dabei geholfen haben, ein Treffen zwischen Netanyahu, dem damaligen israelischen Premierminister, und hochrangigen Vertretern von JPMorgan, darunter Jes

Staley, zu arrangieren. Diese Informationen stammen aus internen JPMorgan-Dokumenten, die im Rahmen von Klagen gegen die Bank aufgrund ihrer Verbindungen zu Epstein offengelegt wurden.

In einer im Rahmen von Gerichtsverfahren 2023 offengelegten E-Mail kommentierte Jeffrey Epstein ein Treffen zwischen dem ehemaligen JPMorgan-CEO Jes Staley und Benjamin Netanyahu mit den Worten: »Überraschung, Überraschung.« Diese Bemerkung folgte auf die Nachricht von Staley an Epstein, dass das Treffen mit Netanyahu arrangiert worden war. Epsteins Antwort deutet auf eine gewisse Ironie hin, da er offenbar bereits mit dem Zustandekommen des Treffens gerechnet hatte, was auf seinen möglichen Einfluss auf Netanyahu hindeutet.

Picheta, Rob: »Benjamin Netanyahu Sworn in as Israel's Prime Minister Again«. In: CNN, 29. Dezember 2022, online unter: https://edition.cnn.com/2022/12/29/middleeast/israel-benjamin-netanyahu-swearing-in-intl/index.html, abgerufen am 29. September 2024.

Heller, Aron: »Netanyahu, Barak Trade Barbs Over Ties to Epstein«. In: AP News, 17. Juli 2019, online unter: https://www.apnews.com/a8a9d3c598954ca68037 10e375117156, abgerufen am 29. September 2024.

»Benjamin Netanyahu's Associates Tied to Jeffrey Epstein«. In: Ynet News, 21. Juni 2023, online unter: https://www.ynetnews.com/article/rjtfc4xd2, abgerufen am 29. September 2024.

Bachner, Michael: »Epstein Case Oozes into Israeli Political Mud as Netanyahu, Barak Trade Barbs«. In: The Times of Israel, 7. Juli 2019, online unter: https://www.timesofisrael.com/epstein-case-oozes-into-israeli-political-mud-as-netanyahu-barak-trade-barbs/, abgerufen am 29. September 2024.

Betlehem, Lily: »Benjamin Netanyahu Had Jeffrey Epstein Ties«. In: Jewish Business News, 21. Juni 2023, online unter: https://je

wishbusinessnews.com/2023/06/21/benjamin-netanyahu-had-jeffrey-epstein-ties/, abgerufen am 29. September 2024.

Briquelet, Kate: »Jeffrey Epstein Hooked Up JPMorgan Exec Jes Staley with Benjamin Netanyahu, Prince Andrew, Emails Show«. In: The Daily Beast, 20. Juni 2023, online unter: https://www.thedailybeast.com/jeffrey-epstein-epstein-hooked-up-jpmorgan-exec-jes-staley-with-benjamin-netanyahu-prince-andrew-emails-show, abgerufen am 29. September 2024.

Larry Summers – der US-Finanzminister

Larry Summers, Jahrgang 1954, war von 2001 bis 2006 Präsident der Harvard University. Seine Zeit dort überschnitt sich mit dem Höhepunkt von Jeffrey Epsteins Verbindungen zu Harvard. Summers war zuvor von 1991 bis 1993 Chefökonom der Weltbank und von 1999 bis 2001 Finanzminister der Vereinigten Staaten unter Bill Clinton. Während seiner Präsidentschaft bei Harvard nutzte Summers Epsteins Flugzeug und traf sich zwischen 2013 und 2016 mehr als ein Dutzend Mal mit ihm. Ein Artikel des *Harvard Crimson* aus dem Jahr 2003 beschrieb Epstein als jemanden, der »in Harvard den idealen Ort für seine intellektuellen Aktivitäten gefunden« habe. Während Summers zu seinen Verbindungen zu Epstein nie Stellung nahm, vertraute der renommierte Juraprofessor Alan Dershowitz Epstein an, dass Epstein »gut über Larry spricht« und dessen ökonomisches Denken schätzt.

Summers suchte Epsteins Unterstützung für ein gemeinnütziges Projekt seiner Frau Elisa New. 2014 bat er Epstein per E-Mail um Hilfe bei der Finanzierung eines Onlinepoesieprojekts. Zwei Jahre später spendete eine mit Epstein verbundene Non-Profit-Organisation 110 000 Dollar an New's Organisation, die Videoinhalte über Poesie produziert. Eine Sprecherin des Paares erklärte später, dass Summers »zutiefst bedauert, mit Epstein nach dessen Verurteilung in Kontakt gestanden zu haben«, und dass New's Organisation es »bedauert, Gelder von Epstein angenommen zu haben«.

Safdar, Khadeeja: »Jeffrey Epstein's Calendar and Names«. In: The Wall Street Journal, 19. Dezember 2023, online unter: https://www.wsj.com/us-news/jeffrey-epstein-calendar-names-ec88e7a0, abgerufen am 29. September 2024.

»Lawrence H. Summers – Expert Profile«. In: World Bank Live, online unter: http://live.worldbank.org/experts/lawrence-h-summers, abgerufen am 29. September 2024.

Colyar, Brock: »Jeffrey Epstein's High Society Contacts«. In: New York Magazine, 22. Juli 2019, online unter: https://nymag.com/intelligencer/article/jeffrey-epstein-high-society-contacts.html, abgerufen am 29. September 2024.

William Burns – der derzeitige CIA-Direktor

Der aktuelle CIA-Direktor William Burns, Jahrgang 1956, wurde 2021 von Präsident Biden ernannt. Im Jahr 2014 traf er sich dreimal mit Jeffrey Epstein, obwohl dieser bereits wegen Zwangsprostitution einer Minderjährigen verurteilt war. Das erste Treffen fand im August 2014 bei einem Mittagessen in einem Büro der Kanzlei *Steptoe & Johnson* in Washington, D. C., statt. Zwei weitere Treffen folgten im September im Stadthaus von Epstein in New York City. Epstein organisierte Burns' Fahrt zum Flughafen nach einem Treffen. Eine CIA-Sprecherin erklärte, Burns habe Epstein nur als Finanzexperten kennengelernt und habe keine Verbindung zu ihm gehabt. Burns, ein erfahrener Diplomat, plante zu diesem Zeitpunkt seinen Übergang in den privaten Sektor und wusste angeblich nichts von Epsteins kriminellen Aktivitäten. Burns beendete 2014 nach 32 Jahren seine diplomatische Laufbahn.

»William Burns to Retire from Department of State«. In: Politico, 11. April 2014, online unter: https://www.politico.com/story/2014/04/william-burns-retire-department-of-state-105648, abgerufen am 29. September 2024.

Safdar, Khadeeja: »Jeffrey Epstein's Calendar and Names«. In: The Wall Street Journal, 19. -Dezember 2023, online unter: https://www.wsj.com/us-news/jeffrey-epstein-calendar-names-ec88e7a0, abgerufen am 29. September 2024.

Safdar, Khadeeja: »Jeffrey Epstein's Calendar Included Meetings with CIA Director, Goldman Sachs Exec, and Noam Chomsky«. In: The Wall Street Journal, 30. April 2023, online unter: https://www.wsj.com/amp/articles/jeffrey-epstein-calendar-cia-director-goldman-sachs-noam-chomsky-c9f6a3ff, abgerufen am 29. September 2024.

Robert F. Kennedy Jr. – der Präsidentschaftskandidat

Robert Francis Kennedy Jr. (RFK Jr.), Jahrgang 1954, ist ein US-amerikanischer Umweltanwalt, Autor und Politiker. Er ist der Sohn von Senator Robert F. Kennedy und Neffe des ehemaligen US-Präsidenten John F. Kennedy. Ursprünglich erlangte Kennedy Bekanntheit als Umweltschützer und Anwalt, der sich stark für den Schutz von Flüssen und Wassersystemen engagierte. In den 1980er- und 1990er-Jahren war er als Anwalt für die Umweltorganisation Riverkeeper und als Präsident der Waterkeeper Alliance tätig. Er ist auch Vorsitzender und Gründer von Children's Health Defense, einer impfkritischen Organisation, die führend bei der Verbreitung von Fehlinformationen über COVID-19-Impfstoffe ist.

Robert F. Kennedy Jr.'s Verbindung zu Jeffrey Epstein hat in jüngster Zeit für erhebliche Aufmerksamkeit gesorgt. In mehreren Interviews gab RFK Jr. zu, Epstein einige Male getroffen zu haben, darunter auch während eines Fluges in dessen berüchtigtem Privatjet. Kennedy versuchte jedoch, die Bedeutung dieser Begegnungen herunterzuspielen, indem er betonte, dass er im Laufe seines Lebens viele fragwürdige Personen getroffen habe.

In Interviews erklärte RFK Jr., dass der erste Flug 1993 stattgefunden hat, als er mit seiner Familie nach Florida flog, um seine

Mutter zu besuchen. Seine damalige Frau Mary Richardson – die 2012 verstarb – hatte eine Verbindung zu Ghislaine Maxwell, die die Reise arrangierte. Der zweite Flug führte Kennedy mit seiner Familie nach South Dakota zu einem Wochenendausflug, um Fossilien zu suchen, wobei Kennedy betonte, dass diese Flüge lange vor der öffentlichen Bekanntmachung von Epsteins »schändlichen« Aktivitäten stattfanden. Darüber hinaus wurde bekannt, dass Kennedy 2014 an einer privaten Veranstaltung im Haus von Ghislaine Maxwell teilnahm, obwohl zu diesem Zeitpunkt bereits mehrere Anschuldigungen gegen Maxwell im Umlauf waren.

RFK Jr. wählte im März 2024 Nicole Shanahan, eine wohlhabende Unternehmerin und Philanthropin, als seine Kandidatin für das Amt der Vizepräsidentin aus. Shanahan, die zuvor mit Google-Mitbegründer Sergey Brin verheiratet war, der sich laut JPMorgan von Epstein beraten ließ, spendete fast 19 Millionen Dollar für die Kampagne, die RFK Jr. im August 2024 aussetzte, um Donald Trump zu unterstützen.

Spargo, Chris: »RFK Jr. Flew on Jeffrey Epstein's Jet«. In: Inside Edition, 6. Dezember 2023, online unter: https://www.insideedition.com/robert-kennedy-jr-jeffrey-epstein-ghislaine-maxwell, abgerufen am 29. September 2024.

Otten, Tori: »RFK Jr. Couldn't Have Given Worse Jeffrey Epstein Answer if He Tried«. In: The New Republic, 7. März 2024, online unter: https://newrepublic.com/post/179637/robert-f-kennedy-jr-jeffrey-epstein, abgerufen am 29. September 2024.

Koretski, Katherine: »RFK Jr. Says Court Filing Endorsing Trump Is Ending His Presidential Hopes«. In: NBC News, 23. August 2024, online unter: https://www.nbcnews.com/politics/2024-election/rfk-jr-says-court-filing-endorsing-trump-ending-presidential-hopes-rcna165936?taid=66c8d85fa497bd0001e9e5d3, abgerufen am 29. September 2024.

Smith, Michelle: »How RFK Jr. Built an Anti-Vaccine Juggernaut Amid Covid«. In: AP News, 15. Dezember 2021, online unter: https://apnews.com/article/how-rfk-jr-built-anti-vaccine-juggernaut-amid-covid-4997be1bcf591fe8b7f1f90d16c9321e, abgerufen am 29. September 2024.

Kathryn Ruemmler – die Rechtsberaterin des Weißen Hauses

Kathryn Ruemmler, Jahrgang 1971 und ehemalige Rechtsberaterin des Weißen Hauses (2011–2014) unter Obama, traf sich nach ihrem Dienst und vor ihrer Tätigkeit als Spitzenanwältin bei Goldman Sachs 2020 Dutzende Male mit Epstein. Er plante für sie Reisen nach Paris (2015) und auf seine Privatinsel (2017) und besichtigte Wohnungen, die sie kaufen wollte. Im Oktober 2014 organisierte Epstein ihren Flug, inklusive Upgrade in die erste Klasse. Ruemmler hatte eine berufliche Beziehung zu ihm bei Latham & Watkins LLP. Ein Sprecher betonte, die meisten Treffen beträfen einen gemeinsamen Kunden. Epstein vermittelte ihr auch Kunden wie Bill Gates. Ruemmler bedauert heute, Epstein jemals kennengelernt zu haben.

Safdar, Khadeeja: »Jeffrey Epstein's Calendar and Names«. In: The Wall Street Journal, 19. Dezember 2023, online unter: https://www.wsj.com/us-news/jeffrey-epstein-calendar-names-ec88e7a0, abgerufen am 29. September 2024.

Mark Middleton – der Clinton-Berater

Mark Middleton, Jahrgang 1962 (verstorben 2022), war ein Berater von Bill Clinton.

Unzählige Male tauchte sein Name in den Logbüchern von Epsteins Privatjet mit Clinton und unter anderem Trump auf. Epstein unternahm zwischen 1993 und 1995 mindestens 17 Reisen ins Weiße Haus, von denen sieben von Middleton genehmigt wurden.

Radar Online berichtete, dass Middleton im Mai 2022 entdeckt wurde, »hängend von einem Baum mit einem Schuss durch die Brust und einem billigen Verlängerungskabel vom Dollar Tree um den Hals.«

Als Middletons Leiche gefunden wurde, soll der Sheriff zunächst ausgesagt haben, dass keine Waffe in der Nähe gewesen sei. Dann sei eine Schrotflinte etwa neun Meter von der Leiche entfernt entdeckt worden.

Die Middleton-Familie reichte später Klage ein, um zu verhindern, dass der örtliche Sheriff Fotos und Videos des Tatorts veröffentlichte. In der Klage wird angegeben, dass sein Tod als Suizid eingestuft wurde.

Wenige Monate vor dem Tod von Middleton wurde Ashley Haynes, eine Mutter von zwei Kindern aus Arkansas, im Arkansas River ertrunken aufgefunden. Berichten zufolge war ein Kabelbinder um ihren Knöchel geknotet und mit einem Betonsockel verbunden. Eine anonyme Quelle erklärte gegenüber *Radar Online,* dass Haynes und Middleton sich gekannt hätten. Die Quelle berichtete: »Ich sah sie in Marks Büro! Ich verließ gerade das Büro, als er (Middleton) mir erzählte, dass er ein sehr wichtiges Finanzmeeting hatte – und das war die Frau, die hereinkam!«

Haynes war Kommunikationswissenschaftlerin, Yoga-Lehrerin und Model für die Sculp Agency, eine Talentagentur in Little Rock. Die offizielle Todesursache ist Suizid.

Montero, Douglas: »Bill Clinton Advisor Mark Middleton's Death Ruled a Suicide Amid Family Lawsuit«. In: Radar Online, 4. Juni 2022, online unter: https://radaronline.com/p/bill-clinton-advisor-mark-middleton-suicide-lawsuit/, abgerufen am 29. September 2024.

McBride, Jessica: »Mark Middleton: 5 Fast Facts You Need to Know«. In: Heavy, 14. Juni 2022, online unter: https://heavy.com/news/mark-middleton/, abgerufen am 29. September 2024.

»Mark Middleton Obituary«. In: Ruebel Funeral Home, 2024, online unter: https://ruebelfuneralhome.com/obits/preview.php?id=3050&p=&search=, abgerufen am 29. September 2024.

McBride, Jessica: »Ashley Haynes Missing Case: What We Know So Far«. In: Heavy, 14. Juni 2022, online unter: https://heavy.com/news/ashley-haynes-missing/, abgerufen am 29. September 2024.

Montero, Douglas: »Bill Clinton's Jeffrey Epstein Ties: Shocking Second Death of Pal«. In: Radar Online, 27. Mai 2022, online unter: https://radaronline.com/p/bill-clinton-jeffrey-epstein-shocking-second-death-pal/, abgerufen am 29. September 2024.

»Ashley Haynes Obituary«. In: Smith Family Funeral Homes, online unter: https://www.smithfamilycares.com/obituaries/ashley-haynes, abgerufen am 29. September 2024.

Joshua Ramo – der Politikberater

Joshua Cooper Ramo, Jahrgang 1968, ist ein amerikanischer Geschäftsmann, Autor und ehemaliger Journalist, der als einer der führenden strategischen Denker in den Bereichen Technologie, Wirtschaft und internationale Beziehungen gilt. Er wurde als Mitverfasser von *The China Threat*, bekannt, einem einflussreichen Artikel über die Beziehungen zwischen China und den USA, sowie als Autor der Bestseller *The Age of the Unthinkable* und *The Seventh Sense*.

Ramo war früher Journalist bei *Time* und Asien-Redakteur für das Magazin, bevor er als Berater und später als Vice Chairman bei der globalen Beratungsfirma Kissinger Associates arbeitete, die von dem ehemaligen US-Außenminister Henry Kissinger gegründet wurde. Darüber hinaus sitzt Ramo im Vorstand von mehreren Unternehmen, wie Starbucks und FedEx. Er hat als Kommentator für geopolitische und wirtschaftliche Fragen weltweit einen bedeutenden Einfluss.

Vom *Wall Street Journal* ausgewertete Unterlagen zeigen, dass Epstein zwischen 2013 und 2017 über ein Dutzend Treffen mit Joshua Cooper Ramo, dem damaligen Co-CEO von Kissinger Associates, geplant hatte. Viele dieser Treffen fanden abends, meist nach 17 Uhr, statt, in Epsteins Stadthaus. Zudem dokumentieren die Unterlagen, dass Ramo im September 2013 zu einem Frühstück im Stadthaus eingeladen war. Ramo reagierte nicht auf Anfragen zu einer Stellungnahme. Eine Sprecherin von Kissinger sagte, dieser sei nicht darüber informiert gewesen, dass Ramo Treffen mit Epstein hatte. Interessanterweise wird Kissinger selbst in Epsteins Adressbuch erwähnt.

Safdar, Khadeeja: »Jeffrey Epstein's Calendar and Names«. In: The Wall Street Journal, 19. Dezmber 2023, online unter: https://www.wsj.com/us-news/jeffrey-epstein-calendar-names-ec88e7a0, abgerufen am 29. September 2024.

»Ramo, Joshua Cooper (1968–)«. In: Encyclopedia.com, 2024, online unter: http://www.encyclopedia.com/article-1G2-2698400288/ramo-joshua-cooper-1968.html, abgerufen am 29. September 2024.

Anon.: »Beijing Consensus«. In: Salon, 15. September 2006, online unter: http://www.salon.com/tech/htww/2006/09/15/beijing_consensus/, abgerufen am 29. September 2024.

David Rockefeller – der Banken-Milliardär

David Rockefeller, Jahrgang 1915 (verstorben 2017), war ein einflussreicher Bankier, Philanthrop und milliardenschwerer Wirtschaftsmagnat aus der prominenten Rockefeller-Familie. Als letzter lebender Enkel von John D. Rockefeller, dem Gründer von Standard Oil, war er bekannt für seine Rolle als CEO und Vorsitzender der Chase Manhattan Bank, die er von 1969 bis 1980 leitete. Neben seiner Bankkarriere engagierte sich Rockefeller als Philanthrop und war in zahlreichen gemeinnützigen Organisationen und

Think Tanks tätig, darunter das Council on Foreign Relations und die Trilaterale Kommission, die er mitbegründete.

Es wird gemunkelt, dass Jeffrey Epstein Teile von David Rockefellers Vermögen verwaltet haben soll. Rockefeller berief Epstein zudem in den Vorstand der Rockefeller University sowie als Mitglied in die Trilaterale Kommission und den Council on Foreign Relations. Epsteins Beziehung zu David Rockefeller wird ausführlich in Kapitel 6 behandelt, während die seines Großvaters, John D. Rockefeller, in Kapitel 4 thematisiert wird.

Saxon, Wolfgang: »James S. Rockefeller, 102, Dies; Was a Banker and a '24 Olympian«. In: The New York Times, 11. August 2004, online unter: https://www.nytimes.com/2004/08/11/business/james-s-rockefeller-102-dies-was-a-banker-and-a-24-olympian.html, abgerufen am 29. September 2024.

»Investigation Of Epstein/Black Relationship«. In: SEC Archives, 22. Januar 2021, online unter: https://www.sec.gov/Archives/edgar/data/1411494/000119312521016405/d118102dex991.htm, abgerufen am 29. September 2024.

Thomas Jr., Landon: »International Moneyman of Mystery«. In: New York Magazine, 28. Oktober 2002, online unter: https://nymag.com/nymetro/news/people/n_7912/, abgerufen am 29. September 2024.

Les Wexner – der Unterwäsche-Milliardär

Leslie Wexner, Jahrgang 1937, milliardenschwerer Gründer von L Brands (zu dem Victoria's Secret und Bath & Body Works gehören), hatte eine enge Beziehung zu Jeffrey Epstein, der von 1987 bis 2007 als Wexners Finanzmanager, Vermögensverwalter und Treuhänder der *Wexner Foundation* fungierte. Wexner war Epsteins Hauptkunde, da dieser behauptete, nur mit Milliardären zu arbeiten. Darüber hinaus war Wexner 1991 Mitbegründer der einflussreichen *Mega Group*, einer informellen Vereinigung wohlhabender jüdischer Philanthropen. Nach Epsteins Verurteilung 2008 distanzierte sich Wexner von ihm und erklärte 2019, dass Epstein ihn betrogen habe. Wexners Beziehung zu Epstein wird ausführlich in Kapitel 10 behandelt.

Sales, Ben: »The Relationship Between Jeffrey Epstein and Jewish Philanthropist Leslie Wexner, Explained«. In: Jewish Telegraphic Agency, 13. August 2019, online unter: https://www.jta.org/2019/08/13/united-states/the-relationship-between-jeffrey-epstein-and-jewish-philanthropist-leslie-wexner-explained, abgerufen am 29. September 2024.

Steel, Emily: »Jeffrey Epstein's Financial Ties to Victoria's Secret Billionaire Leslie Wexner«. In: The New York Times, 25. Juli 2019, online unter: https://www.nytimes.com/2019/07/25/business/jeffrey-epstein-wexner-victorias-secret.html, abgerufen am 29. September 2024.

Eder, Steve: »Wexner and Epstein: A Close Relationship Between Billionaire and Convicted Sex Offender«. In: The New York Times, 7. August 2019, online unter: https://www.nytimes.com/2019/08/07/business/wexner-epstein.html, abgerufen am 29. September 2024.

Elon Musk – der Tech-Milliardär

Elon Musk, Jahrgang 1971, ist ein Unternehmer und Innovator. Er ist derzeit der reichste Mensch der Welt (Stand 2024). Bekannt wurde er als CEO von Tesla, dem führenden Elektroautohersteller, und SpaceX, einem Pionier in der Raumfahrttechnologie. Mit Neuralink lässt Musk die Verbindung zwischen Gehirn und Computer erforschen, um Menschen mit künstlicher Intelligenz zu vernetzen. Darüber hinaus kaufte Musk im Oktober 2022 die Social-Media-Plattform Twitter für 44 Milliarden US-Dollar. Dieser Deal wurde durch Finanzierungen von Banken wie Morgan Stanley, Bank of America und Barclays ermöglicht.

Laut der New York Times besuchte Epstein im Jahr 2018 die Tesla-Zentrale und gab an, Elon Musk zu beraten. Diese Behauptung wurde von Tesla und Musk jedoch vehement bestritten. Im Mai 2023 enthüllten Dokumente im Rahmen der laufenden Klagen gegen JPMorgan, dass Epstein versuchte, Musk an die Bank JPMorgan zu vermitteln, um Geschäfte zu arrangieren.

Saeedy, Alexander: »Elon Musk's Twitter Takeover Is Now the Worst Buyout for Banks Since the Financial Crisis«. In: The Wall Street Journal, 20. August 2024, online unter: https://www.wsj.com/tech/elon-musks-twitter-takeover-is-now-the-worst-buyout-for-banks-since-the-financial-crisis-3f4272cb, abgerufen am 29. September 2024.

»US Virgin Islands Subpoena Elon Musk in JP Morgan's Jeffrey Epstein Case«. In: The Guardian, 16. Mai 2023, online unter: https://www.theguardian.com/technology/2023/may/15/us-virgin-islands-subpoena-elon-musk-jp-morgan-jeffrey-epstein, abgerufen am 29. September 2024.

Houser, Kritstin: »Jeffrey Epstein Advised Tesla CEO Elon Musk«. In: Futurism, 13. August 2019, online unter: https://futurism.com/the-byte/jeffrey-epstein-advised-tesla-elon-musk, abgerufen am 29. September 2024.

Bill Gates – der Microsoft-Milliardär

Bill Gates, Jahrgang 1955, Gründer von Microsoft und Philanthrop. Er engagiert sich in der Umwelttechnologie, insbesondere im Bereich des Geo-Engineering zur Bekämpfung des Klimawandels, sowie in der Pharmaindustrie mit einem Fokus auf Impfstoffe und der weltweiten Bekämpfung von Malaria durch die *Bill & Melinda Gates Foundation*. Laut dem Forbes-Magazin führte Bill Gates zwischen 1994 und 2014 insgesamt 15-mal die Liste der reichsten Menschen der Welt an.

Gates stand in engem Kontakt mit Jeffrey Epstein, sowohl vor als auch nach dessen Verurteilung 2008 wegen Sexualvergehen. Gates beauftragte sein Team, sich mit Epstein in dessen Stadthaus zu treffen, um angeblich »philanthropische« Spendenaktionen zu besprechen. In einer E-Mail schrieb Gates, Epsteins »Lebensstil [sei] sehr anders und irgendwie faszinierend, obwohl er für mich nicht funktionieren würde«. Ein Vertreter von Gates behauptete später, diese Aussage habe sich auf Epsteins Inneneinrichtung bezogen.

Boris Nikolic, ein wissenschaftlicher Berater der Gates-Stiftung und enger Vertrauter von Gates, wurde überraschend als Ersatztestamentsvollstrecker in Epsteins Testament benannt. Gates bestritt jedoch eine enge Freundschaft zu Epstein und erklärte: »Ich hatte keine geschäftliche Beziehung oder enge persönliche Freundschaft zu ihm.« Dennoch tauchte kürzlich ein Foto auf, das Gates mit Nikolic und Larry Summers, dem ehemaligen US-Finanzminister und Präsidenten der Harvard-Universität, in Epsteins Villa zeigt.

Nach seinem ersten Besuch in Epsteins Stadthaus im Januar 2011 schrieb Gates in einer E-Mail: »Eine sehr attraktive schwedische Frau und ihre Tochter kamen vorbei, und ich blieb bis spät in die Nacht.« Es handelte sich Berichten zufolge um die ehemalige schwedische Ministerin Eva Andersson-Dubin und ihre 15-jährige Tochter, für die Epstein anscheinend eine besondere Vorliebe hatte. Epsteins Notizen enthielten mehrfach den Vermerk »Evas kleines Mädchen auf dem Boot«.

Gates und Epstein wurden im Februar 2011 auf der TED-Konferenz in Long Beach gesehen. Im Mai desselben Jahres traf sich Gates erneut mit Epstein und James Staley, einem hochrangigen JPMorgan-Beamten, um über einen geplanten Global Health Investment Fund zu sprechen. Epstein bemühte sich, an dem Projekt teilzunehmen, und betonte, dass sein Status als Sexualstraftäter kein Hindernis sein sollte. Bei einem Treffen verglich Epstein seine Verbrechen mit »dem Diebstahl eines Bagels«.

Obwohl der geplante Fonds nie zustande kam, trafen sich Gates und Epstein weiterhin, zuletzt im September 2014, wo Gates laut Dokumenten mehr als sechs Stunden mit Epstein verbrachte. Eine Sprecherin von Gates erklärte, dass Epstein immer versuchte, sich mit Gates zu vernetzen, oft spontan Fotos arrangierte, aber Gates angeblich nur aus philanthropischen Gründen mit Epstein interagierte.

The Daily Beast berichtete im Mai 2021, dass Bill Gates Epstein als potenziellen Zugang zu einem Nobelpreis ansah. Ein ehemaliger Mitarbeiter von Gates äußerte sich dazu: »Er dachte, Epstein könnte ein Ticket zum Nobelpreis sein.« Diese Verbindung wurde als Möglichkeit gesehen, Gates' Einfluss und Prestige zu erweitern. Epstein war mit Thorbjørn Jagland, dem damaligen Vorsitzenden des norwegischen Nobelkomitees und des Europarats, befreundet. Medienberichte aus dem Oktober 2020 besagen, dass sich Jeffrey Epstein und Bill Gates 2013 in Jaglands Haus in Straßburg getroffen haben sollen. Jagland hatte zudem mehrere geplante Treffen in Epsteins Stadthaus. Im Jahr 2014 erwähnte Epstein gegenüber einem polnischen Model, dass er plane, die beiden bekannt zu machen: »Jagland ist der Vorsitzende des Europarats und des Nobelpreiskomitees. Ich möchte, dass du ihn triffst«, schrieb Epstein an das Model.

2013 traf Epstein eine russische Frau, mit der Gates eine Affäre hatte, und finanzierte später ihren Software-Programmierkurs. Als Epstein Gates nicht zur Teilnahme an einem milliardenschweren Wohltätigkeitsfonds überreden konnte, forderte er von ihm die Kostenübernahme für den Kurs der Frau und deutete an, die Affäre offenlegen zu können, falls Gates den Kontakt abbreche. Eine Sprecherin von Gates bestritt jedoch jegliche Zahlungen.

Melinda Gates war tief besorgt über die Beziehung ihres Mannes zu Epstein. Berichten zufolge spielte diese Verbindung eine entscheidende Rolle in ihrer Entscheidung, sich 2021 nach 27 Jahren Ehe scheiden zu lassen. Epstein war bereits ein verurteilter Sexualstraftäter, und obwohl Gates seine Treffen mit Epstein als rein philanthropisch darstellte, stieß diese Beziehung auf Ablehnung bei Melinda. Laut dem *Wall Street Journal* traf Melinda Epstein 2013 und fühlte sich nach dem Treffen sehr unwohl. Sie äußerte ihre Bedenken gegenüber Gates, der jedoch den Kontakt zu Epstein fortsetzte, was zu erheblichen Spannungen in ihrer Ehe führte. Neben Epsteins Verbindung sollen auch Gates' Affären und das getrennte Leben des Paares zu der Scheidung beigetragen haben.

Robitzski, Dan: »Melinda Gates Contacted Divorce Lawyers After Epstein Ties Revealed«. In: Futurism, 5. August 2021, online unter: https://futurism.com/the-byte/melinda-gates-divorce-lawyers-epstein, abgerufen am 29. September 2024.

Ellefson, Lindsey: »Melinda Gates Was ›Furious‹ Over Bill's Connection With Jeffrey Epstein«. In: The Wrap, 10. Mai 2021, online unter: https://www.thewrap.com/melinda-gates-bill-gates-jeffrey-epstein/, abgerufen am 29. September 2024.

Al-Sibai, Noor: »Epstein's Connection to Bill Gates' Affair«. In: Futurism, 6. Februar 2023, online unter: https://futurism.com/epstein-gates-affair, abgerufen am 29. September 2024.

Daviscourt, Katie: »Pedophile Jeffrey Epstein Blackmailed Bill Gates, Threatened to Expose Affair with 20-Year-Old Russian Woman – Report«. In: The Post Millennial, 21. Mai 2023, online unter: https://thepostmillennial.com/pedophile-jeffrey-epstein-blackmailed-bill-gates-threatened-to-expose-affair-with-20-year-old-russian-woman-report, abgerufen am 29. September 2024.

Cartwright, Lachlan: »Bill Gates Thought Jeffrey Epstein Was His Ticket to a Nobel, Ex-Staffer Says«. In: The Daily Beast, 28. Mai 2021, online unter: https://www.thedailybeast.com/bill-gates-thought-jeffrey-epstein-was-his-ticket-to-a-nobel-ex-staffer-says, abgerufen am 29. September 2024.

Safdar, Khadeeja: »Jeffrey Epstein Tried to Blackmail Bill Gates Over Alleged Affair with Russian Bridge Player«. In: The Wall

Street Journal, 21. Mai 2023, online unter: https://www.wsj.com/articles/jeffrey-epstein-bill-gates-affair-russian-bridge-player-8b2022ff, abgerufen am 29. September 2024.

Jeff Bezos – der Amazon-Milliardär

Jeffrey Preston »Jeff« Bezos, Jahrgang 1964, ist der Gründer von Amazon, einem der größten und einflussreichsten Unternehmen der Welt. Unter seiner Leitung revolutionierte Amazon den Einzelhandel, insbesondere durch den Einsatz von Technologie und innovativen Liefermethoden. Bezos ist auch für seine Beteiligungen an verschiedenen Unternehmen bekannt, darunter Blue Origin, ein Raumfahrtunternehmen, das die Erschließung des Weltraums vorantreiben will. Bezos wurde im Jahr 2021 mit einem Vermögen von etwa 177 Milliarden US-Dollar als der reichste Mensch der Welt eingestuft, gemäß *Forbes*.

Jeff Bezos nahm an mindestens zwei von Epstein finanzierten »Billionaires' Dinners« der *Edge Foundation* teil, und zwar 2004 und 2011. Eines dieser Abendessen fand im März 2011 während der jährlichen TED-Konferenz in Long Beach, Kalifornien, statt. Zu den hochrangigen Gästen gehörten auch Google-Mitbegründer Sergey Brin, Yahoo-CEO Marissa Mayer und Tesla-CEO Elon Musk.

Im November 2016, dem Tag der US-Wahlen, wurde Epsteins Privatjet in Saudi-Arabien gesichtet, wie aus Presseberichten hervorgeht. Laut dem Journalisten Eric Rosenwald landete das Flugzeug um 18:35 Uhr Ortszeit auf dem King Khalid International Airport in Riyadh. Die Flugdaten deuten auf mögliche Verbindungen zwischen Epstein und dem saudi-arabischen Königshaus hin, da zu diesem Zeitpunkt auch Kronprinz Mohammed bin Salman (MBS) in Riyadh war. Am 9. November, dem Tag, an dem Epsteins Jet nach Paris zurückkehrte, hatte MBS ein Treffen mit Bezos und mehreren Amazon-Führungskräften, bei dem es um Kooperations- und Investitionsmöglichkeiten im Rahmen von MBS' Vision 2030 ging.

Gilbert, Ben: »Jeffrey Epstein Reportedly Had Dinner with Jeff Bezos, Elon Musk, and Bill Gates in 2011«. In: Business Insider, 10. September 2019, online unter: https://www.businessinsider.com/jeffrey-epstein-dinner-bezos-elon-musk-bill-gates-report-2011-2019-9, abgerufen am 29. September 2024.

Trotter, J. K.: »Jeffrey Epstein Flew to Riyadh on Private Jet for Mysterious Visit to Saudi Arabia«. In: Business Insider, 19. September 2019, online unter: https://www.businessinsider.com/epstein-riyadh-saudi-arabia-private-jet-2019-9, abgerufen am 29. September 2024.

Larry Page – der Google-Mitbegründer

Larry Page, Jahrgang 1973, ist ein Informatiker und Unternehmer, der vor allem als Mitbegründer von Google bekannt ist. Zusammen mit Sergey Brin gründete er 1998 die Suchmaschine Google, die zu einem der größten und einflussreichsten Technologieunternehmen der Welt wurde. Page diente als CEO von Google bis 2001 und erneut von 2011 bis 2015, danach übernahm er die Rolle des CEO der Muttergesellschaft Alphabet Inc. Bis 2023 wird sein Vermögen auf über 100 Milliarden Dollar geschätzt, was ihn zu einem der reichsten Menschen der Welt macht.

Im Mai 2023 berichtete CNBC, dass Larry Page schwer auffindbar war, als Anwälte versuchten, ihm in einem Gerichtsverfahren im Zusammenhang mit dem Epstein-Skandal eine Vorladung zuzustellen. Das Verfahren betraf die Klage gegen JPMorgan Chase, in der die Bank beschuldigt wurde, trotz Warnsignalen jahrelang mit Epstein Geschäfte gemacht zu haben.

Laut einem Bericht von *The Daily Beast* sah JPMorgan Epstein als Berater für Larry Page und Sergey Brin. Interne JPMorgan-Dokumente deuteten darauf hin, dass Epstein möglicherweise eine Beratungsrolle für die Google-Gründer einnahm, insbesondere in Finanz- und Investitionsfragen.

Gray, Neirin: »The Virgin Islands Locate Google Founder Larry Page«. In: Daily Mail, 8. Mai 2023, online unter: https://www.dailymail.co.uk/news/article-12058017/The-Virgin-islands-locate-Google-founder-Larry-Page.html, abgerufen am 29. September 2024.

»Court Document Related to Jeffrey Epstein Case«. In: CourtListener, 4. Mai 2023, online unter: https://storage.courtlistener.com/recap/gov.uscourts.nysd.591653/gov.uscourts.nysd.591653.132.0.pdf, abgerufen am 29. September 2024.

»Larry Page Profile«. In: Forbes, online unter: https://www.forbes.com/profile/larry-page/?list=rtb, abgerufen am 29. September 2024.

»Google's Garage Anniversary«. In: Mashable, 27. September 2013, online unter: http://mashable.com/2013/09/27/google-garage-anniversary/, abgerufen am 29. September 2024.

Yarow, Jay: »Google's New Operating Structure«. In: Business Insider, 10. August 2015, online unter: https://www.businessinsider.com/google-new-operating-structure-2015-8?r=US&IR=T, abgerufen am 29. September 2024.

Yurieff, Kaya: »Alphabet CEO Larry Page to Step Down«. In: CNN, 4. Dezember 2019, online unter: https://www.cnn.com/2019/12/03/tech/alphabet-google-co-founder-larry-page-step-down/index.html, abgerufen am 29. September 2024.

Briquelet, Kate: »JPMorgan Saw Epstein as Advisor to Google Founders Sergey Brin and Larry Page«. In: The Daily Beast, 24. Juli 2023, online unter: https://www.thedailybeast.com/jpmorgan-saw-epstein-as-advisor-to-google-founders-sergey-brin-and-larry-page, abgerufen am 29. September 2024.

Mangan, Dan: »Google Co-Founder Larry Page Can Get Jeffrey Epstein Case Service«. In: CNBC, 4. Mai 2023, online unter: https://www.cnbc.com/2023/05/04/google-co-founder-larry-page-can-get-jeffrey-epstein-case-service.html, abgerufen am 29. September 2024.

Sergey Brin – der Google-Mitbegründer

Sergey Mikhailovich Brin, Jahrgang 1973, ist ein amerikanischer Unternehmer und Informatiker, der gemeinsam mit Larry Page Google gegründet hat. Brin ist laut *Bloomberg Billionaires Index* und *Forbes* die siebtreichste Person der Welt mit einem geschätzten Nettovermögen von 146 Milliarden Dollar.

Die Epstein-Anklägerin Sarah Ransome gab an, dass sie Brin und seine damalige Verlobte kennengelernt habe. Laut Gerichtsunterlagen, die im Januar 2024 freigegeben wurden, machten Brin und seine damalige Verlobte Anne Wojcicki Urlaub auf Epsteins Privatinsel Little Saint James.

Brin erklärte daraufhin, Epstein habe ihn im Jahr 2007 bei der Einrichtung eines steuerbegünstigten Trusts für seine Kinder beraten. Brins Ex-Frau Anne Wojcicki ist die Mitbegründerin des Biotech-Unternehmens 23andMe, das ähnlich wie Epsteins Firma Southern Trust genetische Daten sammelt und analysiert.

In jüngerer Zeit geriet 23andMe massiv in die Kritik, nachdem bekannt wurde, dass das Unternehmen Millionen von DNA-Daten seiner Kunden ohne deren ausdrückliche Zustimmung an Pharmaunternehmen verkauft hatte. Im Zuge dieser Enthüllungen traten im September 2024 drei unabhängige Direktoren aus dem Vorstand von 23andMe zurück, was das Unternehmen weiter in die Krise stürzte.

Safdar, Khadeeja: »Jeffrey Epstein's Calendar and Names«. In: The Wall Street Journal, 19. Dezember 2023, online unter: https://www.wsj.com/us-news/jeffrey-epstein-calendar-names-ec88e7a0, abgerufen am 29. September 2024.

»Sergey Brin Profile«. In: Bloomberg Billionaires Index, 2024, online unter: https://www.bloomberg.com/billionaires/profiles/sergey-brin/, abgerufen am 29. September 2024.

Benoit, David: »Jeffrey Epstein Advised Sergey Brin with Tax Shelter«. In: The Wall Street Journal, 15. August 2023, online unter:

https://www.wsj.com/articles/jeffrey-epstein-advised-sergey-brin-with-tax-shelter-353cad20, abgerufen am 29. September 2024.
Griffin Allie: »Google Co-Founder Sergey Brin and Ex-Wife Visited Epstein's Pedophile Island – New Docs«. In: New York Post, 8. Januar 2024, online unter: https://nypost.com/2024/01/08/news/google-co-founder-sergey-brin-and-ex-wife-visited-epsteins-pedophile-island-new-docs/, abgerufen am 29. September 2024.
»23andMe Board of Directors«. In: 23andMe Investor Relations, 2024, online unter: https://investors.23andme.com/corporate-governance/board-of-directors, abgerufen am 29. September 2024.

Peter Thiel – der Tech-Milliardär

Peter Thiel, Jahrgang 1967, ist ein deutsch-amerikanischer Unternehmer, Investor und Milliardär, bekannt als Mitbegründer von PayPal und Palantir Technologies. Thiel war einer der ersten Investoren in Facebook, was ihm den Status eines erfolgreichen Risikokapitalgebers einbrachte. Als Mitbegründer von Founders Fund, einem Venture-Capital-Unternehmen, investierte er in zahlreiche Start-ups, darunter SpaceX, LinkedIn und Airbnb.

Der *Rolling Stone* berichtete im September 2023 über die Verbindungen von Jeffrey Epstein zu einflussreichen Persönlichkeiten wie Peter Thiel und dem Immobilieninvestor sowie Trump-Berater Thomas Barrack. E-Mails belegen, dass Epstein trotz seiner früheren Verurteilung Treffen mit beiden Männern vor der Präsidentschaftswahl 2016 arrangierte. Aus Dokumenten und Kalendern, die eingesehen wurden, geht hervor, dass Epstein sowohl Thiel als auch Barrack mit dem damaligen russischen UN-Botschafter Vitaly Churkin zusammenbrachte. Zum Zeitpunkt dieser Treffen waren Thiel und Barrack prominente Unterstützer des damaligen Präsidentschaftskandidaten Donald Trump.

Peter Thiel war zu dieser Zeit Vorstandsmitglied von Facebook und Vorstandsvorsitzender von Palantir, einem KI-gestützten Technologieunternehmen, das mit der CIA, der NSA, dem britischen Militär und der israelischen Regierung zusammenarbeitet. Palantir bietet Überwachungstechnologien und prädiktive Polizeiarbeit an, die zur Kontrolle der palästinensischen Bevölkerung genutzt werden. Diese Technologien tragen laut Kritikern zur Unterdrückung palästinensischer Aktivisten und zur Zerstörung von Gesundheitseinrichtungen bei. Zudem erhielt Palantir vom britischen Gesundheitssystem NHS einen Vertrag über 330 Millionen Pfund zur Verwaltung von Patientendaten, was Datenschutzbedenken auslöste.

Laut *New York Times* fanden mehrere Treffen zwischen Thiel und Jeffrey Epstein im September 2014 statt, wobei einige als »TBD« (noch zu bestätigen) markiert waren. In einem Interview erklärte Thiel, dass sein Treffen mit Epstein im Oktober 2016 »nichts Bemerkenswertes« enthalten habe, und er gestand, naiv in Bezug auf Epsteins wahre Absichten gewesen zu sein.

Thiels Risikokapitalgesellschaft Founders Fund beteiligte sich an einer Serie-B-Finanzierungsrunde in Höhe von 15 Millionen Dollar für das israelische Notfallhilfe-Start-up Carbyne, das vom ehemaligen israelischen Premierminister Ehud Barak unterstützt wird. Epstein finanzierte dabei einen beträchtlichen Teil von Baraks Investition in Carbyne und wurde dadurch Partner des Projekts. Barak ist Hauptaktionär und Vorstandsvorsitzender des Unternehmens, wie *Haaretz* berichtete.

Weitz, Gidi: »Revealed: Jeffrey Epstein Entered Million-Dollar Partnership With Ehud Barak in 2015«. In: Haaretz, 11. Juli 2019, online unter: https://www.haaretz.com/israel-news/2019-07-11/ty-article/.premium/revealed-jeffrey-epstein-entered-million-dollar-partnership-with-ehud-barak-in-2015/0000017f-e376-d75c-a7ff-ffff11630000, abgerufen am 29. September 2024.

Wenkert, Amarelle: »Israeli Startups Raised $650 Million in the First Half of 2018«. In: Calcalist, 14. August 2018, online unter: https://www.calcalistech.com/ctech/articles/0,7340,L-3744302,00.html, abgerufen am 29. September 2024.

Ramirez, Nikki: »Jeffrey Epstein's Connections to Peter Thiel and Thomas Barrack«. In: Rolling Stone, 30. August 2023, online unter: https://www.rollingstone.com/culture/culture-news/jeffrey-epstein-peter-theil-thomas-barrack-1234815670/, abgerufen am 29. September 2024.

Ciralski, Adam: »Donald Trump Taps Peter Thiel for Top Intelligence Advisory Post«. In: Vanity Fair, 20. Juli 2017, online unter: https://www.vanityfair.com/news/2017/09/donald-trump-peter-thiel-top-intelligence-advisory-post, abgerufen am 29. September 2024.

»Peter Thiel Profile«. In: Bloomberg Billionaires Index, 2024, online unter: https://www.bloomberg.com/billionaires/profiles/peter-a-thiel/, abgerufen am 29. September 2024.

Wiener, Anna: »What Is It About Peter Thiel?«. In: The New Yorker, 12. Oktober 2023, online unter: https://www.newyorker.com/news/letter-from-silicon-valley/what-is-it-about-peter-thiel, abgerufen am 27. Oktober 2021.

Taj, Ali: »Health Workers Shut Down Gaza War Profiteer«. In: Tribune Magazine, 21. Dezember 2023, online unter: https://tribunemag.co.uk/2023/12/health-workers-shut-down-gaza-war-profiteer, abgerufen am 29. September 2024.

Reid Hoffman – der LinkedIn-Mitbegründer

Reid Hoffman, Jahrgang 1967, ist bekannt als Mitbegründer von LinkedIn, dem weltweit größten beruflichen Netzwerk, das 2002 gegründet und 2016 von Microsoft übernommen wurde. Zudem ist er Partner bei der Risikokapitalfirma Greylock Partners und investierte in Unternehmen wie Facebook, Airbnb und Dropbox.

Hoffman traf Jeffrey Epstein mehrfach, unter anderem auf dessen Privatinsel 2014, und übernachtete in Epsteins Stadthaus in Manhattan. 2019 wurde berichtet, dass Hoffman Gastgeber eines Abendessens war, an dem neben Elon Musk und Mark Zuckerberg auch Epstein teilnahm. In einer E-Mail äußerte Hoffman später Reue: »Es nagt an mir, dass ich durch meine Verbindung zu Epsteins Ruf beigetragen und damit die Gerechtigkeit für seine Hinterbliebenen verzögert habe.« Das MIT räumte ein, dass es ein Fehler war, Spenden von Epstein anzunehmen, und sprach von »kollektiven und erheblichen Fehleinschätzungen«.

Price, Rob: »Elon Musk, Mark Zuckerberg, and Reid Hoffman's Connections to Jeffrey Epstein Explored«. In: Business Insider, 17. Juli 2019, online unter: https://www.businessinsider.com/elon-musk-mark-zuckerberg-jeffrey-epstein-reid-hoffman-report-2019-7, abgerufen am 29. September 2024.

Safdar, Khadeera: »Jeffrey Epstein's Calendar and Names«. In: The Wall Street Journal, 19. Dezember 2023, online unter: https://www.wsj.com/us-news/jeffrey-epstein-calendar-names-ec88e7a0, abgerufen am 29. September 2024.

Glenn Dubin – der Hedgefonds-Milliardär

Glenn Russell Dubin, Jahrgang 1957, ist ein amerikanischer Milliardär und Hedgefonds-Manager sowie Haupteigentümer von Dubin & Co. LP, einer privaten Investmentgesellschaft. Er war Mitbegründer von Highbridge Capital Management, einer bekannten alternativen Vermögensverwaltungsgesellschaft in New York City. Zudem ist er Gründungsmitglied der *Robin Hood Foundation*, einer Wohltätigkeitsorganisation, die sich auf die Bekämpfung von Armut in New York konzentriert.

Es gibt mehrere Verbindungen zwischen Dubin und Epstein. In den 1980er-Jahren war Eva Andersson-Dubin, eine Ärztin und ehemalige Miss Schweden, fast zehn Jahre lang mit Epstein liiert. Später wurde sie Glenn Dubins Frau. Epstein investierte Millionen in Dubins Hedgefonds. Er stellte auch eine Verbindung zwischen Dubin und JPMorgan Chase her, was dazu führte, dass die Bank 2004 Dubins Hedgefonds, Highbridge Capital Management, für mehr als eine Milliarde Dollar übernahm. Epstein erhielt für diese Transaktion eine Vermittlungsgebühr, wie das *Wall Street Journal* berichtete.

Trotz Epsteins Verhaftung wegen sexuellen Missbrauchs 2006 blieb die Freundschaft der Dubins zu ihm bestehen. In einem Zivilprozess von Virginia Giuffre gegen Ghislaine Maxwell im Jahr 2015 gab Giuffre an, Maxwell habe sie angewiesen, »Sex mit Glenn Dubin« zu haben, wobei unklar blieb, ob sie dieser Aufforderung folgte.

Gerichtsdokumente zeigen, dass Jeffrey Epstein der Tochter der Dubins, ähnlich wie bei anderen Kontakten, seine Hilfe angeboten hat. 2012 schrieb er ihr eine E-Mail, um für sie Modeljobs bei Bekleidungsmarken zu arrangieren, und 2014 organisierte er ein Treffen mit einem Harvard-Professor. Sie nannte Epstein »Onkel Jeff« und er äußerte einmal den Wunsch, sie zu heiraten. Eine Sprecherin der Dubins bestritt, dass Epstein Modeljobs für ihre Tochter arrangierte. Trotz Epsteins Schuldbekenntnis 2008 setzten die Dubins die Freundschaft fort und luden ihn 2009 zum Thanksgiving-Dinner ein.

In einer Stellungnahme erklärten die Dubins: »Die Dubins sind entsetzt über die neuen Anschuldigungen gegen Jeffrey Epstein. Hätten sie von dem abscheulichen und unaussprechlichen Verhalten gewusst, das in diesen neuen Vorwürfen beschrieben wird, hätten sie jegliche Verbindung zu ihm abgebrochen und niemals zugelassen, dass ihre Kinder in seiner Nähe sind.«

Brock, Colyar: »Jeffrey Epstein's High Society Contacts«. In: New York Magazine, 22. Juli 2019, online unter: https://nymag.com/intelligencer/article/jeffrey-epstein-high-society-contacts.html, abgerufen am 29. September 2024.

Ewe, Koh: »Jeffrey Epstein's Unsealed Court Documents«. In: Time, 4. Januar 2024, online unter: https://time.com/6552063/jeffrey-epsteins-unsealed-court-documents/, abgerufen am 29. September 2024.

Sherman, Gabriel: »New Details in Unsealed Jeffrey Epstein Documents«. In: Vanity Fair, 9. August 2019, online unter: https://www.vanityfair.com/news/2019/08/new-details-in-unsealed-jeffrey-epstein-documents, abgerufen am 29. September 2024.

»Glenn Dubin Profile«. In: Forbes, 2024, online unter: https://www.forbes.com/profile/glenn-dubin/#5fed736d318f, abgerufen am 29. September 2024.

Safdar, Khadeeja: »Jeffrey Epstein's Calendar and Names«. In: The Wall Street Journal, 19. Oktober 2023, online unter: https://www.wsj.com/us-news/jeffrey-epstein-calendar-names-ec88e7a0, abgerufen am 29. September 2024.

Thomas Pritzker – der Hotel-Milliardär

Thomas Pritzker, Jahrgang 1950, ist ein milliardenschwerer Geschäftsmann und Mitglied der einflussreichen Pritzker-Familie, die vor allem durch ihre Beteiligungen an der Hotelkette Hyatt Hotels Corporation bekannt ist. Er ist der Vorstandsvorsitzende und CEO der Pritzker Organization, des Familienunternehmens, das Investitionen und Geschäftsaktivitäten der Pritzker-Familie verwaltet. Darüber hinaus ist Thomas Pritzker Vorsitzender des Verwaltungsrats von Hyatt Hotels und war maßgeblich an der internationalen Expansion der Hotelkette beteiligt.

Neben seiner Rolle in der Hotelbranche ist Pritzker auch in verschiedenen anderen Geschäftsbereichen tätig, darunter Immobilien, Private Equity und Risikokapital. Er ist auch Vorsitzender des Kuratoriums des *Center for Strategic and International Studies* (CSIS), eines renommierten US-amerikanischen Thinktanks, der als eine der einflussreichsten Denkfabriken in den USA gilt und maßgeblich zur Gestaltung der US-Außen- und Sicherheitspolitik beiträgt.

Pritzker wurde ebenfalls in Zusammenhang mit Epstein erwähnt. Sein Name tauchte in den Logbüchern von Epsteins Privatjet sowie in Epsteins Adressbuch auf. Er war dabei mit insgesamt zwölf Telefonnummern verzeichnet – mehr als jede andere Person. Zudem wurde er mit dem Vermerk »numero uno« versehen, was auf eine besonders enge Verbindung zu Epstein hindeuten könnte.

Laut Epsteins Kalendereinträgen traf sich Pritzker mehrmals mit Epstein zwischen 2013 und 2017. Darüber hinaus wurde er im Jahr 2022 direkt beschuldigt, an Epsteins Missbrauchsnetzwerk beteiligt gewesen zu sein. Eine Frau, die Epstein des sexuellen Missbrauchs bezichtigte, gab in einer eidesstattlichen Erklärung an, dass sie von ihm und seinen Partnern gehandelt wurde, und nannte Pritzker als eine der Personen, die am Missbrauch beteiligt gewesen sein sollen. Pritzker hat diese Anschuldigungen zurückgewiesen und es kam bislang zu keiner strafrechtlichen Verfolgung. Diese Vorwürfe haben jedoch seine Verbindung zu Epstein weiter in den Fokus der Öffentlichkeit gerückt.

Safdar, Khadeeja: »Jeffrey Epstein's Calendar and Names«. In: The Wall Street Journal, 19. Oktober 2023, online unter: https://www.wsj.com/us-news/jeffrey-epstein-calendar-names-ec88e7a0, abgerufen am 29. September 2024.

Brock, Colyar: »Jeffrey Epstein's High Society Contacts«. In: New York Magazine, 22. Juli 2019, online unter: https://nymag.com/intelligencer/article/jeffrey-epstein-high-society-contacts.html, abgerufen am 29. September 2024.

»Hyatt Billionaire Thomas Pritzker Mentioned in Jeffrey Epstein Documents«. In: CBS News Chicago, 25. Juli 2019, online unter: https://www.cbsnews.com/chicago/news/thomas-pritzker-hyatt-billionaire-jeffrey-epstein-documents/, abgerufen am 29. September 2024.

»Thomas Pritzker Profile«. In: Forbes, 2024, online unter: https://www.forbes.com/profile/thomas-pritzker/, abgerufen am 29. September 2024.
»Jeffrey Epstein Sex Case Documents and Photos«. In: Sharyl Attkisson, 14. August 2019, online unter: https://sharylattkisson.com/2019/08/jeffrey-epstein-sex-case-documents-and-photos/, abgerufen am 29. September 2024.

Ariane de Rothschild – die Präsidentin der Edmond de Rothschild Gruppe

Ariane de Rothschild, Jahrgang 1965, ist eine salvadorianisch-französische Bankerin und seit März 2023 CEO der Edmond de Rothschild Group. Sie ist die erste Frau an der Spitze des traditionsreichen Bankhauses. Ihr verstorbener Ehemann, Benjamin de Rothschild, war ein milliardenschwerer Investor und entstammte dem französischen Zweig der berühmten Rothschild-Familie.

Im Jahr 2023 enthüllte eine Untersuchung des *Wall Street Journal*, dass Ariane de Rothschild mehr ein Dutzend Treffen mit Jeffrey Epstein hatte. Die Edmond de Rothschild Group bestritt zunächst diese Kontakte, gab aber später zu, dass Ariane de Rothschild »zwischen 2013 und 2019 im Rahmen ihrer normalen Bankaufgaben« mit Epstein in Verbindung stand. Zudem half sie Epstein laut der Zeitung bei der Suche nach Assistenten.

De Rothschild verhandelte 2015 einen Vertrag über 25 Millionen Dollar mit Jeffrey Epstein, der einer seiner Firmen Risikobewertungen und weitere Dienstleistungen für die Edmond de Rothschild Group anbieten sollte. Epstein nutzte seine Verbindungen, um die Bank führenden US-Finanzakteuren vorzustellen, empfahl Anwaltskanzleien und bot Steuer- sowie Risikoanalysen an. Die Bank bestätigte zudem, dass Epstein sie gelegentlich um Beratung und Dienstleistungen im Bereich Nachlassverwaltung bat.

Safdar, Khadeeja: »Jeffrey Epstein's Calendar Included Meetings with CIA Director, Goldman Sachs Exec, and Noam Chomsky«. In: The Wall Street Journal, 30. April 2023, online unter: https://www.wsj.com/articles/jeffrey-epstein-calendar-cia-director-goldman-sachs-noam-chomsky-c9f6a3ff, abgerufen am 29. September 2024.

Safdar, Khadeeja: »Jeffrey Epstein's Calendar and Names«. In: The Wall Street Journal, 12. April 2023, online unter: https://www.wsj.com/us-news/jeffrey-epstein-calendar-names-ec88e7a0, abgerufen am 29. September 2024.

Agnew, Harriet: »Financier Jeffrey Epstein Found Dead in Apparent Suicide«. In: Financial Times, 15. März 2019, online unter: https://www.ft.com/content/dd64793c-4721-11e9-b168-96a37d002cd3, abgerufen am 29. September 2024.

Leon Black – der Private-Equity-Milliardär

Leon David Black, Jahrgang 1951, ist ein Finanzinvestor und Gründer der Private-Equity-Firma Apollo Global Management, einer der größten Investmentgesellschaften der Welt. Er gilt als einer der einflussreichsten Finanzmanager seiner Generation. Mit einem geschätzten Vermögen von etwa neun Milliarden US-Dollar (Stand 2024) ist er Milliardär. Black ist zudem als Kunstsammler bekannt und ist Mitglied im Vorstand mehrerer kultureller Institutionen, darunter das Museum of Modern Art (MoMA) in New York.

Im Jahr 2021 trat Leon Black von seinen Positionen als CEO und Vorsitzender von Apollo Global Management zurück, nachdem die Anwaltskanzlei Dechert LLP, die von Apollo mit der Untersuchung seiner Geschäfte mit Jeffrey Epstein beauftragt worden war, einen Bericht veröffentlicht hatte. Dieser Bericht ergab, dass Black zwischen 2012 und 2017 insgesamt 158 Millionen Dollar an Epstein für Steuerberatung und Nachlassplanung gezahlt hatte. 2022 verklagte Black seinen ehemaligen Geschäftspartner Josh Harris wegen Bestechung und Korruption im Rahmen des *Racketeer Influ-*

enced and Corrupt Organizations Act (RICO) und behauptete, Harris habe innerhalb von Apollo eine Gruppe angeführt, die seinen Ruf nach Bekanntwerden der Epstein-Verbindungen gezielt schädigen wollte. Die Klage wurde 2023 aufgrund mangelnder Beweise von Richter Paul Engelmayer abgewiesen und ein Berufungsgericht bestätigte diese Entscheidung.

Pearson, Sophia: »Apollo Founders Must Face Huntsman Suit, Judge Says«. In: Bloomberg, 16. April 2009, online unter: https://www.bloomberg.com/news/articles/2009-04-16/apollo-founders-must-face-huntsman-suit-judge-says, abgerufen am 29. September 2024.

»Leon D. Black Profile«. In: Bloomberg Billionaires Index, 2024, online unter: https://www.bloomberg.com/billionaires/profiles/leon-d-black/, abgerufen am 29. September 2024.

»Leon Black Steps Down as Apollo C.E.O. After Jeffrey Epstein Inquiry«. In: The New York Times, 22. März 2021, online unter: https://www.nytimes.com/2021/03/22/business/leon-black-apollo.html, abgerufen am 29. September 2024.

»Apollo's Leon Black to Retire as CEO but Remain Chairman After He Is Cleared in Internal Epstein Probe«. In: CNBC, 25. Januar 2021, online unter: https://www.cnbc.com/2021/01/25/apollos-leon-black-to-retire-as-ceo-but-remain-chairman-after-he-is-cleared-in-internal-epstein-probe.html, abgerufen am 29. September 2024.

»Josh Harris Former Apollo CEO Leon Black's Conspiracy Suit«. In: Business Insider, 15. März 2022, online unter: https://www.businessinsider.com/josh-harris-former-apollo-ceo-leon-blacks-conspiracy-suit-2022-3, abgerufen am 29. September 2024.

»Leon Black's Bid to Revive Suit Against Model Rejected on Appeal«. In: Bloomberg, 2. März 2023, online unter: https://www.bloomberg.com/news/articles/2023-03-02/leon-black-bid-to-revive-suit-against-model-rejected-on-appeal, abgerufen am 29. September 2024.

»Nobody Makes Money Like Apollo's Ruthless Founder Leon Black«. In: Bloomberg, 16. Januar 2020, online unter: https://www.bloomberg.com/news/features/2020-01-16/nobody-makes-money-like-apollo-s-ruthless-founder-leon-black, abgerufen am 29. September 2024.

»Leon Black Jeffrey Epstein Senate Investigation«. In: CNN, 25. Juli 2023, online unter: https://edition.cnn.com/2023/07/25/business/leon-black-jeffrey-epstein-senate-investigation/index.html, abgerufen am 29. September 2024.

Brock, Colyar: »Jeffrey Epstein's High Society Contacts«. In: New York Magazine, 22. Juli 2019, online unter: https://nymag.com/intelligencer/article/jeffrey-epstein-high-society-contacts.html, abgerufen am 29. September 2024.

»Epstein's Mysterious Financial Network Explored«. In: Al Jazeera, 4. Januar 2024, online unter: https://archive.is/Ngh8r, abgerufen am 29. September 2024.

»Jeffrey Epstein List: Whose Names Are on the Newly Unsealed Documents?«. In: Al Jazeera, 4. Januar 2024, online unter: https://www.aljazeera.com/news/2024/1/4/jeffrey-epstein-list-whose-names-are-on-the-newly-unsealed-documents, abgerufen am 29. September 2024.

Ewe, Koh: »Jeffrey Epstein's Unsealed Court Documents«. In: Time, 4. Januar 2024, online unter: https://time.com/6552063/jeffrey-epsteins-unsealed-court-documents/, abgerufen am 29. September 2024.

Pequeno IV, Antonio: »More Epstein Names Unsealed: Here's Who's on the List«. In: Forbes, 5. Januar 2024, online unter: https://www.forbes.com/sites/antoniopequenoiv/2024/01/05/more-epstein-names-unsealed-heres-whos-on-the-list/, abgerufen am 29. September 2024.

Ward, Vicky: »The Talented Mr. Epstein«. In: Vanity Fair, März 2003, online unter: https://www.vanityfair.com/news/2003/03/jeffrey-epstein-200303, abgerufen am 29. September 2024.

Mort Zuckerman – der Medien-Milliardär

Mortimer Zuckerman, Jahrgang 1937, ist ein kanadisch-amerikanischer Immobilienmagnat, Verleger und Philanthrop. Er ist vor allem als Eigentümer und Herausgeber der Zeitschrift *U. S. News & World Report* und früherer Eigentümer der *New York Daily News* bekannt. Zuckerman machte sein Vermögen durch seine Immobilienfirma Boston Properties, eines der größten gewerblichen Immobilienunternehmen in den USA. Neben seiner Tätigkeit in der Medienbranche ist er auch für seine wohltätigen Aktivitäten und sein Engagement in jüdischen Organisationen bekannt.

In ihrem 2006 erschienenen Papier *The Israel Lobby and U. S. Foreign Policy* bezeichneten John Mearsheimer, Professor für Politikwissenschaft an der University of Chicago, und Stephen Walt, akademischer Dekan der Harvard Kennedy School, Mortimer Zuckerman als Teil des Medienflügels der »israelischen Lobby« in den USA.

Zuckerman pflegte über Jahre hinweg eine Verbindung zu Jeffrey Epstein. Im Jahr 2003 unternahmen Mortimer Zuckerman und Jeffrey Epstein gemeinsam mit Harvey Weinstein und weiteren prominenten Mediengrößen den Versuch, das *New York Magazine* zu erwerben, scheiterten jedoch in letzter Minute. Ein Jahr später finanzierte Zuckerman gemeinsam mit Epstein das kurzlebige *Radar Magazine* mit einer Investition von 25 Millionen US-Dollar.

Laut dem *Wall Street Journal*, das Epsteins Kalender von 2013 bis 2017 ausgewertet hat, war Zuckerman über die Jahre hinweg für mehr als ein Dutzend Treffen mit Epstein vorgesehen. In einigen Fällen planten die beiden Männer, sich in Zuckermans Büro oder in seinem Haus zu treffen, das sich in der Nähe von Epsteins Stadthaus befand, wie aus den Dokumenten hervorgeht. Zuckerman hat sich bis heute nicht öffentlich zu diesen Treffen geäußert.

Feinberg, Ashley: »Jeffrey Epstein, Bill Clinton, Donald Trump, and Alan Dershowitz: The Connections and the Fallout«. In: Slate, 9. Juli 2019, online unter: https://slate.com/news-and-po

litics/2019/07/jeffrey-epstein-bill-clinton-donald-trump-alan-dershowitz.html, abgerufen am 29. September 2024.
»Mortimer Zuckerman Profile«. In: Forbes, 2024, online unter: https://www.forbes.com/profile/mortimer-zuckerman/, abgerufen am 29. September 2024.
»Radar Comeback: Roshan Gets Big-Time Backers with Bankroll«. In: New York Post, 19. Oktober 2004, online unter: https://nypost.com/2004/10/19/radar-comeback-roshan-gets-big-time-backers-with-bankroll/, abgerufen am 29. September 2024.
Safdar, Khadeeja: »Jeffrey Epstein's Calendar Includes Bill Gates, Leon Black, and Thomas Pritzker«. In: The Wall Street Journal, 4. Mai 2023, online unter: https://www.wsj.com/business/jeffrey-epstein-calendar-bill-gates-leon-black-thomas-pritzker-62d7590, abgerufen am 29. September 2024.

Ron Burkle – der Investment-Milliardär

Ron Wayne Burkle, Jahrgang 1952, ist ein Geschäftsmann und Investor, der vor allem als Gründer der Private-Equity-Firma The Yucaipa Companies bekannt wurde, die sich auf US-Unternehmen in den Bereichen Vertrieb, Lebensmittel, Einzelhandel, Gastgewerbe, Unterhaltung sowie Sport spezialisiert hat. Burkles Vermögen wurde am 12. Februar 2018 auf zwei Milliarden US-Dollar geschätzt. Im Jahr 2014 belegte er Platz 633 auf der Forbes-Liste der »reichsten Menschen der Welt«.

Darüber hinaus ist Burkle als engagierter Philanthrop bekannt und unterstützte zahlreiche wohltätige Zwecke sowie politische Kampagnen, insbesondere der Demokratischen Partei. Er war ein enger Freund von Persönlichkeiten wie Bill Clinton, den er nach dessen Amtszeit oft auf Reisen begleitete.

Ron Burkle unterhielt ebenfalls eine Freundschaft mit Epstein. Er reiste mit anderen jungen Frauen entweder an Bord von Epsteins berüchtigtem Jet, dem »Lolita Express«, oder auf seinem eigenen Jet, der als »Air F*ck One« bekannt war. In einem *Vanity-Fair*-Artikel distanzierte sich Burkle jedoch von Epstein und betonte, dass ihre Beziehung minimal und ausschließlich beruflich gewesen sei. Er betonte zudem, dass er keine persönliche Verbindung zu Epstein hatte und sich klar von dessen kriminellen Aktivitäten distanziere.

Anon.: »Ron Burkle – Biography«. In: Burkle Foundation, 2024, online unter: http://burklefoundation.com/ron_burkle/, abgerufen am 29. September 2024.

Grigoriadis, Vanessa: »The Curious Sociopathy of Jeffrey Epstein's Ex-Girlfriends«. In: Vanity Fair, 26. August 2019, online unter: https://www.vanityfair.com/news/2019/08/curious-sociopathy-of-jeffrey-epstein-ex-girlfriends, abgerufen am 29. September 2024.

Canada, Hillary: »The Man Who Wants to Sell You a Mansion«. In: The Wall Street Journal, 4. September 2012, online unter: https://archive.today/20140805075155/http://online.wsj.com/news/articles/SB10000872396390444301704577631794110130890, abgerufen am 29. September 2024.

Jes Staley – der Barclays-Bankmanager

Jes Staley, Jahrgang 1956, ist ein Bankmanager, der vor allem als ehemaliger CEO von Barclays und als führende Persönlichkeit bei J. P. Morgan bekannt wurde. Bei J. P. Morgan war er über 30 Jahre tätig und leitete das Private-Banking- und Asset-Management-Geschäft des Unternehmens. Während seiner Amtszeit wuchs das von J. P. Morgan Asset Management verwaltete Vermögen erheblich, von 605 Milliarden US-Dollar auf fast 1,3 Billionen US-Dollar.

Staley trat 2015 als CEO bei Barclays an, trat aber 2021 zurück, nachdem Untersuchungen zu seiner Beziehung zu Jeffrey Epstein aufkamen. Die britische Finanzaufsichtsbehörde (FCA) und die *Prudential Regulation Authority* untersuchten seine Verbindungen zu Epstein, was den Druck auf Staley verstärkte und schließlich zu seinem Rücktritt führte.

Staley steht weiterhin im Mittelpunkt einer Untersuchung aufgrund seiner engen Verbindungen zu Jeffrey Epstein. In einer laufenden Klage der US-amerikanischen Jungferninseln wird behauptet, dass Staley und Epstein in E-Mails über Disney-Figuren wie »Schneewittchen« und »Die Schöne und das Biest« kommunizierten, wobei diese offenbar eine kodierte Sprache für sexuelle Treffen darstellten. Die Klage legt nahe, dass Staley Epstein aktiv dabei geholfen habe, seine Verbrechen zu vertuschen, indem er enge persönliche Kontakte zu ihm pflegte und dabei sensible Informationen über Epsteins Aktivitäten ignorierte oder bewusst verschleierte. Zudem soll Staley Epstein trotz offensichtlicher Hinweise auf dessen illegale Machenschaften weiterhin als wichtigen Kunden bei JPMorgan gehalten haben.

»Jeffrey Epstein: Ex-Barclays-Chef Jes Staley soll mit ihm über Disney-Figuren gemailt haben«. In: Der Spiegel, 17. Februar 2023, online unter: https://www.spiegel.de/panorama/justiz/jeffrey-epstein-ex-barclays-chef-jes-staley-soll-mit-ihm-ueber-disney-figuren-gemailt-haben-a-32fe5ada-f14c-4c14-8c1d-eccd0119c84d, abgerufen am 29. September 2024.

Jamie Dimon – der JPMorgan-Bankmanager

Jamie Dimon, Jahrgang 1956, ist ein prominenter Bankmanager und der CEO von JPMorgan Chase, der größten Bank in den USA nach Vermögenswerten. Er gilt als einer der einflussreichsten Banker der Welt und ist seit 2005 in seiner Position als CEO tätig. Dimon ist der einzige CEO einer Großbank, der noch im Amt ist, der während der Finanzkrise 2008 eine solche Position innehatte, was ihm den Ruf eines erfahrenen Krisenmanagers eingebracht hat. Er hat mehrmals auf der Liste der 100 einflussreichsten Personen der Welt von *Time Magazine* gestanden. Er ist einer der wenigen Bankmanager, die selbst Milliardäre geworden sind.

Ein US-Richter hat kürzlich dem Vergleich von 290 Millionen US-Dollar zugestimmt, den JPMorgan Chase mit den Opfern von Jeffrey Epstein ausgehandelt hat. Der Vergleich, der im Juni 2023 zustande kam, wurde von der ehemaligen Balletttänzerin Jane Doe 1 angeführt und zielt darauf ab, Vorwürfe zu klären, dass JPMorgan Epsteins Menschenhandel aus finanziellen Gründen ignoriert habe, indem die Bank Warnsignale missachtet und weiterhin Geschäfte mit Epstein gemacht hat, selbst nach seiner Verhaftung wegen Prostitution im Jahr 2006. Einige Opfer, darunter Sarah Ransome, kritisierten die Vergleichssumme als zu niedrig und bemängelten die Unklarheit darüber, wie die Gelder verteilt werden sollen. Auch 16 US-Bundesstaaten und Washington, D.C., erhoben Einspruch, da sie befürchten, dass der Vergleich ihre Möglichkeit einschränken könnte, weitere Schadensersatzforderungen im Zusammenhang mit Epsteins Verbrechen geltend zu machen.

JPMorgan hat zwar keine Schuld eingestanden, stimmte jedoch im Juni 2024 dem Vergleich zu, um langwierige Rechtsstreitigkeiten zu vermeiden. Dieser Schritt folgt ähnlichen Einigungen, darunter einem Vergleich von 75 Millionen US-Dollar zwischen der Deutschen Bank und den Opfern Epsteins. Die Anwälte der Opfer nannten die Vereinbarung »fair und angemessen«, und der Richter wies die Bedenken der 16 Bundesstaaten zurück, indem er erklärte, dass der Vergleich ihre Fähigkeit, weitere Schadensersatzforderungen zu erheben, nicht beeinträchtigen werde. Die Vergleichssumme von 290 Millionen US-Dollar wird auf über 190 Antragsteller verteilt, wobei eine Anwältin die Verteilung der Mittel überwacht.

»JPMorgan Jeffrey Epstein Settlement Document«. In: Justia, 2023, online unter: https://docs.justia.com/cases/federal/district-courts/new-york/nysdce/1:2022cv10019/590048/254, abgerufen am 29. September 2024.

»US Judge to Weigh JPMorgan's $290 Million Settlement with Epstein Accusers«. In: Reuters, 9. November 2023, online unter: https://www.reuters.com/legal/us-judge-weigh-jpmorgans-290-million-settlement-with-epstein-accusers-2023-11-09/, abgerufen am 29. September 2024.

»JPMorgan to Pay $290 Million in Settlement with Epstein's Victims«. In: Le Monde, 12. Juni 2023, online unter: https://www.lemonde.fr/en/united-states/article/2023/06/12/jpmorgan-to-pay-290-million-in-settlement-with-epstein-s-victims_6031011_133.html, abgerufen am 29. September 2024.

»Dimon Says Jeffrey Epstein Lawsuits Have Impacted JPMorgan Brand«. In: CNBC, 2. August 2023, online unter: https://www.cnbc.com/2023/08/02/dimon-says-jeffrey-epstein-lawsuits-have-impacted-jpmorgan-brand.html, abgerufen am 29. September 2024.

»Deutsche Bank: Gericht gibt Zustimmung zum Vergleich im Epstein-Prozess«. In: Manager Magazin, online unter: https://www.manager-magazin.de/unternehmen/banken/deutsche-bank-gericht-gibt-zustimmung-zum-vergleich-im-epstein-prozess-a-fa17f7d5-0d86-42fd-928d-7c711c35259d, abgerufen am 29. September 2024.

Richard Branson – der Virgin-Milliardär

Sir Richard Charles Nicholas Branson, Jahrgang 1950, ist ein britischer Unternehmer, bekannt als Gründer der Virgin Group, die mehr 400 Firmen in den Bereichen Musik, Luftfahrt, Telekommunikation und Raumfahrt umfasst. Sein Vermögen wird auf etwa fünf Milliarden US-Dollar geschätzt. Branson ist auch für seine Abenteuerlust und seine Bemühungen um nachhaltige Technologien bekannt.

Epsteins Opfer Sarah Ransome sagte 2021 vor Gericht: »Wenn meine Freundin Sex mit Clinton, Prinz Andrew oder Richard Branson hatte, wurden von Jeffrey [Epstein] bei jeder einzelnen Gelegenheit Sex-Videos gefilmt.« Es wird angenommen, dass diese Freundin

Virginia Giuffre war. Später zog Ransome jedoch einige ihrer Aussagen zurück. Laut Berichten hat sie erklärt, dass sie unter Druck gesetzt wurde und einige der Vorwürfe nicht aufrechterhalten kann.

Branson besitzt die Privatinsel Necker Island in den British Virgin Islands, die sich in unmittelbarer Nähe zu Jeffrey Epsteins Insel Little Saint James befindet.

»London's 1000 Most Influential People 2010: Tycoons and Retailers«. In: Evening Standard, 2010, online unter: http://www.thisislondon.co.uk/standard-home/article-23897620-londons-1000-most-influential-people-2010-tycoons-and-retailers.do, abgerufen am 29. September 2024.

»Richard Branson's Space Trip: Virgin Galactic's Live Journey«. In: The Independent, 11. Juli 2021, online unter: https://www.independent.co.uk/space/space-trip-virgin-branson-live-b1882125.html, abgerufen am 29. September 2024.

Harvey Weinstein – der Hollywood-Mogul

Harvey Weinstein war vor seiner Verurteilung ein einflussreicher Filmproduzent; er ist Mitbegründer der Produktionsfirmen Miramax und The Weinstein Company.

Jeffrey Epstein nutzte seine Verbindungen zu Weinstein und ermöglichte einem seiner Opfer, Chauntae Davies, eine Rolle in einem Horrorfilm, der von einer Weinstein-Firma produziert wurde. Davies, die 2001 mit 21 Jahren in Epsteins Menschenhandelsring geriet, wurde jahrelang von ihm manipuliert und sexuell missbraucht, bevor sie 2005 entkam. Durch Epsteins Vorstellung erhielt Davies ein Vorsprechen bei Weinstein und spielte eine kleine Rolle als »betrunkene Frau« im 2005 veröffentlichten Film *Feast*, wie auf IMDb vermerkt ist.

Beide wurden auch 2006 zusammen auf der 18. Geburtstagsfeier von Prinzessin Beatrice, der Tochter von Prinz Andrew, fotografiert. Ghislaine Maxwell stand ebenfalls in freundschaftlichem

Kontakt mit Weinstein und nahm an mehreren Partys und Premieren seiner Filmfirmen teil. Epstein soll Weinstein auch 2010 in seine Pariser Wohnung eingeladen haben.

Ab 2017 wurde Weinstein von mehr als 50 Frauen der sexuellen Belästigung, des Übergriffs oder der Vergewaltigung beschuldigt, was die #MeToo-Bewegung auslöste. Diese Enthüllungen führten zu seiner Entlassung aus seiner eigenen Firma und mehreren Prozessen, in denen er 2020 zu 23 Jahren Haft verurteilt wurde.

Weinstein engagierte die israelische Sicherheitsfirma Black Cube, um Informationen über Frauen zu sammeln, die ihn beschuldigten, und setzte sogar ehemalige Mossad-Agenten ein, um seine mutmaßlichen Opfer zu überwachen und mögliche Enthüllungen zu verhindern. Ronan Farrow, ein Journalist, der maßgeblich an der Enthüllung des Weinstein-Skandals beteiligt war, berichtete im *New Yorker* am 6. November 2017 über diese Taktik. Farrow kritisierte Weinstein zudem dafür, falsche Fährten zu legen und Opfer sowie Journalisten aktiv einzuschüchtern, um die Wahrheit zu vertuschen.

Holpuch, Amanda: »Harvey Weinstein Surrenders Over Sexual Misconduct Charges«. In: The Guardian, 25. Mai 2018, online unter: https://www.theguardian.com/film/2018/may/25/harvey-weinstein-surrenders-over-sexual-misconduct-charges, abgerufen am 29. September 2024.

»Harvey Weinstein Hired Israeli Intelligence Firm Black Cube«. In: The Guardian, 9. November 2017, online unter: https://www.theguardian.com/film/2017/nov/09/harvey-weinstein-israel-intelligence-firm-black-cube, abgerufen am 29. September 2024.

»Harvey Weinstein soll Spitzelliste mit 91 Namen geführt haben«. In: Der Spiegel, 19. November 2017, online unter: https://www.spiegel.de/panorama/justiz/harvey-weinstein-soll-spitzelliste-mit-91-namen-gefuehrt-haben-a-1179031.html, abgerufen am 29. September 2024.

Farrow, Ronan: »Harvey Weinstein's Army of Spies«. In: The New Yorker, 6. November 2017, online unter: https://www.newyorker.com/news/news-desk/harvey-weinsteins-army-of-spies, abgerufen am 29. September 2024.

»The Weinstein Allegations«. In: The Guardian, 13. Oktober 2017, online unter: https://www.theguardian.com/film/ng-interactive/2017/oct/13/the-weinstein-allegations, abgerufen am 29. September 2024.

»Jeffrey Epstein's Hollywood Pipeline Ran Straight to Harvey Weinstein«. In: The Daily Beast, 2020, online unter: https://www.thedailybeast.com/jeffrey-epsteins-hollywood-pipeline-ran-straight-to-harvey-weinstein, abgerufen am 29. September 2024.

Peggy Siegal – die PR-Beraterin

Peggy Siegal, Jahrgang 1947, ist eine bekannte PR-Beraterin, die sich auf Film-Promotion und Veranstaltungen in der Unterhaltungsbranche spezialisiert hat. Sie ist Inhaberin der Peggy Siegal Company, die 2018 zu den führenden Medienmarketing-Firmen zählte. Sie hat über Jahrzehnte zahlreiche Premieren, Veranstaltungen und Galadinner für Hollywood-Stars, Medienpersönlichkeiten und hochrangige Wirtschaftsführer organisiert und galt lange als einflussreiche Netzwerkerin in der New Yorker High Society und der Filmindustrie.

Vanity Fair bezeichnete Peggy Siegal als »den Motor« der New Yorker Oscar-Kampagnen. Das Magazin erklärte: »Der beste Weg, einen Oscar zu gewinnen, ist, einen großartigen Film zu machen, aber der beste Weg, ihn zu garantieren, ist, Peggy dazu zu bringen, ihn ins Rampenlicht zu rücken.« Sie galt als Meisterin darin, exklusive Partys zu organisieren, hatte Zugang zu den glamourösesten Promi-Events und pflegte enge Kontakte zu einigen der einflussreichsten Künstler der Branche.

Siegal geriet in die Schlagzeilen, als bekannt wurde, dass sie mehrfach Veranstaltungen organisiert hatte, bei denen Jeffrey Epstein anwesend war. Im Jahr 2011 richtete Siegal eine Veranstaltung in Epsteins Villa aus, zu der prominente Gäste wie Prinz Andrew, George Stephanopoulos, Katie Couric und Chelsea Handler eingeladen waren. Nach einem Bericht der *New York Times* im Juli 2019 über Siegals Verbindung zu Epstein kündigten namhafte Kunden wie Netflix und FX ihre Verträge mit ihr, was sowohl auf den Epstein-Skandal als auch auf die Auswirkungen der #MeToo-Bewegung zurückzuführen war.

»Jeffrey Epstein: The Secret World of a Modern Master«. In: New York Magazine, 15. Oktober 2007, online unter: http://nymag.com/nymag/features/41826/index.html, abgerufen am 29. September 2024.

»Reports: Hollywood Studios Walk Away from Epstein-Connected Publicist«. In: PRWeek, 24. Juli 2019, online unter: https://www.prweek.com/article/1591897/reports-hollywood-studios-walk-away-epstein-connected-publicist, abgerufen am 29. September 2024.

»The Peggy Siegal Story: Jeffrey Epstein's Publicist Connection«. In: Town & Country, 18. November 2019, online unter: https://www.townandcountrymag.com/society/money-and-power/a29643007/peggy-siegal-jeffrey-epstein-connection/, abgerufen am 29. September 2024.

»Peggy Siegal and Andrew Saffir Profile«. In: DuJour, 2019, online unter: https://dujour.com/culture/peggy-siegal-andrew-saffir-profile/, abgerufen am 29. September 2024.

»PR Power List: Entertainment & Media«. In: Observer, 18. Dezember 2018, online unter: https://observer.com/2018/12/pr-power-list-entertainment-media/, abgerufen am 29. September 2024.

»Reports: Hollywood Studios Cut Ties with Epstein-Connected Publicist«. In: PRWeek, 24. Juli 2019, online unter: https://www.prweek.com/article/1591897, abgerufen am 29. September 2024.

Woody Allen – der Filmemacher

Woody Allen, Jahrgang 1935, ist ein bekannter amerikanischer Regisseur, Drehbuchautor, Schauspieler und Komiker. Er gilt als einer der wichtigsten Filmemacher seiner Generation.

Allen war ein regelmäßiger Gast bei Epstein und nahm fast monatlich an dessen Dinnerpartys teil, oft zusammen mit seiner Frau Soon-Yi Previn. Epstein hatte ein Foto von Allen in seinem Stadthaus und wurde mehrfach mit ihm auf der Upper East Side gesehen.

Vor seiner Beziehung mit Mia Farrow war Allen jahrelang mit einem eingangs 16-jährigen Mädchen namens Babi Christina Engelhardt zusammen, das er in dem Restaurant Elaine's kennengelernt hatte. In einem Interview mit dem *Hollywood Reporter* fragte man sie, ob sie die Inspiration für *Manhattan* war, Allens Film von 1979 über einen Mann in den Vierzigern, der sich mit einer Highschool-Schülerin verabredet. Der Film wurde für zwei Oscars nominiert. »Die ganze Sache war ein Spiel, das nur von Woody betrieben wurde, sodass wir nie ganz wussten, wo wir standen«, sagte sie. Engelhardt wurde später Epsteins Assistentin.

Allen und seine Frau besuchten Dutzende Abendessen in Epsteins Villa und luden ihn auch zu Filmvorführungen ein. Im Oktober 2014 plante Epstein, dass Allen in seinem Stadthaus einer Gruppe von Gästen bei einer Vorführung von Alfred Hitchcocks *Psycho* Unterricht in Filmbearbeitung gibt.

»Woody und Soon-Yi lebten in der gleichen Nachbarschaft wie Epstein und wurden häufig zu Dinnerpartys in seinem Stadthaus eingeladen«, sagte eine Sprecherin des Paares. »Es waren immer auch andere Gäste bei diesen Zusammenkünften. Woody hatte nie ein geschäftliches Treffen mit Epstein und verbrachte kein einziges Mal Zeit mit ihm, ohne dass Soon-Yi ebenfalls anwesend war«, sagte die Sprecherin. Allen sagte in einer schriftlichen Erklärung, dass er keine Ahnung habe, was Epstein zu anderen über ihn gesagt habe. »Zu keinem Zeitpunkt hat er mich aufgefordert, jemanden in einem Film zu besetzen – und ich habe es auch nie getan«, sagte er.

1992 beschuldigte der Journalist Ronan Farrow Allen öffentlich, die gemeinsame Adoptivtochter Dylan Farrow sexuell missbraucht zu haben. Obwohl die Anschuldigungen großes Medieninteresse erregten, wurde Allen nie angeklagt oder strafrechtlich verfolgt und bestreitet die Vorwürfe entschieden.

Anon.: »Jeffrey Epstein's Calendar and Names«. In: The Wall Street Journal, 12. April 2023, online unter: https://www.wsj.com/us-news/jeffrey-epstein-calendar-names-ec88e7a0, abgerufen am 29. September 2024.

Fishman, Steve: »Jeffrey Epstein's High Society Contacts«. In: New York Magazine, 29. August 2019, online unter: https://nymag.com/intelligencer/article/jeffrey-epstein-high-society-contacts.html, abgerufen am 29. September 2024.

Anon.: »A Timeline of Woody Allen's Life and Career«. In: The New York Times, 25. Januar 2023, online unter: https://www.nytimes.com/article/woody-allen-timeline.html, abgerufen am 29. September 2024.

Kevin Spacey – der Schauspieler

Kevin Spacey, Jahrgang 1959, ist ein Schauspieler, Produzent und zweifacher Oscar-Preisträger. Er erlangte weltweite Berühmtheit durch Filme wie *Die üblichen Verdächtigen* und *American Beauty*, wo er einen frustrierten Familienvater spielt, der eine Lebenskrise durchlebt, während er eine obsessive Faszination für die 16-jährige Freundin seiner Tochter entwickelt. Außerdem ist er für seine Rolle als Frank Underwood in der Netflix-Serie *House of Cards* bekannt, wo er einen skrupellosen Politiker spielt, der durch Manipulation und Intrigen in Washington, D. C., die Macht ergreift.

Spacey reiste 2002 zusammen mit Bill Clinton in Epsteins Privatjet durch mehrere afrikanische Länder, um das »Bewusstsein für

AIDS« zu fördern. Spaceys Name tauchte in Epsteins Adressbuch auf. Nach ihrer Afrika-Tour reiste die Gruppe nach Großbritannien, wo sie vom ehemaligen Premierminister Tony Blair eingeladen wurden. Während eines Besuchs im Buckingham Palace wurde Spacey zusammen mit Ghislaine Maxwell auf dem Thron sitzend fotografiert. Spacey betonte später, dass er keine Beziehung zu Maxwell oder Epstein hatte: »Ich habe nie Zeit mit ihm verbracht.« In einem Interview aus dem Jahr 2024 mit Piers Morgan erklärte Spacey, dass er »nicht gewusst habe, wer Epstein war«, als er an dieser Reise teilnahm, und dass er sich in der Gegenwart von Epstein und den jungen Mädchen, die mit ihm reisten, unwohl fühlte.

2017 wurde Spacey von mehreren Personen, darunter Roberto Cavazos, Tony Montana und Harry Dreyfuss, der sexuellen Übergriffe beschuldigt. Infolge dieser Vorwürfe beendete Netflix die Zusammenarbeit, legte sein Biopic über Gore Vidal auf Eis und entfernte ihn aus der letzten Staffel von »House of Cards«. Spacey bestritt alle Vorwürfe und wurde 2022 in einem Prozess in New York und 2023 in einem Londoner Gerichtsverfahren freigesprochen.

»Flashback: Kevin Spacey Talks Friendship with Bill Clinton«. In: The Washington Free Beacon, 4. November 2017, online unter: https://freebeacon.com/politics/flashback-kevin-spacey-talks-friendship-bill-clinton/, abgerufen am 29. September 2024.

»Jeffrey Epstein: International Moneyman of Mystery«. In: New York Magazine, 22. Juli 2002, online unter: https://nymag.com/nymetro/news/people/n_7912/, abgerufen am 29. September 2024.

»Kevin Spacey Says He ›Broke‹ After Epstein Scandal in Interview with Piers Morgan«. In: The Independent, 3. Juli 2023, online unter: https://www.independent.co.uk/arts-entertainment/tv/news/kevin-spacey-broke-epstein-piers-morgan-interview-b2561049.html, abgerufen am 29. September 2024.

»Actor, Comic, President Visit Africa«. In: The Intelligencer, 6. Juli 2002, online unter: https://www.theintelligencer.com/news/article/Actor-Comic-President-Visit-Africa-10551613.php, abgerufen am 29. September 2024.
»Kevin Spacey Flew on Jeffrey Epstein's Plane with Bill Clinton and Young Girls«. In: Daily Mail, 22. Februar 2023, online unter: https://www.dailymail.co.uk/news/article-13522195/Kevin-Spacey-plane-Bill-Clinton-Jeffrey-Epstein-young-girls.html, abgerufen am 29. September 2024.

John Brockman – der Literaturagent

John Brockman, Jahrgang 1941, ist ein bekannter Literaturagent und Autor. Der Spiegel bezeichnete ihn als »Schlüsselfigur des späten 20. und des frühen 21. Jahrhunderts, den Strippenzieher und Stichwortgeber einer globalen Leitkultur«. In den 1980er-Jahren gründete John Brockman den *Reality Club*, der später zur *Edge Foundation* wurde. Diese Plattform brachte Wissenschaftler, Autoren und Denker zusammen, darunter Richard Dawkins, Daniel Dennett und Steven Pinker. Jeffrey Epstein nutzte Brockmans Netzwerk, um Zugang zu diesen renommierten Persönlichkeiten zu erhalten.

Die Edge-Gemeinschaft galt als eine der führenden Denkfabriken, wobei Jeffrey Epstein sie sogar als »intelligenteste Denkfabrik der Welt« lobte. Trotz seiner Verurteilung im Jahr 2008 blieb er Spender der Stiftung und nutzte Edge-Veranstaltungen wie das »Billionaires Dinner«, um seine Kontakte zu Milliardären, Wissenschaftlern, Künstlern und Intellektuellen zu pflegen und auszubauen.

BuzzFeed News enthüllte 2019, dass Epstein der größte Geldgeber der *Edge Foundation* war. Das führte zu Untersuchungen darüber, wie sein Geld und sein Einfluss in die Wissenschafts- und Technologiegemeinschaft eingedrungen sind. Ein bemerkenswertes Beispiel dafür war eine E-Mail zwischen John Brockman und dem Bestsellerautor Evgeny Morozov. In dieser versuchte Brockman, Morozov zu einem Treffen mit Epstein zu bewegen, und lockte ihn dabei mit der Aussicht auf Begegnungen mit Victoria's-Secret-Models.

»Jeffrey Epstein's High Society Contacts«. In: New York Magazine, 29. August 2019, online unter: https://nymag.com/intelligencer/article/jeffrey-epstein-high-society-contacts.html, abgerufen am 29. September 2024.

»Der Strippenzieher: Jeffrey Epstein und seine Verbindungen«. In: Der Spiegel, 15. Juli 2020, online unter: https://www.spiegel.de/kultur/der-strippenzieher-a-268e999c-0002-0001-0000-000130335606, abgerufen am 29. September 2024.

»John Brockman: The Literary Agent with Friends in High Places«. In: Dazed Digital, 18. Mai 2012, online unter: https://www.dazeddigital.com/artsandculture/article/13944/1/john-brockman, abgerufen am 29. September 2024.

Noam Chomsky – der Kapitalismuskritiker

Noam Chomsky, Jahrgang 1928, ist ein bekannter Philosoph, Linguist und politischer Aktivist. Zwischen 1963 und 1965 war er am MIT als Berater an einem vom Pentagon geförderten Projekt beteiligt, das darauf abzielte, Computern das Verstehen natürlicher englischer Befehle von Militärgenerälen zu ermöglichen. Chomsky betonte, dass die Militärfinanzierung keinen Einfluss auf seine Arbeit hatte.

2015 und 2016 arrangierte Jeffrey Epstein mehrere Treffen mit Chomsky, während dieser noch am MIT war. Obwohl Epstein bereits als Sexualstraftäter bekannt war, hielt Chomsky den Kontakt zu ihm. In E-Mails reagierte er auf Nachfragen zu seiner Beziehung zu Epstein ausweichend und scharf: »Die erste Antwort ist, dass es Sie nichts angeht. Oder irgendjemanden. Die zweite ist, dass ich ihn kannte und wir uns gelegentlich getroffen haben.«

2015 plante Epstein, Chomsky und dessen Frau zu einem Abendessen mit dem Filmregisseur Woody Allen und dessen Frau Soon-Yi Previn nach New York zu fliegen. Chomsky erklärte dazu: »Wenn es einen Flug gegeben hätte, was ich bezweifle, wäre er von Boston nach New York gegangen, 30 Minuten.« Außerdem betonte er: »Ich kenne keinen Grundsatz, der es erforderlich macht, dass ich Sie über einen Abend mit einem großen Künstler informiere.«

Ein problematischer Aspekt der Beziehung zu Epstein ist eine Überweisung von etwa 270 000 Dollar im Jahr 2018 von einem mit Epstein verbundenen Konto an Chomsky. Obwohl er behauptete, es handle sich nur um die Umschichtung seiner eigenen Gelder und »keinen einzigen Penny von Epstein«, bleibt unklar, warum er für eine »einfache, schnelle Überweisung« auf Epsteins Hilfe angewiesen war.

Aus Epsteins 2023 veröffentlichten Terminkalendern geht hervor, dass Chomsky an Gesprächen über Neurowissenschaften und künstliche Intelligenz teilnahm, unter anderem mit dem von Epstein finanzierten Wissenschaftler Martin Nowak aus Harvard und dem ehemaligen israelischen Premierminister Ehud Barak. Chomsky gab an, mit Barak nur über »Israels Politik in Bezug auf die palästinensischen Fragen und die internationale Arena« gesprochen zu haben.

Auf einem Foto, das am 10. Februar 2022 auf Instagram vom »Prince.&.The.Pervert.Podcast« veröffentlicht wurde, ist Chomsky mit Epsteins Butler Valdson Cotrin vor Epsteins Pariser Wohnung zu sehen. In einem Interview sagte Chomsky abschließend: »Wenn sich die Presse auf das Sexualleben von Politikern konzentriert, sollten Sie in die Tasche greifen und sehen, wer Ihre Brieftasche herauszieht, denn das sind nicht die Themen, die die Menschen interessieren. Sobald Sie also hören, dass die Presse und die Präsidentschaftskandidaten und so weiter über ›Werte‹ sprechen, wie ich sage.«

»When the Pentagon Looked to Chomsky's Linguistics for Their Weapons Systems«. In: 3 Quarks Daily, 8. März 2018, online unter: https://3quarksdaily.com/3quarksdaily/2018/03/when-the-pentagon-looked-to-chomskys-linguistics-for-their-weapons-systems.html, abgerufen am 29. September 2024.

Safdar, Khadeeja: »Jeffrey Epstein Calendar Includes CIA Director, Goldman Sachs, Noam Chomsky«. In: The Wall Street Journal, 30. April 2023, online unter: https://www.wsj.com/articles/jeffrey-epstein-calendar-cia-director-goldman-sachs-noam-chomsky-c9f6a3ff, abgerufen am 29. September 2024.

Shugerman, Emily: »Jeffrey Epstein's Israeli Politician Ehud Barak Often Crashed at His Manhattan Apartment, Neighbors Say«. In: The Daily Beast, 19. August 2019, online unter: https://www.thedailybeast.com/jeffrey-epstein-israeli-politician-ehud-barak-often-crashed-at-his-manhattan-apartment-neighbors-say, abgerufen am 29. September 2024.

»10 Undeniable Facts About the Woody Allen Sexual-Abuse Allegation«. In: Vanity Fair, Februar 2014, online unter: https://www.vanityfair.com/news/2014/02/woody-allen-sex-abuse-10-facts, abgerufen am 29. September 2024.

Webb, Whitney: »Unraveling the Epstein-Chomsky Relationship«. In: Unlimited Hangout, 25. Mai 2023, online unter: https://unlimitedhangout.com/2023/05/investigative-reports/unraveling-the-epstein-chomsky-relationship/, abgerufen am 29. September 2024.

»What Kind of Researcher Did Sex Offender Jeffrey Epstein Fund?«. In: Science, 14. Oktober 2019, online unter: https://www.science.org/content/article/what-kind-researcher-did-sex-offender-jeffrey-epstein-fund-he-told-science-he-died, abgerufen am 29. September 2024.

»Picture of Noam Chomsky With Epstein Butler Outside Paris Apartment Raises Questions«. In: The Goldwater, 2023, online unter: https://thegoldwater.com/news/44477-Picture-of-Noam-Chomsky-With-Epstein-Butler-Outside-Paris-Apartment-Raises-Questions, abgerufen am 29. September 2024.

Chomsky, Noam: »Same Thing Is True Here«. In: Tumblr, 18. März 2013, online unter: https://noam-chomsky.tumblr.com/post/46248919864/same-thing-is-true-here-when-the-press-focuses, abgerufen am 29. September 2024.

Safdar, Khadeeja: »Jeffrey Epstein's Calendar and Contacts«. In: The Wall Street Journal, 19. Oktober 2023, online unter: https://www.wsj.com/us-news/jeffrey-epstein-calendar-names-ec88e7a0, abgerufen am 29. September 2024.

Jean-Luc Brunel – der französische Model-Agent

Jean-Luc Didier Henri Brunel, Jahrgang 1946 (verstorben 2022), war ein französischer Model-Scout, bekannt durch die Leitung der internationalen Modelagentur Karin Models. Er gründete später MC2 Model Management, finanziert von Jeffrey Epstein, und sein Name tauchte sowohl in Epsteins Adressbuch als auch im Logbuch seines Privatjets auf.

Brunel wurde vor Gericht beschuldigt, seine Agentur benutzt zu haben, um Epstein mit Mädchen zu versorgen. Im Jahr 1988 wurde er in einem *60-Minutes*-Interview dazu befragt, da behauptet wurde, dass er und ein anderer Agent fast zwei Dutzend Models sexuell missbraucht hätten. Er bestritt die Vorwürfe, sagte aber später dem Model-Autor Michael Gross: »Wenn du heute Nacht mit einem Model Sex hast, ist das ein Verbrechen?« Im Jahr 2005 war Brunel Mitbegründer der Modelagentur Mc2; Epstein investierte laut einer Aussage aus dem Jahr 2010 eine Million Dollar.

Brunel hinterließ Epstein kryptische Nachrichten, die sich auf junge Mädchen beziehen. In einer Notiz berichtete Brunel, dass er »gerade eine gute 18-Jährige« getroffen habe, die ihm sagte: »Ich liebe Jeffrey.« In einer anderen Nachricht an Epstein betonte Brunel, dass »er eine Lehrerin für dich hat, die dir beibringt, wie man Russisch spricht ... Sie ist 2 x 8 Jahre alt und nicht blond. Die Lektionen sind kostenlos und du kannst die erste heute bekommen, wenn du anrufst.«

Das Opfer Giuffre sagte in einer ihrer Aussagen, dass sie von Maxwell gezwungen wurde, mit Brunel »an vielen Orten« sexuell zu verkehren. Die Dokumente besagen auch, dass Brunel Mädchen im Alter von zwölf Jahren »zu sexuellen Zwecken in die Vereinigten Staaten brachte und sie an seine Freunde vermittelte, insbesondere Epstein«. Er erzählte ihnen von Modeljobs. Den Dokumenten zufolge beschuldigte auch Jane Doe Epstein, sie an Brunel verkauft zu haben. Sie sagte, sie sei auch gezwungen worden, Brunel, Maxwell und Epstein bei sexuellen Übergriffen auf minderjährige Mädchen zuzusehen.

Jean-Luc Brunel soll sich 2022 in einem Pariser Gefängnis umgebracht haben, während er auf seinen Prozess wegen der Vergewaltigungsvorwürfe wartete.

»Jeffrey Epstein List: Whose Names Are on the Newly Unsealed Documents?«. In: Al Jazeera, 4. Januar 2024, online unter: https://www.aljazeera.com/news/2024/1/4/jeffrey-epstein-list-whose-names-are-on-the-newly-unsealed-documents, abgerufen am 29. September 2024.

»Jeffrey Epstein's Unsealed Court Documents: What They Reveal«. In: Time, 3. Januar 2024, online unter: https://time.com/6552063/jeffrey-epsteins-unsealed-court-documents/, abgerufen am 29. September 2024.

»Jeffrey Epstein's High Society Contacts«. In: New York Magazine, 29. August 2019, online unter: https://nymag.com/intelligencer/article/jeffrey-epstein-high-society-contacts.html, abgerufen am 29. September 2024.

Joi Ito – der ehemalige Direktor des MIT Media Lab

Joichi »Joi« Ito, Jahrgang 1966, ist ein japanisch-amerikanischer Unternehmer, Investor und Technologieforscher. Er ist Präsident des Chiba Institute of Technology. Er ist bekannt als Mitbegründer und ehemaliger Direktor des MIT Media Lab, einer renommierten interdisziplinären Forschungsabteilung des Massachusetts Institute of Technology, die sich auf innovative Technologien und deren gesellschaftliche Auswirkungen konzentriert. Außerdem war er Gastprofessor an der Harvard Law School.

Im Jahr 2019 wurde bekannt, dass Jeffrey Epstein erhebliche Geldsummen an das MIT Media Lab und an Itos Start-ups außerhalb des MIT spendete. Obwohl Joi Ito zunächst eine Entschuldigung verfasste, weigerte er sich zurückzutreten, was zur Abwanderung mehrerer prominenter Mitglieder des Media Labs führte. Später räumte Ito ein, dass er von Epstein insgesamt 525 000 Dollar für das Labor erhalten hatte und dass Epstein ihm erlaubte, 1,2 Millionen Dollar in Itos persönliche Investmentfonds zu investieren.

Im September 2019 veröffentlichte Ronan Farrow im *New Yorker* einen Artikel, der aufdeckte, dass das von Joi Ito geleitete MIT Media Lab engere finanzielle Verbindungen zu Epstein hatte, als zuvor bekannt war. Der Bericht, gestützt auf durchgesickerte E-Mails, behauptete, dass Ito und andere Mitarbeiter Maßnahmen ergriffen hätten, um Epsteins Namen von Spenden fernzuhalten, und dass Ito direkt um Einzelspenden von Epstein gebeten habe. Epstein soll als Mittelsmann zwischen dem Labor und wohlhabenden Spendern fungiert haben und insgesamt mindestens 7,5 Millionen Dollar für das Labor gesichert haben. Ito wies die Vorwürfe als »faktisch fehlerhaft« zurück, während der Präsident des MIT eine sofortige, umfassende und unabhängige Untersuchung der schwerwiegenden Vorwürfe forderte.

Im September 2019 trat Ito infolge des Artikels als Direktor des MIT Media Lab, als Professor am MIT und als Gastprofessor an der

Harvard University zurück und gab zudem mehrere andere Ämter auf, darunter seine Mitgliedschaft im Vorstand der John D. and Catherine T. MacArthur Foundation, der New York Times Company und der John S. and James L. Knight Foundation sowie seine Rolle als Vorsitzender von PureTech Health.

»千葉工業大学トピックス«. In: Chiba Institute of Technology, 30. Juni 2023, online unter: https://www.it-chiba.ac.jp/topics/pr20230630/, abgerufen am 29. September 2024.

»Visiting Professors of Law«. In: Harvard Law School (Archiv), 3. September 2020, online unter: https://web.archive.org/web/20200903003252/https://hls.harvard.edu/dept/academics/handbook/faculty/visiting-professors-of-law/, abgerufen am 29. September 2024.

Ito, Joi: »My Apology Regarding Jeffrey Epstein«. In: MIT Media Lab, 15. August 2019, online unter: https://www.media.mit.edu/posts/my-apology-regarding-jeffrey-epstein/, abgerufen am 29. September 2024.

»MIT Media Lab Director Gets Public Support After Epstein Controversy«. In: WBUR, 28. August 2019, online unter: https://www.wbur.org/edify/2019/08/28/media-lab-director-epstein-gets-public-support, abgerufen am 29. September 2024.

»MIT Faces Scrutiny Over Epstein Ties«. In: The Boston Globe, 23. August 2019, online unter: https://www.bostonglobe.com/metro/2019/08/23/mit/MmMvichvMG1bpIMq7HLGdL/story.html, abgerufen am 29. September 2024.

»Joi Ito Should Be Fired from MIT's Media Lab After Taking Funding from Felon Jeffrey Epstein«. In: The Washington Post, 6. September 2019, online unter: https://www.washingtonpost.com/lifestyle/style/joi-ito-should-be-fired-from-mits-media-lab-after-taking-funding-from-felon-jeffrey-epstein/2019/09/06/9f6a8c46-d0ad-11e9-87fa-8501a456c003_story.html, abgerufen am 29. September 2024.

Farrow, Ronan: »How an Elite University Research Center Concealed Its Relationship with Jeffrey Epstein«. In: The New Yorker, 6. September 2019, online unter: https://www.newyorker.com/news/news-desk/how-an-elite-university-research-center-concealed-its-relationship-with-jeffrey-epstein, abgerufen am 29. September 2024.

»On Joi and MIT«. In: Medium, 7. September 2019, online unter: https://medium.com/@lessig/on-joi-and-mit-3cb422fe5ae7, abgerufen am 29. September 2024.

»Fact-Finding and Action: The Media Lab«. In: MIT President's Office, 20. September 2019, online unter: https://president.mit.edu/speeches-writing/fact-finding-and-action-media-lab, abgerufen am 29. September 2024.

David Copperfield – der Magier

David Seth Kotkin, Jahrgang 1956, beruflich bekannt als David Copperfield, ist ein weltberühmter Zauberkünstler und Illusionist. Mit zahlreichen Auszeichnungen, darunter 21 Emmy Awards, gilt er als einer der erfolgreichsten Magier der Geschichte. Er ist bekannt für seine spektakulären Auftritte, in denen er unter anderem die Freiheitsstatue »verschwinden« ließ, über den Grand Canyon schwebte und durch die Chinesische Mauer »ging«. Er führt seit Jahrzehnten seine eigene Show in Las Vegas auf, die als eine der langlebigsten und meistbesuchten Zaubershows aller Zeiten gilt.

Im Januar 2024 wurde bekannt, dass Copperfield einer der Kontakte von Jeffrey Epstein war. Im Mai 2024 kam ans Licht, dass Copperfield Epstein mindestens dreimal getroffen hatte und zwischen 2004 und 2005 insgesamt 16 Nachrichten für ihn hinterließ. Ein handschriftlicher Eintrag auf einem Notizblock vom 27. Januar 2005 um 15:55 Uhr vermerkte, dass Copperfield bei Epstein anrief, als dieser nicht erreichbar war, mit der Notiz: »Magic David hat angerufen.«

Copperfields Anwälte betonten jedoch, dass er »kein Freund von Jeffrey Epstein« gewesen sei und ihn »nie persönlich angerufen« habe. Johanna Sjoberg, die später Epstein des Missbrauchs beschuldigte, gab an, Copperfield 2004 bei einem Abendessen in Epsteins Haus getroffen zu haben, wo er sie gefragt habe, ob sie »wisse, dass Mädchen dafür bezahlt werden, andere Mädchen zu finden«. Copperfields Anwälte erklärten, diese Frage sei aus »Besorgnis« um Sjoberg gestellt worden. Sjoberg ergänzte jedoch, dass Copperfield ihrer Wahrnehmung nach ein Freund von Epstein war. Zudem erinnerte sie sich an ein Mädchen bei diesem Abendessen, das ihrer Meinung nach im Highschool-Alter gewesen sein könnte.

Im Mai 2024 veröffentlichte der *Guardian* eine Untersuchung, in der 16 Frauen David Copperfield des sexuellen Fehlverhaltens und unangemessenen Verhaltens beschuldigten. Die Vorfälle sollen sich von den späten 1980er-Jahren bis 2014 erstreckt haben. Zu den Anschuldigungen gehörte auch der Vorwurf, dass Copperfield drei Frauen unter Drogen gesetzt habe, bevor es zu sexuellen Handlungen gekommen sei. Mehr als die Hälfte der Vorwürfe stammte von Frauen, die zum Zeitpunkt der mutmaßlichen Vorfälle minderjährig waren. Copperfields Anwälte wiesen die Anschuldigungen als »falsch und völlig haltlos« zurück.

Quellen

»Jeffrey Epstein's High Society Contacts«. In: New York Magazine, 29. August 2019, online unter: https://nymag.com/intelligencer/article/jeffrey-epstein-high-society-contacts.html, abgerufen am 29. September 2024.

»Jeffrey Epstein List: Whose Names Are on the Newly Unsealed Documents?«. In: Al Jazeera, 4. Januar 2024, online unter: https://www.aljazeera.com/news/2024/1/4/jeffrey-epstein-list-whose-names-are-on-the-newly-unsealed-documents, abgerufen am 29. September 2024.

»The Billionaire Magician: David Copperfield«. In: Forbes, 8. Mai 2006, online unter: https://www.forbes.com/forbes/2006/0508/153.html, abgerufen am 29. September 2024.

»David Copperfield Accused of Drugging and Assaulting 17-Year-Old Model in 1988«. In: The Wrap, 17. Januar 2018, online unter: https://www.thewrap.com/david-copperfield-accused-drugging-assaulting-17-year-old-model-1988/, abgerufen am 29. September 2024.

»Jeffrey Epstein List Names Released«. In: The Guardian, 3. Januar 2024, online unter: https://www.theguardian.com/us-news/2024/jan/03/jeffrey-epstein-list-names-released, abgerufen am 29. September 2024.

»David Copperfield's Connection to Jeffrey Epstein«. In: The Guardian, 17. Mai 2024, online unter: https://www.theguardian.com/us-news/article/2024/may/17/david-copperfield-jeffrey-epstein, abgerufen am 29. September 2024.

»David Copperfield Investigation: New Allegations Surface«. In: The Guardian, 15. Mai 2024, online unter: https://www.theguardian.com/us-news/article/2024/may/15/david-copperfield-investigation, abgerufen am 29. September 2024.

»David Copperfield Allegations – A Timeline«. In: The Guardian (interaktive Darstellung), 15. Mai 2024, online unter: https://www.theguardian.com/us-news/ng-interactive/2024/may/15/david-copperfield-allegations, abgerufen am 29. September 2024.

Nachwort

Epstein war ein Konstrukt, wahrscheinlich eines von vielen. Doch er ist bisher der einzige, dessen Untergang wir öffentlich verfolgen konnten. Es gibt vermutlich noch zahlreiche »Epsteins« da draußen, verborgen und geschützt durch ein Geflecht aus Macht, Geld und Einfluss. Währenddessen operieren ihre Hintermänner weiter, ungestört und unbemerkt, stets auf der Suche nach Menschen, die anfällig sind und bereit, sich ihren Interessen zu unterwerfen – sogar um den Preis, selbst erpressbar zu werden.

Die Antwort auf die Frage, wem Epstein diente, ist vielschichtig. In erster Linie diente er sich selbst, getrieben von Macht, Geld und einem ausgeprägten Gott-Komplex. Er war das Produkt seiner eigenen Entscheidungen und seiner moralischen Verdorbenheit. Doch seine wahre Entstehungsgeschichte ist komplexer, beeinflusst von einem Netzwerk aus Geheimdiensten, Regierungen, Konzernen und Superreichen, das ihm half, seinen zerstörerischen Weg zu verfolgen.

Epstein scheint insgesamt das Produkt einer globalen Elite gewesen zu sein, möglicherweise mit konkurrierenden Interessen. Ob Mossad, CIA oder andere mächtige Akteure – Epstein agierte als ihr Mittelsmann und Werkzeug. Vielleicht wurde er durch diese Rolle zu mächtig und musste deshalb gestürzt werden? Fakt ist: Epstein behielt seine Position nur, solange er sowohl nützlich als auch verschwiegen war. Seine Macht war an seine Fähigkeit geknüpft, Geheimnisse zu wahren und den Interessen dieser Eliten unauffällig zu dienen.

Epstein war ein Konstrukt aus einer Zeit vor dem Internet, als eine globale Vernetzung und ein rasanter Informationsaustausch noch in weiter Ferne waren. Seine Methoden, Menschen in diesem Ausmaß zu manipulieren und zu erpressen, waren tief in einer Ära verwurzelt, in der Geheimnisse leichter bewahrt werden konnten. Doch die Welt hatte sich verändert. Mit der zunehmenden Digitalisierung, der Möglichkeit, Beweise schnell aufzunehmen und zu teilen, und dem Aufkommen von Bewegungen, die Unrecht öffentlich anprangerten, kam das Epstein-Konstrukt ins Bröckeln.

Donald Trump ist nach Epstein und Maxwell der Name, der in diesem Buch am häufigsten genannt wird – ein Umstand, der weder geplant noch erwartet war. Abgesehen von den gemeinsamen Fotos, Videos, Flugbucheinträgen und Anrufprotokollen, taucht sein Name in verschiedenen Recherchesträngen auf. Fragen über die Freundschaft zwischen Trump und Epstein bestehen weiterhin, doch Trump zeigt sich bis heute sehr verschwiegen und vermeidet konkrete Stellungnahmen. Viel lieber zeigt er mit dem Finger auf US-Präsident Bill Clinton.

Während des US-Wahlkampfs 2024 drängten Trumps republikanische Wähler ihn dazu, sämtliche *Epstein-Files* freizugeben. Der Begriff »Epstein-Files« ist allerdings eine eher ungenaue Bezeichnung für die umfangreichen Ermittlungsakten und Gerichtsdokumente, die Epstein und seine mutmaßlichen Komplizen betreffen. Im Juni 2024 wird Trump bei *Fox & Friends Weekend* gefragt, ob er die *Epstein-Files* freigeben würde, wenn er wiedergewählt würde. Zunächst antwortet Trump zögernd: »Ja, ich würde.« Dann fügte er hinzu: »Ich denke, ich würde es tun«, um dann wiederum zu sagen: »Ich denke, eher weniger … weil man das Leben der Menschen nicht beeinträchtigen will, wenn es sich um gefälschtes Material handelt, denn in dieser ganzen Welt gibt es eine Menge gefälschtes Material. Aber ich denke, ich würde es tun.«

Im September 2024 wird Trump im *Lex Fridman Podcast* über seine Beziehung zu Epstein befragt. »Er war ein guter Verkäufer, ein herzlicher Typ [...] Er hatte ein paar nette Vorzüge, mit denen er um sich warf, wie Inseln«, antwortet Trump auf die Frage, warum er glaube, dass so viele mächtige Leute Epstein nahestanden. Ungefragt geht Trump danach auf den unabhängigen Präsidentschaftskandidaten Robert F. Kennedy Jr. ein, der im August 2024 seine Kampagne zugunsten von Trump suspendierte: »Kennedy ist interessant, weil es so viele Jahre her ist«, sagt Trump und bezieht sich damit auf den Mann, der zugab, zweimal in Epsteins Privatflugzeug geflogen zu sein. Trump bemerkt, dass eine Veröffentlichung der Liste »bestimmte Leute gefährdet«. Als Fridman ihn nach dessen »Zögern« bei der Freigabe der *Epstein-Files* fragt, weigert sich Trump, sich festzulegen, sagt aber, er werde »einen Blick darauf werfen«.

In den kommenden Jahren stehen uns zweifellos bedeutende Enthüllungen bevor, ob Trump sie nun vorantreibt oder nicht. Diese Enthüllungen könnten nicht nur das politische System der USA erschüttern, sondern die globalen Machtstrukturen ins Wanken bringen. Sie könnten noch stärker aufdecken, wie tief die Verstrickungen von Politik, Finanzwelt und Geheimdiensten reichen. Dabei geht es nicht nur um Einzelfälle von Korruption, sondern um ein komplexes Netzwerk, das seit Jahrzehnten im Verborgenen agiert, um eine Eliten-freundliche globale Ordnung aufrechtzuerhalten. Diese Enthüllungen werden eine grundlegende Frage aufwerfen: Welchen Wert hat der Volkswille wirklich, wenn unsere demokratischen Institutionen von einer unsichtbaren, aber mächtigen Elite kontrolliert werden? Wenn solche Machtstrukturen unentdeckt bleiben, sind Wahlen und Bürgerentscheidungen letztlich nur eine Illusion der demokratischen Teilhabe.

In Frank Herberts sechsbändigem Science-Fiction-Roman *Dune* (1965) geht es um interplanetare Machtkämpfe zwischen verschiedenen Adelsfamilien. Im Fokus steht der Konflikt um den Wüstenplaneten Arrakis und die Kontrolle über den wertvollen Rohstoff Spice, eingebettet in ein größeres politisches System aus Imperium und geheimen Gruppen. Die Bene Gesserit gehören zwar nicht zur offiziellen Machtstruktur des Imperiums, aber durch ihre weitreichenden Netzwerke und das Zuchtprogramm üben sie indirekt Einfluss auf die Adelshäuser aus. Sie denken nicht in kurzen Zeiträumen der herrschenden Könige, die für sie höchstens Mittel zum Zweck sind. Ihre Pläne erstrecken sich über Jahrtausende, mit dem Ziel, die Entwicklung der Menschheit in eine von ihnen vorbestimmte Richtung zu lenken. Ein zentrales Element dabei ist die Züchtung des Kwisatz Haderach, einer übermenschlichen Figur, die sowohl in männlichen als auch weiblichen Bewusstseinsstrukturen agieren und fähig sein soll, die Menschheit zu führen und die langfristigen Pläne der Bene Gesserit umzusetzen.

In einer Schlüsselszene wird Feyd-Rautha, der Neffe und designierte Thronfolger des Oberhauptes der Harkonnen, von Lady Margot Fenring, einer Agentin der Schwesternschaft Bene Gesserit, verführt, um ihn für langfristige Pläne für die Ordnung des Universums zu manipulieren. Sie nutzt ihre sexuelle Anziehungskraft und ihre Fähigkeiten, um subtile Kontrolle über Feyd zu erlangen. Nach der erfolgreichen Mission beschreibt die Agentin die Persönlichkeitsmerkmale des Thronfolgers: »Ein Soziopath. Von hoher Intelligenz. Getrieben. Grausam. Aber stark motiviert durch Ehre. Er sehnt sich danach zu verletzen. Er liebt den Schmerz. Er kann kontrolliert werden. Er ist sexuell anfällig.«

In einer Szene aus Denis Villeneuves dreiteiliger *Dune*-Adaption (ab 2021) gibt es einen Dialog, der nicht im Roman vorkommt, aber die zentrale Botschaft des Films unterstreicht. Jessica, Mitglied der Bene Gesserit und Mutter des zukünftigen Herrschers von Arrakis, sagt zur Oberhäuptin der Schwesternschaft: »Du hättest glauben sollen. Du hast die falsche Seite gewählt.« Die Oberhäuptin antwortet darauf: »Gerade du solltest wissen, dass es keine Seiten gibt.«

Diese Geschichte spiegelt die Realität der heutigen globalen Machtstrukturen nahezu perfekt wider. Unsere Herrscher, ob mehr oder weniger demokratisch legitimiert, sind beherrschbar, solange sie von Egoismus, Eitelkeit, Gier und Machtstreben durchdrungen sind. Deshalb braucht es neben unabhängiger Strafverfolgung und mutigem Journalismus, die unsere Machthaber zügeln, auch einen kollektiven Aufstand des Gewissens, einen Verlust der blinden Systemgläubigkeit und ein tiefgreifendes spirituell-moralisches Erwachen.

Quellen:

Winter, Tom: »Trump and Epstein: What the Files Say About Their Relationship«. In: NBC News, 12. Juli 2024, online unter: https://www.nbcnews.com/politics/donald-trump/trump-epstein-called-epstein-files-say-relationship-rcna161354, abgerufen am 29. September 2024.

Fridman, Lex: »Trump Discusses Epstein Relationship«. In: YouTube, Video, veröffentlicht von NBC News, 14. August 2024, online unter: https://www.youtube.com/watch?v=qCbfTN-caFI, abgerufen am 29. September 2024.

Oamek, Paige: »Trump Called Jeffrey Epstein a ›Good Salesman‹«. In: The New Republic, 3. September 2024, online unter: https://newrepublic.com/post/185562/trump-jeffrey-epstein-good-salesman, abgerufen am 29. September 2024.

Dank

Meine Ehefrau, mit der mich eine zehnjährige Liebe und Freundschaft verbindet, ist zugleich meine schärfste Kritikerin und stärkste Stütze auf diesem oft entbehrungsreichen Weg. Ohne ihre klugen Gedanken, unermüdliche Mitarbeit auf den letzten Schritten wäre dieses Buch nicht entstanden.

Tariq Hübsch, der für Grenzgänger Studios inzwischen zu meiner zweiten Gehirnhälfte geworden ist. Als scharfsinniger Theoretiker der Weltwahrnehmung versteht er es, meine detaillierten Recherchen in einen größeren philosophischen Kontext zu stellen und sie dadurch zu veredeln.

Whitney Webb, die mit ihren tiefschürfenden investigativen Recherchen ein unverzichtbares Fundament gelegt hat, auf dem ich weiterbauen konnte.

Zahlreichen Freunden, Kraft- und Motivationsgebern wie Hamza, Murat, Linus, Manuel, Tibor, Nizar und Shayan danke ich für ihre ermutigenden und inspirierenden Worte in der anstrengenden Schreibphase.

Brigitte Molnar, meine erste Leserin, deren Anregungen und kritische Rückmeldungen für mich von unschätzbarem Wert waren.

Roberto de Lapuente, mein mutiger Verleger, der das gesamte Projekt betreute und mich auf einfühlsame Weise dazu antrieb, schneller zu arbeiten.

Ihnen allen gilt meine tiefe Dankbarkeit.

Tahir Chaudhry